ACCESO GRATIS *a la Lectura en la Nube*

Para visualizar el libro electrónico en la nube de lectura envíe junto a su nombre y apellidos una fotografía del código de barras situado en la contraportada del libro y otra del ticket de compra a la dirección:

ebooktirant@tirant.com

En un máximo de 72 horas laborables le enviaremos el código de acceso con sus instrucciones.

La visualización del libro en **NUBE DE LECTURA** excluye los usos bibliotecarios y públicos que puedan poner el archivo electrónico a disposición de una comunidad de lectores. Se permite tan solo un uso individual y privado.

LA FIDUCIA COMO GARANTÍA EN EL COMERCIO INTERNACIONAL

Validez y eficacia en España

Procedimiento de selección de originales, ver página web:
www.tirant.net/index.php/editorial/procedimiento-de-seleccion-de-originales

LA FIDUCIA COMO GARANTÍA EN EL COMERCIO INTERNACIONAL

Validez y eficacia en España

Rocío Caro Gándara

tirant lo blanch
Valencia, 2023

En caso de erratas y actualizaciones, la Editorial Tirant lo Blanch publicará la pertinente corrección en la página web www.tirant.com.

Obra realizada en el marco del Proyecto I+D+i "Mecanismos de justicia contractual: causa y buena fe" (PID2020-114919GB-I00), financiado por el Ministerio de Ciencia e Innovación.

La presente obra ha sido sometida a la revisión de pares ciegos según el protocolo de publicación de la editorial a efectos de ofrecer el rigor y calidad correspondiente tanto en su contenido como en su forma, aplicándose los criterios específicos aprobados por la Comisión Nacional E 016 (BOE num. 286, de 26 de noviembre de 2016).

EDITA: TIRANT LO BLANCH
C/ Artes Gráficas, 14 - 46010 - Valencia
TELFS.: 96/361 00 48 - 50
FAX: 96/369 41 51
Email: tlb@tirant.com
www.tirant.com
Librería virtual: www.tirant.es
DEPÓSITO LEGAL: V-3587-2023
ISBN: 978-84-1197-218-5
MAQUETA: Tink Factoría de Color

Si tiene alguna queja o sugerencia, envíenos un mail a: *atencioncliente@tirant.com*. En caso de no ser atendida su sugerencia, por favor, lea en *www.tirant.net/index.php/empresa/politicas-de-empresa* nuestro procedimiento de quejas.

Responsabilidad Social Corporativa: http://www.tirant.net/Docs/RSCTirant.pdf

…a mi hermana, Alicia.

"El fundamento de la justicia es la lealtad, la buena fe, esto es, la sinceridad en las palabras y la fidelidad en los compromisos".

Marco Tulio CICERÓN, *Tratado de los deberes.*

Índice

SEGUNDA PARTE
LA FIDUCIA COMO GARANTÍA TRANSFRONTERIZA

Capítulo IV
VALIDEZ Y EFICACIA EN ESPAÑA DE LOS NEGOCIOS FIDUCIARIOS DE GARANTÍA CONSTITUIDOS CONFORME A LOS ORDENAMIENTOS JURÍDICOS ALEMÁN Y FRANCÉS

Abreviaturas y acrónimos

AAMN	Anuario de la Academia Matritense del Notariado
AA.VV.	Autores varios
ABGB	Allgemeines bürgerlisches Gesetzbuch
ADC	Anuario de Derecho Civil
AEDIPr	Anuario Español de Derecho Internacional Privado
AHDE	Anuario de Historia del Derecho Español
AP	Audiencia Provincial
apdo.	apartado
art.	artículo
BGB	Bürgerlisches Gesetzbuch
BOE	Boletín inicial del Estado
cap.	capítulo
Cc	Código civil
CCJC	Cuadernos Civitas de Jurisprudencia Civil
CDJ	Cuadernos de Derecho Judicial
CDT	Cuadernos de Derecho Transnacional
CLJ	Cambridge Law Journal
CMLJ	Capital Markets Law Journal
Civ.	Civil
CNUDMI	Comisión de las Naciones Unidas para el Derecho Mercantil Internacional
DCFR	Draft of a Common Frame of Reference
DGRN	Dirección General de los Registros y del Notariado
DGSJFP	Dirección General de Seguridad Jurídica y Fe Pública
DIPr	Derecho Internacional Privado
DOCE	Diario Oficial de las Comunidades Europeas
DOUE	Diario Oficial de la Unión Europea
ed.	edición
EE.MM.	Estados miembros
EE.UU.	Estados Unidos de América
EGBGB	Einfurüngesetz zum Bürgerlichen Gesetzbuche

EM	Estado miembro
ERPL	European Review of Private Law
GEDIP	Grupo Europeo de Derecho Internacional Privado
ibid.	ibidem
id.	idem
InsO	Insolvenzordnung
IPRax	Praxis des Internationalen Privat-und Verfahrensrechts
IPRG	Bundesgesetz über das Internationale Privatrecht
JCP	Juris-Classeur Périodique
JORF	Journal Officiel de la République Française
LC	Ley Concursal
LEC	Ley de Enjuiciamiento Civil
LH	Ley Hipotecaria
LHMPSD	Ley de hipoteca mobiliaria y prenda sin desplazamiento
LVPBM	Ley de venta a plazos de bienes muebles
núm	Número
OACI/ICAO	Organización de Aviación Civil Internacional
OEA	Organización de los Estados Americanos
OGH	Oberster Gerichtshof
OHADA	Organisation pour l' Harmonisation en Afrique du Droit des Affaires
op. cit.	opus citatus
p.	página
pp.	páginas
RBM	Registro de Bienes Muebles
RCDI	Revista Crítica de Derecho Inmobiliario
RCDIP	Revue critique de droit international privé
RDC	Revista de Derecho Civil
RDGRN	Resolución de la Dirección General de los Registros y del Notariado
RDGSJFP	Resolución de la Dirección General de Seguridad Jurídica y Fe Pública
RDIPP	Rivista di Diritto Internazionale Privato e Processuale

Rec. des Cours	Recueil des Cours de l' Academie de Droit International de La Haye
REDI	Revista Española de Derecho Internacional
RH	Reglamento Hipotecario
RI	Reglamento (UE) sobre procedimientos de Insolvencia
RIDC	Revue internationale de droit comparé
RIW	Recht der Internationalen Wirtschaft
RJ	Repertorio de Jurisprudencia Aranzadi
RRI	Reglamento Roma I
SAP	Sentencia de la Audiencia Provincial
STJUE	Sentencia del Tribunal de Justicia de la Unión Europea
STS	Sentencia del Tribunal Supremo
SSTS	Sentencias del Tribunal Supremo
TJUE	Tribunal de Justicia de la Unión Europea
TRLC	Texto Refundido de la Ley Concursal
TS	Tribunal Supremo
UCC	Uniform Commercial Code
UE	Unión Europea
UNCITRAL	United Nations Commission on International Trade Law
UNIDROIT	Instituto Internacional para la Unificación del Derecho Privado
vid.	videre
v. gr.	verbi gratia
vs.	versus
ZEuP	Zeitschrift für europäisches Privatrecht
ZPO	ZivilprozeßOrdnung

Introducción

Aunque resulte algo lejana la crisis económica de origen financiero que estalló al final de la primera década de este milenio, sus profundas secuelas han perdurado y se han combinado, años más tarde, con las derivadas de dos crisis humanitarias y existenciales, también mundiales, si bien de origen muy diverso: la pandemia Covid-19 y la invasión rusa de Ucrania, siendo esta última la que más sigue preocupando, en términos de vidas humanas y de respeto del Derecho internacional. Por si todo ello fuera poco, actualmente algo más que una nueva amenaza de crisis financiera, vinculada a la subida de los tipos de interés, está haciendo quebrar bancos en Estados Unidos, a cuyo rescate han acudido entidades públicas y privadas. Sus efectos ya se están dejando sentir también en Europa, acrecentándose un clima de incertidumbre y desconfianza generalizado que está salpicando directamente a la economía real, en forma de un aumento significativo de la pobreza[1].

En el mercado crediticio, la certidumbre y la confianza desempeñan una función fundamental, al inyectar solvencia a las empresas, lo que contribuye, en última instancia, a activar la economía real. Y a ello vienen coadyuvando, desde hace décadas, las garantías basadas en objetos productivos y valores mobiliarios. Entre esas garantías reales ya no se encuentran la hipoteca —que había protagonizado gran parte de los males en la crisis financiera de 2008[2]— ni tam-

---

1 https://www.bbc.com/mundo/noticias-65032021

2 En el caso español, el excesivo protagonismo del sector inmobiliario en nuestra economía permitió la concesión irresponsable de préstamos con garantía hipotecaria por parte de las entidades crediticias durante los años precedentes: cuando, debido al elevado precio de los inmuebles, los bancos concedían créditos hipotecarios con prolongados plazos de amortización, confiando en dicha garantía y en la buena marcha de la economía, sin realizar una previa valoración de los riesgos.

poco la prenda. Esta última, a pesar de haber sido la garantía mobiliaria por excelencia, había dejado de ser atractiva desde el punto de vista económico. En su forma clásica, la prenda implica la desposesión del deudor del bien sobre el que recae, lo que supone una pérdida económica para este, porque sale de su proceso productivo; pero también para el acreedor, por los costes de almacenamiento que lleva aparejados. Las fórmulas más modernas de hipoteca mobiliaria y prenda sin desplazamiento de la posesión tampoco resultan rentables, por la rigidez de los requisitos formales de constitución (*v. gr.*, la legislación española solo las permite respecto de bienes perfectamente identificables), de publicidad y de realización del valor, que limitan mucho su ámbito de aplicación[3]. Además, estas garantías son relativamente ineficaces, en caso de insolvencia del deudor, frente a ciertos privilegios (Hacienda, Seguridad Social, salariales...) y a los actuales principios del Derecho concursal, especialmente el de conservación de la empresa en crisis[4].

En este contexto, sistemas jurídicos de nuestro entorno han rescatado antiguas garantías basadas en la propiedad, aunque articuladas mediante fórmulas diversas y con distintos efectos[5]. En ellas el dominio actúa como garantía

---

3 *Vid.* los arts. 12, 54, 55 y 56 de la Ley de 16 de diciembre de 1954, de hipoteca mobiliaria y prenda sin desplazamiento (en adelante LHMPSD), *BOE* nº. 352, de 18 de diciembre de 1954.

4 *Vid.* Exposición de Motivos de la Ley 16/2022, de 5 de septiembre, de reforma del texto refundido de la Ley Concursal, aprobado por el Real Decreto Legislativo 1/2020, de 5 de mayo, para la transposición de la directiva (UE) 2019/1023 del Parlamento Europeo y del Consejo, de 20 de junio de 2019, sobre marcos de reestructuración preventiva, exoneración de deudas e inhabilitaciones, y sobre medidas para aumentar la eficiencia de los procedimientos de reestructuración, insolvencia y exoneración de deudas, y por la que se modifica la Directiva (UE) 2017/1132 del Parlamento Europeo y del Consejo, sobre determinados aspectos del derecho de sociedades (directiva sobre reestructuración e insolvencia); *BOE* nº 214, de 6 de septiembre de 2022.

5 En realidad, eran las formas más antiguas de garantías reales, que surgieron cuando el Derecho no era capaz de distinguir entre la propiedad y otros derechos limitados sobre los bienes, como señala

del crédito, reservándolo el vendedor o transmitiéndolo el deudor al acreedor. Su eficacia deriva del hecho de que el bien sobre el que recaen, en principio, no queda sujeto a la eventual ejecución instada por otros acreedores, ni en procedimientos individuales ni en colectivos, al no pertenecer al patrimonio del deudor. Ya reguladas por el legislador ya desarrolladas jurisprudencialmente, estas formas de garantía presentan una enorme eficacia para responder a las necesidades del mercado crediticio, reactivar las economías y hacerlas más competitivas[6]. Sin embargo, la situación es bien distinta en España. Concretamente, la transmisión de propiedad en garantía, objeto de esta obra, no está regulada en Derecho civil común español, aunque sí lo está en el Derecho foral navarro y en una norma del sector financiero. En cuanto al tratamiento que le da la jurisprudencia, nuestro TS no ha mantenido una postura uniforme acerca de su admisión y eficacia.

Las dificultades que la fiducia en garantía puede presentar en un mismo sistema jurídico, derivadas del conjunto de intereses afectados y su correlativa vinculación con normas de otros sectores, como el Derecho de los consumidores, las insolvencias o las actividades financieras, no son las únicas ni las más importantes, pues a ellas se añaden las derivadas de la diversidad legislativa entre ordenamientos. Un estudio de Derecho comparado permitirá comprobar las diferencias en su configuración, que van desde su admisión hasta su desconocimiento e, incluso, su rechazo.

ARANA DE LA FUENTE, I., "Sobre la propiedad en función de garantía", en DÍEZ PICAZO, L. (coord.), *Estudios jurídicos en homenaje al profesor José María Miquel*, Aranzadi, Cizur Menor, 2014, pp. 309-352, esp. p. 311, nota 6.

6 *Vid.*, en este sentido, CROQ, P., "Las propiedades en garantía en Europa", en LAUROBA, Mª E. y MARSAL, J. (Eds.), *Garantías reales mobiliarias en Europa*, Marcial Pons, Madrid, 2006, pp. 165-176; MIQUEL GONZÁLEZ, J.M., "Introducción", en MIQUEL GONZÁLEZ, J.M. (dir.), *Cuestiones actuales de las garantías reales mobiliarias*, La Ley, Madrid, 2013, pp. 13-22; CARO GÁNDARA, R., *La reserva de dominio en el comercio internacional. Ley aplicable y eficacia en España*, Aranzadi, Cizur Menor, 2021, *passim*, y doctrina allí citada.

Por ello, en las últimas décadas, instancias supranacionales de carácter internacional y regional, como UNCITRAL y UNIDROIT, así como determinados entornos académicos que tienen como objetivo la unificación del Derecho privado europeo (Propuesta de Marco Común de Referencia —DCFR— y Propuesta de instrumento europeo no vinculante de Código europeo de los negocios de la Fundación Henri Capitant), pretenden armonizar o unificar la regulación de esta y otras garantías reales con objeto de facilitar su circulación internacional, mediante distintos tipos de normas. Sin embargo, sus logros siguen siendo escasos y limitados, bien porque las propuestas nunca vieron la luz[7], bien porque los textos que sí lo han hecho constituyen normas de *soft law* que solo afectan a algunas garantías y a algunos bienes[8], bien, en fin, porque, aun siendo instrumentos de *hard law*, sólo se aplican en sectores económicos muy específicos[9]. Es por ello que sigue siendo necesario recurrir al método conflictual para facilitar la continuidad jurídica de las mismas más allá de las fronteras del Estado de su creación, método que, sin embargo, no está exento de sus propios problemas, como habrá ocasión de comprobar en esta obra.

En efecto, en las páginas que siguen se realiza una aproximación a la validez y eficacia en el comercio internacional de la transmisión de propiedad en garantía principalmente

---

7 Es el caso del Proyecto de Convenio sobre efectos extraterritoriales de las garantías mobiliarias sin desplazamiento, elaborado por la Federación Bancaria de la CEE, de 1979 y de la Propuesta de Directiva de la Comisión de la CE sobre reconocimiento de las garantías mobiliarias sin desplazamiento y de la reserva de dominio en la venta a plazos de bienes muebles de 1973. Para un estudio de estos primeros intentos, *vid.* BOUZA VIDAL, N. *Las garantías mobiliarias en el comercio internacional*, Marcial Pons, Madrid, 1991, pp. 79-99

8 *Vid. infra*, en el capítulo tercero, la Ley Modelo de UNCITRAL sobre garantías mobiliarias de 2016; o la propuesta académica del Libro IX de DCFR.

9 El Convenio de Ciudad del Cabo de 2001, que habrá ocasión de analizar *infra*, en el capítulo tercero, tan solo abarca garantías constituidas sobre material aeronáutico, ferroviario, espacial, minero, agrícola y de construcción.

de bienes muebles corporales. Su falta de regulación en el ordenamiento jurídico español, —con las excepciones del Derecho foral navarro y de una norma sectorial—, provoca problemas de admisibilidad y eficacia en España de las figuras constituidas conforme a ordenamientos jurídicos de nuestro entorno, en los que son bien conocidas y utilizadas. Para plantear e intentar resolver tales problemas, la obra se divide en dos partes. Una primera, dedicada al análisis de sus perfiles materiales, compuesta por tres capítulos; y una segunda, centrada en los aspectos conflictuales, abordados en un extenso capítulo cuarto. El primer capítulo comienza por realizar un acercamiento a su creación por el Derecho romano y a su evolución en el Derecho histórico español hasta desembocar en nuestros días; a continuación —y sin ánimo de exhaustividad— presenta el confuso panorama que ofrece el Derecho civil común español vigente en la actualidad. Esta situación, como se verá, contrasta con el tratamiento que la figura recibe en el Derecho foral navarro y en una norma del sector financiero, como es el Real Decreto-ley 5/2005, de 11 de marzo, de reformas urgentes para el impulso a la productividad y para la mejora de la contratación pública[10]. El segundo capítulo aborda, desde una metodología comparatista, la configuración y los perfiles que la fiducia en garantía presenta en dos ordenamientos jurídicos europeos de referencia, modelos que constituyen auténticos paradigmas regulatorios: el Derecho alemán y el Derecho francés. Para finalizar esta primera parte, en el tercer capítulo se realiza una aproximación a algunos de los textos supranacionales, los más significativos a los efectos de esta obra, que regulan materialmente las garantías mobiliarias con efectos internacionales. No obstante, sus limitaciones impiden en la actualidad considerarlas auténticas soluciones alternativas a las que ofrecen las tradicionales normas de conflicto. Por ello, la segunda parte de la obra, compuesta por un extenso capítulo cuarto, se dedica a los problemas transfronterizos de la fiducia en ga-

---

10 *BOE* nº. 62, de 14 de marzo de 2005. Ref. *BOE*-1-2005-4172.

rantía de bienes muebles corporales. En concreto, en él se plantean los problemas de validez y eficacia en España de las figuras constituidas en los dos ordenamientos jurídicos (alemán y francés) analizados en el capítulo segundo de la primera parte, y se aportan soluciones *de lege lata* y *de lege ferenda*.

Antes de comenzar, solo queda hacer cierta referencia al método utilizado, que no deja de tener un sabor a justificación. Remontarse a las raíces de nuestro Derecho y el de nuestros vecinos, a su evolución histórica, y analizar la configuración actual de este tipo de fiducia en los mismos, constituye un *prius* para cualquier internacional privatista. Una necesidad de conocer mejor lo propio para poder "tomar distancia", buscando con una mirada crítica, porque insatisfecha, otras manifestaciones posibles, fuera y —por qué no— también dentro de nuestro sistema. El método es bien conocido, precisamente porque el internacional privatista, para identificar problemas y ofrecer soluciones, previamente "califica", es decir, pone nombre a la relación jurídica. Ciertamente con el "lenguaje" que conoce, para "subsumir" —con el riesgo de reducir— la rica realidad en categorías típicas. Ese proceso resulta menos "miope" —permítase la expresión— y más efectivo, cuanto más abierto a otros sistemas esté el calificador. Así ocurre cuando se utiliza el método de la calificación funcional: esta permitirá, en las páginas que siguen, desmontar mitos sobre la validez y facilitar la eficacia en España de la fiducia en garantía constituida conforme a otros ordenamientos jurídicos, como el alemán y el francés, elegidos por constituir sendos paradigmas de sistemas de constitución y de transmisión de derechos reales[11].

---

[11] *Vid.* los sugerentes artículos de MUIR WATT, H., "La fonction subversive du droit comparé", *RIDC*, 3-2000, pp. 503-527 y FAUVARQUE-COSSON, B., "Droit comparé et droit international privé: la confrontation de deux logiques a travers l'exemple des droits fondamentaux", *RIDC*, 4-2000, pp. 797-818.

PRIMERA PARTE

LA FIDUCIA COMO GARANTÍA EN DERECHO MATERIAL: NATURALEZA JURÍDICA, CONFIGURACIÓN Y EFECTOS

Capítulo I

Configuración de la fiducia en garantía desde el Derecho romano hasta el Derecho español vigente

I. SURGIMIENTO DE LA FIDUCIA EN DERECHO ROMANO Y SU EVOLUCIÓN EN DERECHO HISTÓRICO ESPAÑOL

1. En Derecho romano la fiducia se configuró como "un contrato formal por el que una persona, fiduciante, transmite a otra, fiduciaria, la propiedad de una cosa mancipable mediante *mancipatio* o *in iure cessio* y este se obliga a restituir la cosa en un determinado plazo o circunstancia"[12]. Para exigir tal restitución, el fiduciante disponía de una acción civil que sirvió de modelo a las acciones de buena fe: la "*actio fiduciae*", correspondiendo al fiduciario la *actio fiduciae contraria*[13]. La propiedad se transmitía mediante un negocio a través del cual el fiduciario se obligaba a retransmitir el dominio al fiduciante. Era precisamente esa confianza del fiduciante en recobrar la propiedad, la que explicaba el negocio, si bien no se elevó a la categoría de causa, pues se trataba de un negocio abstracto y formal[14].

Con carácter general y siguiendo la distinción realizada por Gayo, se sostiene que el Derecho romano distinguía dos tipos de fiducia en atención a su función: la fiducia *cum*

---

12 GARCÍA GARRIDO, M.J., *Derecho Privado Romano*, 21ª ed., Sanz y Torres, Madrid, 2019, p. 191.

13 *Vid.* HERNANDO AGUAYO, I., *Fiducia. Estudio de Derecho privado Romano*, Aranzadi, Cizur Menor, 2020, pp. 78-84.

14 FUENTESECA DEGENEFFE, C., El *negocio fiduciario en la Jurisprudencia del Tribunal Supremo*, Bosch, Barcelona, 1997, p. 49.

amico y la fiducia *cum creditore*[15]. La primera se utilizaba con fines de depósito, custodia, administración o comodato, mientras que la segunda, la que aquí interesa, servía para garantizar un crédito que el fiduciario tenía contra el fiduciante. Era precisamente el pacto que acompañaba al negocio (*pactum fiduciae*) el que determinaba las condiciones de la devolución del bien del fiduciario al fiduciante y, por tanto, permitía distinguirlas; así, en la fiducia *cum creditore*, el *pactum fiduciae* condicionaba la obligación de retransmitir el bien a la devolución de la deuda garantizada. La doctrina no es pacífica en este sentido y algún autor considera que mediante la fiducia no se producía traspaso de la propiedad del fiduciante al fiduciario, sino tan sólo de la cosa, que quedaba bajo la potestad del fiduciario; de modo que este no adquiría la propiedad de Derecho civil, sino el ejercicio fiduciario de la función dominical con una finalidad concreta, en base al *pactum fiduciae* o pacto de confianza[16]. No obstante, la mayor parte de la doctrina, siguiendo las fuentes, consideran que sí se producía transmisión de la propiedad al fiduciario[17].

2. Acompañada —como la prenda— del pacto de *lex commissoria*, en caso de incumplimiento del deudor de la deuda garantizada, el fiduciante otorgaba al fiduciario la posibilidad de elegir, en el momento del vencimiento de la deuda, entre la reclamación de la misma —con la consi-

---

15 Aunque también se conocía el efecto del *pactum fiduciae* en muchas instituciones del Derecho de familia; *vid.*, en este sentido, HERNANDO AGUAYO, I., *Fiducia…*, *op. cit.*, pp. 43-54; BERTOLDI, F., *Il negozio fiduziario nel diritto romano classico*, Mucchi, Módena, 2012, pp. 12-14 y 109-131.

16 *Vid.* FUENTESECA DÍAZ, P., "Líneas generales de la fiducia *cum creditore*, en Derecho romano de obligaciones", en PARICIO SERRANO, F.J., (coord..), *Derecho romano de obligaciones: Homenaje al profesor José Luis Murga Gener*, Centro de Estudios Ramón Areces, Madrid, 1994, pp. 387-438, esp. p. 393.

17 Sobre la polémica *vid.*, GÓMEZ BUENDÍA, M. C., "La fiducia en el Derecho romano clásico y su posterior evolución", en NASARRE AZNAR, S. y GARRIDO MELERO, M., *Los patrimonios fiduciarios y el trust*, Marcial Pons, Madrid, 2006, pp. 151-171, esp. pp.165-167; HERNADO AGUAYO, I., *Fiducia…*, *op. cit.*, pp. 117-142.

guiente renuncia a la garantía—, o la adquisición inmediata y solemne de la propiedad de la cosa fiduciada, liberando en este segundo caso al deudor de cualquier responsabilidad frente al acreedor. Dicha opción suponía, a su vez, que la transmisión del riesgo, en caso de perecimiento de la cosa antes del vencimiento, no se producía, pues al acreedor siempre le quedaba la posibilidad de reclamar el crédito. De esta forma, la fiducia *cum creditore* constituyó una garantía de enorme eficacia como modo de superación del primitivo régimen de garantía personal de Derecho romano arcaico[18].

Sin embargo, como la cosa fiduciada podía tener un valor distinto al de la deuda garantizada, el negocio podía llegar a resultar demasiado gravoso, bien para el fiduciante, bien para el fiduciario, dependiendo, respectivamente, de que la cosa fiduciada tuviera un valor superior o inferior al del crédito garantizado. Para paliar estos desequilibrios, a la fiducia se podía añadir otro pacto: el pacto *de vendendo* o *pactum vendendi*, mediante el que se autorizaba al acreedor, llegado el vencimiento, a vender la cosa fiduciada para obtener el valor de su crédito y devolver el *superfluum*, o reclamar al deudor el resto, si con la venta no se conseguía obtener todo el valor de la deuda, denominado, igualmente, *superfluum*. En este caso, y a diferencia de lo que ocurría con el pacto comisorio, seguía vigente la obligación de restituir la cosa fiduciada en el supuesto de que el deudor pagara la deuda incluso una vez vencida la misma. En defecto de ambos pactos, al fiduciario tan sólo le quedaba la posibilidad de retener la posesión de la cosa, pues, debido al carácter fiduciario del negocio, estaba sometido a una eventual acción de reclamación de la misma (*actio fiduciae*)[19].

3. En virtud de la *actio fiduciae* (y de la *actio fiduciae contraria*), la más antigua de las acciones *bonae fidei*, ambas partes, fiduciante y fiduciario, podían reclamarse recíprocamente

---

18 *Vid.* BURDESE, A., *Lex commissoria e ius vendendi nella fiducia e nel pignus*, Giappichelli, Turín, 1949, p. 18.

19 *Ibid.* p. 72; HERNADO AGUAYO, I., *Fiducia…*, *op. cit.*, pp. 142-174.

el cumplimiento de las obligaciones respectivas. En virtud de la primera, el fiduciante podía reclamar la devolución de la cosa dada en garantía una vez satisfecha la deuda, o bien el *superfluum* de la venta de la cosa, en caso de haber obtenido el fiduciario un precio superior a la deuda garantizada, o simplemente porque la venta no hubiera sido conforme a la buena fe. También podía ejercitarla si el fiduciario hubiera enajenado la cosa antes del vencimiento de la deuda, en el caso de existir, bien pacto comisorio, bien pacto *de vendendo*; debido al carácter personal de la acción no se podía instar contra terceros. La segunda acción permitía al fiduciario reclamar el reembolso de los gastos o la responsabilidad por los daños ocasionados por la cosa fiduciada, o bien el *superfluum*, entendido aquí como cantidad de la deuda que no había quedado cubierta por el precio de venta de la misma[20].

4. La fiducia fue perdiendo relevancia en Roma a medida que las relaciones jurídicas fueron adaptándose a las necesidades del tráfico. Tuvo que competir con la prenda, el depósito y el comodato, otros contratos que comenzaron a cumplir una función similar. Además, el formalismo de la *mancipatio* y la *in iure cessio*, elementos básicos de la transmisión fiduciaria, resultaba poco adecuado para dar respuesta a dichas necesidades y dieron paso a la *traditio*, que constituyó el modo causal y no formal de transmisión de propiedad. Sin embargo, no fue utilizado para constituir la fiducia, pues la de la fiducia no se consideraba *iusta causa traditionis*[21]. En efecto, la *mancipatio* y la *in iure cessio* se acompañaban de un pacto que tenía por objeto impedir el efecto típico de las mismas: la transmisión firme e irrevocable de la propiedad. Esas parecen ser las razones de que la *fiducia* no se incluyera en la clasificación de los

---

[20] *Vid.* BURDESE, A., pp. 57-58; *El negocio…*, *op. cit.*, pp. 26-28; GÓMEZ BUENDÍA, M.C., "La fiducia…", *op. cit.*, pp. 167-168; FREZZA, P., *Le garanzie delle obbligazioni (Corso di diritto romano)*, Volume 2, *Le garanzie reali*, Cedam, Padua, 1963, pp. 45-57.

[21] Sobre esta cuestión volveremos *infra*.

contratos de Gayo[22], ni en la contenida en el *Corpus Iuris Civilis* justinianeo, donde quedó mencionada pero fuera de los contratos[23]; pues si el fin de la garantía podía alcanzarse mediante otro contrato que no implicara transmisión de la propiedad —*pignus* a través del ejercicio del *ius vendendi*—, ya no tenía sentido mantenerla[24].

5. En la época del Bajo Imperio y por influencia del cristianismo, en el año 326, el emperador Constantino prohibió el pacto de *lex commissoria* en la prenda, que permitía al acreedor adquirir la propiedad de la cosa entregada en garantía en caso de incumplimiento de la deuda, y ello por la misma razón por la que se prohibió el cobro de intereses (*usurae*) en el préstamo, es decir, por ser considerados contrarios a la justicia. Concretamente, el pacto comisorio ocasionaba la pérdida de la propiedad de un bien entregado en garantía de una deuda impagada, aunque su valor fuera muy superior a la cuantía de la misma[25].

Correlativamente, en la Compilación Justinianea se introdujo un pacto con función de garantía que condicionaba suspensivamente la venta y que se denominó "pacto marciano", en honor al apellido del autor del texto, posteriormente completado por los compiladores justinianeos[26]. En virtud de este pacto, en caso de que la deuda no fuera satisfecha llegado su vencimiento, el acreedor podía comprar la cosa entregada en prenda, al precio determinado

---

22 Aunque D'Ors la atribuye simplemente a un olvido del jurista (*vid.* D'ORS PÉREZ-PEIX, A., "Creditum", *AHDE*, núm. 33, 1963, pp. 345-364).

23 *Vid.* FREZZA, P., *Le garanzie…*, *op. cit.*, pp. 5-9.

24 *Vid.* FUENTESECA DEGENEFFE, C., *El negocio…*, *op. cit.*, pp. 21 y 40-45, donde explica cómo los compiladores del Digesto interpolaron los textos de los juristas romanos clásicos, sustituyendo el término *fiducia* por el de *pignus;* igualmente GÓMEZ BUENDÍA, M.C., "La fiducia…" *op. cit.*, p. 160; RODRÍGUEZ-ROSADO, B., *Fiducia y pacto de retro en garantía*, Madrid, Marcial Pons, 1998, pp. 21-23; BERTOLDI, F., *Il negozio…*, *op. cit.*, pp. 14-15.

25 RODRÍGUEZ-ROSADO, B., *Fiducia…*, *op. cit.*, p. 24.

26 *Digesto* (20, 1 16.9).

por terceros independientes, precio del que quedaba descontada la cantidad adeudada, por lo que desaparecía el riesgo de que el acuerdo fuera considerado usurario. A diferencia del pacto comisorio, con el pacto marciano el acreedor no tenía la facultad de optar entre exigir el pago de la deuda, una vez vencida, o apropiarse definitivamente de la garantía; ni siquiera era un acreedor, porque carecía de acción de reclamación del crédito[27]. Tenía la exclusiva condición de comprador en una venta suspensivamente condicionada, de forma que, una vez cumplida la condición (impago), se perfeccionaba la venta, sin que pudiera hacer otra cosa que exigir la entrega del bien vendido[28].

Por tanto, mientras que el pacto marciano tenía efectos suspensivos, el pacto comisorio tenía efectos resolutorios (era un pacto resolutorio suspensivamente condicionado al pago). Es decir, mientras que en la venta en garantía la obligación de transmitir la propiedad no surgía hasta que se produjera el impago de la deuda, en la compraventa con pacto comisorio, la propiedad se transmitía, si bien existía un pacto resolutorio suspensivamente condicionado[29]. La diferencia es crucial, pues mientras el comprador bajo condición suspensiva no puede usucapirla, apropiarse de los frutos, ni soporta el riesgo de la cosa comprada, todo lo contrario le ocurre al comprador bajo condición resolutoria[30].

6. Además de la venta suspensivamente condicionada con fines de garantía, más adecuada a la finalidad de aseguramiento, en Derecho romano existía otro acuerdo de parecida eficacia, pero con estructura diferente: la compraventa con *pactum de retrovendendo*. A diferencia de aquella, la venta se perfeccionaba sin que el pacto suspendiera la

---

27 *Vid.* BURDESE, A., *Lex commissoria…*, *op. cit.*, p. 124.

28 *Vid.* RODRÍGUEZ-ROSADO, B., *Fiducia…*, *op. cit.*, pp. 25-27.

29 *Ibid.*, p. 28.

30 *Vid.* BISCARDI, A., "La lex commissoria nel sistema delle garanzie reali", en AA.VV., *Studi in honore di Emilio Betti*, vol. II, *Storia del diritto e diritto romano*, Giuffrè, Milán, 1962, p. 578.

transmisión; aunque el efecto era el mismo —otorgaba al vendedor el derecho a recuperar la cosa una vez pagado el precio—, a este último el Derecho romano clásico le concedió la forma de lo que hoy pudiera llamarse condición resolutoria. En cualquier caso, ninguno de ellos suponía incumplimiento de la prohibición del pacto comisorio, pues la venta no garantizaba ningún derecho de crédito; es decir, el comprador no era un acreedor facultado para elegir entre reclamar el crédito o apropiarse de la garantía; mientras que al vendedor correspondía la facultad de devolver el precio cobrado y resolver la compraventa[31]. Estas diferencias resultan fundamentales en la actualidad para distinguir la venta en garantía de otras compraventas con finalidad crediticia pero sin naturaleza fiduciaria[32].

7. Desaparecida la fiducia y siendo el *pignus* la garantía real por excelencia, durante el período visigodo se prohibió expresamente, en el Breviario de Alarico, la venta, entre deudor y acreedor, del bien pignorado. Sin embargo, en el *Liber Iudiciorum* la venta a terceros, en caso de impago, por el precio fijado de manera objetiva por terceros, con intervención de autoridad judicial y con obligación de devolver el *superfluum*, se convirtió en elemento esencial del contrato de prenda[33]. Más tarde, aún en la alta Edad Media, se volvió a permitir la venta por el deudor al acreedor pignoraticio, así como la venta en garantía, en ambos casos mediante el sistema de determinación objetiva del precio, lo que obligaba a pagar o a devolver —dependiendo de la parte a la que correspondiera— el *reliquum*[34].

8. Las Partidas recogieron la tradición romana y la visigoda, con mayor influencia de la primera, por lo que per-

---

31 RODRÍGUEZ-ROSADO, B., *Fiducia…*, *op. cit.*, p. 32.

32 *Ibid.*, pp. 147-179.

33 *Vid.* IGLESIA FERREIRÓS, A., *Las garantías reales en el Derecho histórico español*, vol. I, *La prenda contractual: desde sus orígenes hasta su recepción en el Derecho común*, Universidad de Santiago de Compostela, Santiago de Compostela, 1977, pp. 81-101.

34 *Vid.* FERNÁNDEZ ESPINAR, R. “La compraventa en el Derecho medieval español”, *AHDE*, t. XXV, 1955, pp. 293-419.

mitieron la venta de la prenda en subasta pública, pero sin intervención judicial; también prohibieron el pacto comisorio en la prenda, pero admitieron el pacto marciano, que permitía al acreedor apropiarse de la cosa pignorada, por justiprecio estimado objetivamente por terceros peritos. A partir de entonces se consideró un auténtico procedimiento de ejecución de garantías que no vulneraba las prohibiciones de pacto comisorio ni de ejecución privada. La regulación se mantuvo prácticamente idéntica en los proyectos de Código civil de 1836 y de 1851, salvo que en este último se volvió a exigir, como en el Derecho visigodo, que la venta tuviera lugar en un procedimiento judicial[35].

La exigencia de subasta judicial se mantuvo en el anteproyecto de Código civil, redactado entre los años 1882 y 1888, que presentaba como novedad la admisión del pacto comisorio si se pactaba expresamente; pero fue finalmente prohibido en el texto definitivo del Código civil de 1889, para la prenda, la hipoteca (art. 1859) y la anticresis (art. 1884). Sin embargo, permitió la venta de la cosa pignorada en subasta pública con intervención de tercero; pero, si celebradas dos subastas la cosa no se hubiera vendido, el acreedor podía apropiarse de la misma, estando obligado a dar carta de pago al deudor por la totalidad de su crédito (art. 1872)[36].

9. Las Partidas igualmente recogieron el pacto de retroventa o la compraventa con pacto de retro, también conocido posteriormente como venta a carta de gracia o retracto convencional, término este último con el que cristaliza en el Código civil. Este negocio despertó una enorme desconfianza en la doctrina española de las décadas previas a su inclusión definitiva, y ello por la falta de proporcionalidad, en muchos casos, entre el valor de la cosa —normalmente muy superior— y el precio establecido. Dicho recelo estaba

---

35 *Vid.* RODRÍGUEZ-ROSADO, B., *Fiducia…*, *op. cit.*, pp. 39-43.

36 *Ibid.*, p. 44.

justificado por la histórica persecución de la usura[37], a la que quedaban vinculadas, de uno u otro modo, la prohibición del pacto comisorio en las garantías, la corrección del pacto marciano —con la intervención de peritos que determinaran el precio—, y la desaparición de toda referencia a la venta en garantía suspensivamente condicionada[38]. A pesar de los recelos, y como ya se ha adelantado, el Código civil recogió la compraventa con pacto de retro o retracto convencional. Así, su art. 1508 regula un plazo de caducidad de la acción de retroventa de cuatro años, salvo pacto en contrario, que en ningún caso podrá superar el de 10 años, y su art. 1510 le atribuye naturaleza real[39].

---

37 A pesar de que en 1856 se aprobó una ley de liberalización de intereses, que abolía la tasa de interés del capital, los abusos ocasionados durante su vigencia propiciaron la aprobación de Ley de 23 de julio de 1908, conocida como Ley Azcárate, que volvió a prohibir los contratos de préstamo considerados usurarios.

38 Teniendo en cuenta que al retracto convencional acudían quienes necesitaban liquidez con la esperanza de recuperar el bien vendido en caso de que mejorara su situación económica, fue considerado por algunos un negocio de crédito —préstamo con garantía— simulado. Sin embargo se ha cuestionado la corrección técnica de esta solución pues, como ya se ha señalado *supra*, en la venta con pacto de retro el comprador es sólo comprador, es decir, no es titular de ningún derecho de crédito contra el vendedor; de modo que, si la devolución del precio no tiene lugar en el plazo establecido, el vendedor simplemente pierde la facultad de reintegrar a su patrimonio la cosa vendida, pero eso no supone ninguna apropiación de garantía; *vid.*, RODRÍGUEZ-ROSADO, B., *Fiducia…*, *op. cit.*, pp. 46-50. Respecto a la distinción que en la misma época establecía la jurisprudencia del TS entre el préstamo con pacto comisorio y la venta con pacto de retro, sobre la base de que la simulación y el fraude no se presumen, *ibid.* pp. 51-52.

39 La Compilación de Derecho Civil Foral de Navarra regula, entre las garantías reales, la compraventa con pacto de retro con finalidad crediticia (leyes 475-480), sin antecedentes en el Derecho histórico navarro; por otra parte, y a diferencia del Código civil español, el Fuero Nuevo también regula la fiducia en garantía en la ley 466, admitiendo expresamente el pacto comisorio, prohibido, sin embargo, en el caso de la prenda y de la hipoteca (ley 469, en la que, no obstante, admite en la prenda "pactarse otra forma de venta siempre que la naturaleza del objeto lo permita"); *vid.* Ley 1/1973, de 1 de marzo, por la que se aprueba la Compilación de Derecho Civil Foral

II. LA FIDUCIA EN GARANTÍA EN DERECHO ESPAÑOL VIGENTE

2.1. Introducción

10. Definida la fiducia surgida en el Derecho romano clásico y sintetizados los avatares sufridos hasta la redacción del Código civil español, se plantean dos tipos de cuestiones: las primeras de naturaleza más teórica, relativas a su validez y las segundas, de dimensiones más prácticas, relativas a su eficacia. Las primeras se reconducen a la pregunta de si la figura es admisible en el Derecho español vigente: es decir, si es posible que una finalidad de aseguramiento justifique la transmisión de propiedad, existiendo como existen otras garantías reales que no producen ese efecto. Las segundas giran en torno al desequilibrio que supone que el fiduciante transmita la plena propiedad de un bien, a cambio de una obligación del fiduciario de devolverlo una vez extinguida la deuda que la transmisión garantiza. ¿Qué ocurre si este último frustra la confianza que el primero había depositado en él? ¿Cómo lo protege el Derecho frente a los derechos de terceros de buena y mala fe? ¿Qué protección tienen y qué posición ocupan fiduciante y fiduciario en los supuestos de embargo de los bienes y en los procedimientos de insolvencia de la otra parte?

2.2. Admisibilidad y efectos de la fiducia en garantía en la teoría general del Derecho civil español

11. Es lugar común en la doctrina afirmar que los negocios fiduciarios —y la venta en garantía, en particular— sólo son admisibles en sistemas abstractos de transmisión de propiedad sin causa de la obligación, como fue en el Derecho romano clásico, hasta la sustitución de la *manci-*

---

de Navarra (*BOE* núm. 57, de 7 de marzo de 1973), modificada por Ley Foral 21/2019, de 4 de abril, de modificación y actualización del Derecho Civil Foral de Navarra o Fuero Nuevo (*BOE* núm. 137, de 8 de junio de 2019).

patio por la *traditio*, y es en el alemán. En este último, la transmisión se produce, aunque el pago no traiga causa de un contrato, siempre que exista voluntad de transmitir y de adquirir, porque el modo (la *traditio*) opera independientemente del título (contrato). Sin embargo, antes de abordar la cuestión, quizás sea necesario hacer alguna puntualización sobre qué sea la causa, incluso cuál sea el objeto de la causa, la obligación o el contrato. Aunque la cuestión resuene algo añeja, esta es una percepción alejada de la realidad actual, pues el sistema causalista por excelencia, el Derecho contractual francés, ha hecho desaparecer la causa como elemento esencial del contrato en su reforma del *Code civil* de 2016[40]; sin embargo, una década antes de esta eliminación, el legislador francés ya había incorporado la fiducia en su Derecho civil[41].

12. A pesar de no ser recogida en los códigos civiles, por no aparecer contenida en la Compilación justinianea, la fiducia fue reelaborada por la Pandectística alemana, al dirigir su mirada al Derecho romano clásico. Acogida por la doctrina italiana, la teoría del negocio fiduciario pasó a España, siendo bien recibida en la doctrina española —principalmente por Castán— y en la jurisprudencia del Tribunal Supremo[42]. En virtud de la teoría clásica de la fiducia o teoría del doble efecto (real y obligacional), la fiducia es concebida como un contrato en virtud del cual el fiduciante transmite la propiedad de un bien y el fiduciario se obliga a retransmitírselo al primero, pasado un determinado período de tiempo, si bien en el caso de la fiducia *cum creditore* esto último queda condicionado al pago de la deuda que el fiduciante ha contraído con el fiduciario[43].

---

40 *Ordonnance nº 2016-131, du 10 février 2016, portant réforme du droit des contrats, du régime général et de la preuve des obligations*; *JORF*, nº 35, de 11 febrero de 2016.

41 *Vid. infra.*

42 FUENTESECA DEGENEFFE, C., *El negocio…*, *op. cit.*, p. 49.

43 *Vid.*, DE CASTRO Y BRAVO, F., *El negocio jurídico*, Instituto Nacional de Estudios Jurídicos, Madrid, 1967 (reed. facsímil, Civitas, Madrid, 1985), pp. 406-407.

13. En contra de la teoría clásica se elevaron voces —principalmente la de Federico De Castro— que la consideraron insostenible en un sistema causalista como el español, por carecer de su propia causa, entendida ésta como contraprestación, al faltar el precio de la compraventa (art. 1445 Cc). Este sector doctrinal sostiene que el fin de administración (fiducia *cum amico*) o el de garantía (fiducia *cum creditore*) no son suficientes para producir el traspaso de titularidad dominical[44]; por lo que, concretamente en la fiducia *cum creditore*, lo que existe es un contrato de garantía simulado bajo la apariencia de una enajenación: la fiducia sería un negocio relativamente simulado que produciría los efectos del negocio disimulado de garantía que encierra[45].

Los partidarios de la teoría clásica se han defendido de esta primera crítica señalando que el negocio no carece de causa. En primer lugar, cada obligación del contrato tiene su causa en la contraprestación de la otra parte[46]: la causa

44 En este sentido se pronuncia la STS 77/2020 de 4 de febrero de 2020 (RJ 2020/320), que recoge parte del texto de la RDGRN 12353/2012, de 20 de julio de 2012 (RJ 2012/10097) que, a su vez, pretende resumir cierta doctrina de la Sala 1ª de nuestro TS: "...la validez del contrato presupone la concurrencia de una causa suficiente que fundamente el reconocimiento jurídico del fin práctico perseguido por los contratantes". Desde la teoría clásica se sostiene, sin embargo, que esta crítica parte de un concepto de causa entendida como función económico-social, ajeno a nuestro ordenamiento jurídico; *vid.* RODRÍGUEZ-ROSADO, B., *Fiducia..., op. cit.*, p. 136.

45 *Vid.* DE CASTRO Y BRAVO, F., *El negocio..., op. cit.*, pp. 423-424.; *id.*, "El negocio fiduciario. Estudio crítico de la teoría del doble efecto", *AAMN*, 1972, pp. 5-39; en este mismo sentido se pronuncian, entre otros, ALBALADEJO GARCÍA, M. "El negocio fiduciario es simplemente un negocio simulado relativamente", *Actualidad Civil*, 1993/4, pp. 663-675; PEÑA BERNALDO DE QUIRÓS, M., *Derechos reales. Derecho hipotecario*, t. II, Centro de Estudios Registrales, Madrid, 1999, pp. 355-358; DURÁN RIVACOBA, R., *La propiedad en garantía. Prohibición del pacto comisorio*, Aranzadi, Pamplona, 1998, p. 177.

46 Art. 1274 Cc: "En los contratos onerosos se entiende por causa, para cada parte contratante, la prestación o promesa de una cosa o servicio por la otra parte, en los remuneratorios el servicio o beneficio que se remunera y en los de pura beneficencia la mera liberalidad del bienhechor".

para el fiduciante es la obligación del fiduciario de retransmitirle la propiedad y para el fiduciario, la transmisión que ha realizado el primero, lo que impide que se produzca enriquecimiento sin causa. Se trataría de un negocio con la misma estructura causal que el mutuo, una especie del género de los negocios *credendi causa*, que tiene como efecto la transmisión de la propiedad[47]. En segundo lugar, argumentan que la causa del contrato es la motivación de ambas partes al celebrarlo: en la fiducia *cum creditore*, la finalidad de ambos contratantes (que uno entregue la propiedad de una cosa en garantía de una deuda) no puede considerarse ilícita a efectos del art. 1275 Cc[48]; si junto a la misma se da el resto de elementos esenciales del contrato —consentimiento y objeto—, será título o causa suficiente, junto con el modo (*traditio*), para transmitir la propiedad[49]. Esta doctrina concluye que, existiendo en la fiducia causa de cada obligación y no pudiendo considerarse ilícita, ni contraria a la moral, la intención común de las partes, en principio no hay razón para que este contrato no pueda transmitir la propiedad[50].

---

47 *Vid.* JORDANO BAREA, J.B., El *negocio fiduciario*, Bosch, Barcelona, 1959, pp. 99 y 118; LACRUZ BERDEJO, J.L., "La causa en los contratos de garantía", *RCDI*, 1981, pp. 709-755; GARRIGUES DÍAZ-CAÑABATE, J., *Negocios fiduciarios en el Derecho mercantil*, Aranzadi, Cizur Menor, 2016, p. 82 (reimpresión de la obra original publicada en 1955); RODRÍGUEZ-ROSADO, B., *Fiducia…*, *op. cit.*, p. 127.

48 Art. 1275 Cc: "Los contratos sin causa o con causa ilícita no producen efecto alguno. Es ilícita la causa, cuando se opone a las leyes o a la moral".

49 GARRIGUES DÍAZ-CAÑABATE, J., *Negocios fiduciarios…*, *op. cit.*, pp. 37-40; La distinción entre causa de la obligación, causa del contrato y causa de la tradición, puede encontrarse en RODRÍGUEZ-ROSADO, B., *Fiducia…*, *op. cit.*, pp. 59-103, donde además realiza una clarificadora exposición de las diferentes teorías de la causa.

50 *Vid.* JORDANO BAREA, J.B., *El negocio…*, *op. cit.*, pp. 123-124; RODRÍGUEZ-ROSADO, B., *Fiducia…*, *op. cit.*, pp.94-96, quien sostiene que si la fiducia careciera de causa tampoco sería eficaz en los sistemas abstractos de transmisión de la propiedad, aunque con distinto alcance, pues quedaría condicionada al ejercicio de una acción personal por parte del que realizó la entrega; así, en Derecho alemán se trataría de un supuesto de cobro de lo indebido que atribuye, al

El TS, a partir de la sentencia de 25 de mayo de 1944 (RJ 1944/800), ha venido entendiendo que se trata de un contrato verdadero y querido por las partes con una finalidad de garantía (*causa fiduciae* o causa del contrato y, por tanto, existente y lícita a efectos del art. 1275 Cc) o un negocio atípico de naturaleza compleja, integrado por dos contratos: uno real de transmisión de propiedad con eficacia *erga omnes* y otro con eficacia obligacional, válido *inter partes* (*pactum fiduciae*), que le obliga a actuar según lo convenido y de forma que no perjudique el derecho del fiduciante a recuperar la propiedad en caso de pago de la deuda en el plazo establecido. Se trata de un negocio admisible en virtud de la libertad de pactos consagrada en el art. 1255 Cc, con el único límite de la prohibición del pacto comisorio. En cuanto a sus efectos, sin embargo, en las últimas décadas el TS sólo en contadas ocasiones le ha reconocido efecto transmisivo de la propiedad[51].

---

que hizo la entrega, una acción personal de enriquecimiento injusto contra el primer acreedor y no contra los cesionarios del crédito, salvo que estos últimos lo sean a título gratuito; mientras que en los sistemas causalistas nacería una acción real de reclamación de la propiedad (reivindicatoria). En el mismo sentido, *id.*, "La transmisión de propiedad en garantía en Alemania y los problemas para su aceptación en Derecho español", *RDC*, vol. IV, núm. 3 (julio-septiembre) 2017, pp. 63-93, esp. p. 82, donde critica a quienes sostienen que la causa (entendida como función económico-social) de garantía no justifica la transmisión de la propiedad, por imponer un recorte injustificado a la autonomía de la voluntad negocial.

[51] Entre otras, *vid.* SSTS 353/2016, de 30 de mayo de 2016 (RJ 2016/2307), de 30 de marzo de 2004 (RJ 2004/2603), de 26 de julio de 2004 (RJ 2004/6633); de 31 de octubre de 2003 (RJ 2003/7977) de 14 de marzo de 2002 (RJ 2002/2476), de 1 de febrero de 2002 (RJ 2002/1586), de 5 de diciembre de 2001 (RJ 2001/ 9934), de 17 de julio de 2001(RJ 2001/6860); de 26 de abril de 2001(RJ 2001/ 2037). En esta última se dice concretamente que "es un negocio jurídico en que por modo indirecto, generalmente a través de una compraventa simulada, se persigue una finalidad lícita, cual es la de asegurar el cumplimiento de una obligación, y no puede pretenderse otra ilícita, como la de que, en caso de impago de la obligación, el fiduciario adquiera la propiedad de la cosa, pues se vulneraría la prohibición del pacto comisorio, revelándose la 'venta en garantía' como un negocio en fraude de ley (artículo 6.4. del Código civil)".

14. El segundo motivo señalado por gran parte de la doctrina española para rechazar la concepción clásica de la fiducia, ha sido entender que entraña una falta de reciprocidad entre las prestaciones, contraria a la justicia, puesto que existe una transmisión real frente a una mera obligación personal de volver a transmitir (promesa de retransmitir o *pactum fiduciae*). Concretamente se argumenta que si, en virtud del principio de relatividad de los contratos (art. 1257 Cc), el fiduciante sólo dispone de una acción personal contra el fiduciario para recuperar la propiedad[52], en caso de que el fiduciario incumpla la palabra dada y venda el bien a un tercero, el fiduciante no podrá reclamar al tercero adquirente de mala fe, pues adquirió *a domino*, al ser considerado —el fiduciario— auténtico propietario. Esa conclusión, sin embargo, no tiene en cuenta una consolidada jurisprudencia del TS, que desde 1921 hasta la actualidad viene flexibilizando los rigores del principio de relatividad de los contratos por aplicación del principio de buena fe, en el sentido de que el tercer adquirente de mala fe también queda sujeto a la acción personal contra su causahabiente, ya que la mala fe vicia su adquisición, haciéndole perder su condición de tercero; es decir, solo se

---

Algunos comentarios a las mismas pueden encontrarse en CARRASCO PERERA, A., *Los derechos de garantía en la Ley Concursal*, 3ª ed., Civitas, Madrid, 2009, pp. 245-279, esp. p. 246; SIMÓN MORENO, H., "El negocio fiduciario en la jurisprudencia del Tribunal Supremo y sus aplicaciones prácticas", en NASARRE AZNAR, S., y GARRIDO MELERO, M. (coord.), *Los patrimonios…*, *op. cit.*, pp. 173-192, esp. pp. 173-174. Para un análisis de la jurisprudencia anterior, *vid.*, RODRÍGUEZ-ROSADO, R., *Fiducia…*, *op. cit.*, p. 110-116; FUENTESECA DEGENEFFE, C., *El negocio…*, pp. 96-207; VIDAL MARTÍNEZ, J., *La venta en garantía en el Derecho civil común español. Estudio jurisprudencial y ensayo de construcción doctrinal*, Civitas, Madrid, 1990, *passim*.

52 Para sus defensores, dicho desequilibrio encontraría su explicación en la confianza (*fides*, *fiducia*) que deposita el fiduciante en la palabra dada por el fiduciario, de actuar conforme al fin propuesto; *vid.* JORDANO BAREA, J.B., El *negocio…*, *op. cit.*, p. 24.

considera tercero protegido al que adquiere de buena fe a título oneroso[53].

En la misma línea también se critica de la teoría del doble efecto que esta sitúa al fiduciante en una posición de debilidad ante un eventual embargo del bien por los acreedores de fiduciario, pues no podrá ejercitar una tercería de dominio (art. 595 LEC) para levantar la traba[54]; igualmente en caso de concurso del fiduciario, el bien quedaría integrado en la masa activa de este último, sometido a la ley del dividendo, sin que al fiduciante corresponda un *ius separationis* sobre el bien fiduciado (art. 239 TRLC)[55]. La solución que se aporta desde la teoría clásica es la de reconocer también al fiduciante una tercería de dominio para levantar el embargo o un derecho de separación del bien de la masa del concurso —condicionado al pago de la deuda—, por extensión de la solución contemplada por

---

53 *Vid.*, entre otras, SSTS de 5 de febrero de 2014 (43/2014), de 8 de abril de 2015 (188/2015 y 192/2015), de 6 de octubre de 2015 (517/2015) y otras tantas en ellas citadas. Para un análisis exhaustivo de los fundamentos y de la jurisprudencia del TS en la que han encontrado acogida, *vid.* RODRÍGUEZ-ROSADO, B., "Mala fe y eficacia frente a tercero de los derechos de crédito", *Anales de la Academia Matritense del Notariado,* tomo 59, 2019, pp. 433-470; *id.*, "*Ius ad rem* y condena de la mala fe – estudio de los artículos 1473, 1295.2 y 1124.4 del Código civil", *ADC,* 2009, nº 4, pp. 1687-1723; *íd..*, *Fiducia…*, *op. cit.*, p. 137; *id.*, "La transmisión…", *op. cit.*, pp. 86-87; este autor encuentra su fundamento en los arts. 1124.4, 1295.2, 1540 Cc y, especialmente, en el art. 1473 Cc que, en los supuestos de doble venta, exige siempre buena fe en el tercero para que pueda quedar protegido en su adquisición.

54 En virtud de la teoría del doble efecto, si el bien fiduciado fuera embargado por los acreedores del fiduciante, al fiduciario correspondería una tercería de dominio, sin que pudiera apropiarse del bien como pago de la deuda, ni determinar el procedimiento de ejecución forzosa del crédito, pues incurriría en la prohibición del pacto comisorio contenida en los arts. 1859 y 1884 Cc, para la prenda, la hipoteca y la anticresis, aplicables por analogía a los derechos reales de garantía atípicos.; *vid.*, RODRÍGUEZ-ROSADO, B., *Fiducia…*, *op. cit.*, pp. 116-117.

55 En virtud de la teoría del doble efecto, en caso de concurso del fiduciante, el fiduciario tendría un derecho de separación.

doctrina y jurisprudencia en los supuestos de insolvencia del vendedor en la reserva de dominio[56].

15. Para superar tales críticas, un sector de la doctrina española ha elaborado la teoría que distingue entre propiedad material y propiedad formal. Partiendo también de que la fiducia no es un negocio simulado o fraudulento, sino lícito y querido realmente por las partes, considera que se produce una transmisión limitada y formal de la propiedad, condicionada a su finalidad fiduciaria, propiedad que se reparte entre fiduciante y fiduciario. En virtud de esta teoría, el fiduciario deviene propietario *erga omnes*, menos frente al fiduciante, que sigue siendo el verdadero propietario en las relaciones *inter partes*, así como frente al tercero de mala fe. La consecuencia es que el fiduciante tiene derecho a los frutos de la cosa y soporta sus cargas, salvo que las partes hayan convenido otra cosa en el contrato; podrá reivindicarla salvo frente a tercero que hubiera adquirido del fiduciario, de buena fe y a título oneroso; en caso de embargo del bien por parte de los acreedores del fiduciario, el fiduciante podrá ejercitar una tercería de dominio y, en el supuesto de concurso del fiduciario, tiene un *ius separationis* frente al resto de acreedores, por ser verdadero propietario en las relaciones internas, siempre que se haya extinguido la deuda garantizada. Ello es posible porque los acreedores no son terceros, sino que ocupan la posición de su causahabiente-deudor. Todas estas situaciones dependen, evidentemente, de la prueba del carácter fiduciario de la transmisión[57].

---

56 *Vid.* RODRÍGUEZ-ROSADO, B., *Fiducia…*, *op. cit.*, pp. 141-144; *ídem.*, "La transmisión…", *op. cit.*, p. 87.

57 Entre los autores partidarios de esta construcción, *vid.* LACRUZ BERDEJO, J.L., *Elementos de Derecho civil*, II, vol. 2°, Bosch, Barcelona, 1987, p. 188. Se suele mantener que esta es la doctrina que sigue mayoritariamente la jurisprudencia española actual; entre otras las SSTS de 28 de marzo de 2012 (RJ 2012/5588) y de 13 de julio de 2009 (RJ 2009/4466) sobre fiducia *cum amico*; la jurisprudencia reciente que aplica la tesis de la propiedad formal en la fiducia *cum creditore* se encuentra analizada en ARANA DE LA FUENTE, I., "Sobre la propiedad…", *op. cit.*, p. 333-335; para la jurisprudencia anterior

Por su parte, como el fiduciario es sólo un propietario formal y, en virtud del pacto fiduciario, tiene una obligación de restituir los bienes al fiduciante una vez cumplida la obligación garantizada, goza tan solo de un derecho de retención (*ius retinendi*) frente al fiduciante y sus acreedores, y no está legitimado para ejercitar frente a los acreedores del fiduciante una tercería de dominio (art. 595 LEC), sino de mejor derecho (art. 614 LEC). En caso de concurso del fiduciante, al fiduciario no le corresponderá el *ius separationis* del art. 239 TRLC, al no ser verdadero propietario, sino tan solo un derecho preferente al cobro sobre el resto de acreedores con cargo a dicho bien (art. 430 TRLC)[58], equiparándolo a otros privilegios especiales del art. 270 TRLC.

Concretamente se propone que si el bien fiduciado fuera un bien mueble o derecho corporal cuya posesión se transfiriera al acreedor o a un tercero, se aplicaría analógicamente el art. 270 6º TRLC (prenda constituida en documento público). Por su parte, si recayera sobre un bien inmueble con traspaso de la posesión, podría aplicarse el art. 270 2º TRLC —si se entiende la anticresis como una "hipoteca mobiliaria"— y, por último, podría ser aplicable el art. 270 1º TRLC en caso de que la fiducia se hubiera constituido sobre un bien o derecho corporal sin desplaza-

---

vid. RODRÍGUEZ-ROSADO, B., *Fiducia…, op. cit.*, pp. 116-124. Sin embargo, si se realiza un análisis exhaustivo de las distintas sentencias se observa que la jurisprudencia del TS es vacilante e incoherente; *vid.* en este sentido, CARRASCO PERERA, A., *Los derechos…, op. cit.*, Civitas, Madrid, 2009, pp. 245-279, a lo largo de todo el capítulo; igualmente CARRASCO, A., CORDERO, E. y MARÍN, M.J., *Tratado de los derechos de garantía*, Tomo I, Aranzadi, Cizur Menor, 3ª ed., 2015, p. 654.

58 Esta afirmación se cuestiona en caso de que se haya constituido conforme al Derecho navarro (ley 466 de la Compilación de Derecho Civil Foral de Navarra) que sí lo considera propietario; *vid.* PANTALEÓN PRIETO, F., "De la clasificación de los créditos", en FERNÁNDEZ DE LA GÁNDARA, L. y SÁNCHEZ ÁLVAREZ, M.M., (cood.), *Comentarios a la Ley Concursal*, Marcial Pons, Madrid, 2004, pp. 501-540, esp. p. 533.

miento posesorio[59]. En todo caso, debe tenerse en cuenta que la DGRN/DGSJFP no suele admitir la inscripción de la venta en garantía, por lo que sólo podría acceder disimulada tras una compraventa[60].

16. Tales soluciones siguen dejando muchos interrogantes abiertos, como el carácter de *numerus clausus* que en nuestro ordenamiento jurídico tienen los derechos reales, que impediría "crear" un nuevo tipo de dominio repartido entre fiduciante y fiduciario más allá de la copropiedad[61]; no tanto por lo que se refiere a las relaciones entre las partes, caracterizada por el principio de la libertad de pactos del art. 1255 Cc, sino por su imposibilidad de hacerlo valer frente a terceros[62].

Dicho obstáculo se ha pretendido salvar por una parte de la doctrina y la jurisprudencia —esta última partiendo del presupuesto no siempre confesado de que se trata de un negocio simulado de compraventa que esconde una garantía—, mediante el intento de "conversión" de la fi-

---

59 Para que los créditos contenidos en los números 1° a 5° sean considerados privilegios especiales a efectos de esta ley, el art. 271.1 exige que la respectiva garantía esté constituida con los requisitos y formalidades previstos en su legislación específica para su oponibilidad a terceros; *vid.*, ALONSO LEDESMA, C., "Artículo 271", en PEINADO GRACIA, J.I. y SANJUÁN Y MUÑOZ, E., *Comentarios al articulado del Texto Refundido de la Ley Concursal. Real Decreto Legislativo 1/2020, de 5 de mayo*, Sepín, Madrid, 2020, pp. 543-548.

60 PANTALEÓN PRIETO, F., "De la clasificación...", *op. cit.*, pp. 533-534; CARRASCO PERERA, A., *Los derechos...*, *op. cit.*, pp. 252 y 258; SIMÓN MORENO, H., "El negocio...", *op. cit.*, p. 174, nota 3.

61 Dudas planteadas en nuestra doctrina, entre otros, por GALICIA AIZPURUA, G., *Fiducia, leasing y reserva de dominio*, Scientia Iuridica, Madrid, 2014, pp. 28-48 y críticas que ya pusiera de manifiesto en su día DE CASTRO Y BRAVO, F., *El negocio...*, *op. cit.*, p. 422; JORDANO BAREA, J.B., *El negocio...*, *op. cit.*, 108; FUENTESECA DEGENEFFE, C., *El negocio...*, *op. cit.*, p. 207. Por el contrario, RODRÍGUEZ-ROSADO, B., *Fiducia...*, *op. cit.*, pp. 120 y 174-179, defiende que el derecho real que se transmite en virtud de estos contratos no es otro que el derecho de propiedad tal como se conoce en nuestro ordenamiento jurídico.

62 CARRASCO PERERA, A., *Los derechos...*, *op. cit.*, p. 258.

ducia en una garantía típica[63]. Sin embargo, otro sector de la doctrina ha señalado que la operación resulta muy poco eficaz. En primer lugar, porque si el bien afecto a la garantía es un inmueble no es posible su conversión en hipoteca. En efecto, al exigirse que la escritura pública de constitución se inscriba en el Registro de la Propiedad, el principio de especialidad hipotecaria y los requisitos de publicidad, impedirían que pudiera convertirse en hipoteca un asiento en el que el título inscrito fuera la propiedad del fiduciario. Igualmente ocurriría en caso de que el objeto fiduciado fuera un bien mueble y tuviera que convertirse en prenda, pues el Código civil exige la entrega de la posesión, como requisito de constitución del contrato de prenda (art. 1863 Cc), y el otorgamiento de escritura pública, como requisito de eficacia frente a terceros (art. 1865 Cc). Si se tratara de una prenda sin desplazamiento, o una reserva de dominio[64], el legislador español exige la inscripción en el registro correspondiente[65]. Por otra parte, el fiduciario tampoco dispondrá de un título ejecutivo para realizar la garantía, pues no se darán las condiciones para el procedimiento de ejecución hipotecaria o prendaria de los arts. 681 y ss. LEC (además, en caso de subasta notarial de la prenda del art. 1872 Cc, el título debe expresar una cantidad líquida y la tasa de interés pactada), ni para el previsto en la Ley 28/1988 de venta a plazos de bienes muebles para la reserva de dominio, o el de los arts. 94 y ss. de la LHMPSD. Por lo que el fiduciario deberá proceder a ejecutar la garantía conforme a las reglas ordinarias de ejecución de las deudas dinerarias de los arts. 571 y ss. LEC. En fin, los perfiles más que dudosos del *ius retinendi* que esta teoría atribuye al fiduciario en el concurso del fiduciante y el derecho a la ejecución separada como si de una

---

[63] MARÍN LÓPEZ, M.J., en CARRASCO, A., CORDERO, E. Y MARÍN, M.J., *Tratado…*, *op. cit.*, pp. 627-632.

[64] Regulada en la Ley 28/1998, de 13 de julio, de venta a plazos de bienes muebles (BOE nº 167, de 14 de julio de 1998).

[65] Así, la LHMPSD establece como requisito para la oponibilidad, la inscripción en el Registro de Bienes Muebles (en adelante RBM).

garantía privilegiada del art. 270 TRLC se tratara, suponen que tampoco tiene en cuenta el principio de que no hay privilegios sin ley, ya sean concursales (art. 269.2 TRLC) o extraconcursales (1925 Cc)[66]. Por tanto, hay que concluir que la eficacia de la fiducia en garantía en el Derecho civil común español actual es bastante incierta y reclama una regulación específica que dé seguridad jurídica a los acreedores sin descuidar los intereses de terceros.

2.3. Delimitación de la fiducia en garantía frente a otras formas de compraventa con finalidad crediticia que no tienen naturaleza fiduciaria

17. Puede ocurrir que las partes celebren una compraventa a la que se añada una promesa unilateral de reventa o una opción de recompra, mediante la que el comprador se compromete a volverle a vender el bien al vendedor si le devuelve el precio en el plazo que ellos establezcan. Es decir, existe una transmisión mediante una compraventa y una retransmisión mediante otra compraventa en sentido inverso. En esta operación compleja con finalidad crediticia, mediante la que se articula la garantía —y a diferencia de la fiducia *cum creditore*—, el comprador no es acreedor; eso significa que no tiene derecho a reclamar el precio que había pagado, ni, por tanto, existe correlativa obligación del vendedor de devolver el precio que se le había entregado. Comprador y vendedor no son acreedor y deudor,

---

[66] En este sentido, *vid.* CARRASCO, A., en CARRASCO, A., CORDERO, E. y MARÍN, M., *Tratado…*, *op. cit.*, p. 655, donde critica lo mantenido por Marín en la 2ª edición, de 2008, de la misma obra; igualmente CARRASCO PERERA, A., *Los derechos…*, *op. cit.*, pp. 257-260, 268, 269, 276 y 277; SIMÓN MORENO, H., "El negocio fiduciario…", *op. cit.*, pp. 173-192, esp. p. 181. En cuanto a los problemas que encuentran los derechos reales previstos en normas especiales o forales no tenidas en cuenta en la LC, *vid.*, DEL POZO CARRASCOSA, P. "Los derechos reales de garantía en el Código civil de Cataluña", en MIQUEL GONZÁLEZ, J.M., *Cuestiones actuales…*, *op. cit.*, pp. 205-243, esp. pp. 235-238.

respectivamente. Por eso no es técnicamente un contrato de garantía.

La causa del negocio no es la *causa fiduciae*, sino la propia de la compraventa, realmente querida por las partes y la causa de la obligación de entrega es el precio; por ello, aunque sigue existiendo en este tipo de contratos la finalidad crediticia y la confianza del transmitente en la palabra dada por el adquirente —por lo que puede ser considerado un negocio fiduciario en sentido amplio o imperfecto—, no se eleva a causa del contrato. Por esta razón, a pesar de producir efectos similares a la fiducia *cum creditore*, especialmente por lo que se refiere a la situación de riesgo en la que se sitúa el vendedor, derivado del hecho de poseer un derecho de naturaleza meramente personal a recuperar frente al comprador, a este tipo de compraventas con promesa unilateral de reventa el TS no le ha atribuido naturaleza fiduciaria[67]. Frente a la transmisión de la propiedad, de naturaleza real, tan solo existe una facultad del vendedor de reintegrar el precio y exigir la devolución del bien vendido por medio de una acción de naturaleza personal no sometida a plazo de caducidad sino de prescripción, lo que recuerda a la compraventa romana con *pactum de retrovendendo*[68].

18. En la práctica también podemos encontrar compraventas de bienes muebles o inmuebles —en este último caso documentadas en escritura pública— limitadas por una promesa de retransmitir la propiedad al extinguirse el crédito garantizado. La promesa puede constar en un documento privado o simplemente consistir en un acuerdo verbal, aunque en este último caso plantea importantes problemas de prueba. La DGRN ha entendido que no es posible separar en ese negocio una transmisión de naturaleza real y una declaración de naturaleza obligacional, sino que es un único negocio que ha de ser valorado confor-

---

[67] *Vid.*, RODRÍGUEZ-ROSADO, B., *Fiducia…*, *op. cit.*, pp. 165-167 y jurisprudencia allí citada.

[68] *Vid. supra.*

me a la verdadera finalidad práctica perseguida, la causa unitaria. Además, la DGRN no ha considerado inscribible la escritura pública de venta de inmuebles cuando en ella conste que la finalidad de las partes es garantizar una obligación del vendedor, por entender que incurre en la prohibición del pacto comisorio[69]. Sin embargo, no se puede entender comiso porque se transmita la propiedad de un bien en garantía de una deuda; sí lo sería si, llegado el plazo del vencimiento sin que el deudor hubiera pagado, el acreedor pudiera optar por reclamarlo o adquirir la propiedad irrevocable del bien transmitido, como ha señalado la jurisprudencia del TS[70], que suele considerar válido el contrato y nulo el pacto[71].

En esos casos existe simulación relativa, no por falta de causa o porque la *causa fiduciae* no sea suficiente para transmitir la propiedad, sino porque las partes quieren transmitir la propiedad en garantía, garantizar un crédito o constituir una garantía (causa concreta o propósito práctico); sin embargo, formalmente celebran una compraventa. El dinero se recibe en concepto de préstamo y no de precio de la venta; por ello el acreedor puede reclamarlo como tal[72].

19. Aunque la jurisprudencia no es unánime, tampoco suele atribuir el TS naturaleza fiduciaria a la compraventa con pacto de retro o venta a carta de gracia o retracto convencional del Código civil. Se trata también de un auténtico contrato de compraventa; el pacto de retro que se añade supone la atribución de un derecho real al vendedor para recuperar la cosa vendida si devuelve el precio de la venta, junto con el abono de otros gastos (art. 1518 Cc), en el plazo de cuatro años, salvo que se haya pactado otro plazo

---

69 *Vid.* ARANA DE LA FUENTE, I., "Sobre la propiedad...", *op. cit.*, p. 335, nota 103 y doctrina de este centro directivo allí citada.

70 *Vid.* STS de 22 de febrero de 1988, comentada por RODRÍGUEZ-ROSADO, B., *Fiducia...*, *op. cit.*, pp. 255-260.

71 Aunque la STS de 20 de diciembre de 2007 (RJ 2007/9057) considera nulo el contrato de compraventa.

72 *Vid.*, DÍEZ-PICAZO, L. y GULLÓN, A., *Sistema...*, *op. cit.*, p. 523.

distinto que no podrá exceder de 10 años (art. 1508 Cc). Comúnmente utilizado como negocio crediticio con finalidad de garantía —a pesar del silencio del Código civil en este sentido—, si el vendedor no devuelve el dinero en el plazo fijado pierde el derecho a recuperarla, pues el comprador se queda con la propiedad de la cosa vendida. Pero a diferencia de los negocios de garantía y, por tanto, de la fiducia, aquí —como en la venta con promesa unilateral de reventa— el comprador tampoco tiene derecho a reclamar el pago del crédito; es decir, el vendedor está facultado para reclamar el bien vendido si paga el precio, pero no está obligado a hacerlo, porque el comprador no ocupa la posición de acreedor, ni el vendedor la de deudor[73]. No es por tanto un negocio fiduciario, pues no resulta esencial la confianza que el vendedor deposita en el comprador, pudiendo ser calificado como negocio indirecto, pues a través de un medio indirecto se consigue un resultado que podría alcanzarse directamente mediante un préstamo con garantía, previsto en la ley[74].

Frente a la acción personal que tiene el fiduciante contra el fiduciario y el vendedor frente al comprador en la venta con promesa unilateral de reventa, al vendedor en la venta con pacto de retro le asiste una acción de naturaleza real y, por tanto, ejercitable frente a todos, salvo frente al tercero adquirente de inmuebles de buena fe a título oneroso, de los arts. 32 y 34 LH (art. 1510 Cc)[75]. Al ser una acción de naturaleza real la de retroventa, la seguridad jurídica exige que esté sujeta a un plazo muy corto de caducidad. Se trata de un negocio surgido en el Derecho intermedio

---

[73] *Vid.* CASALS COLLDECARRERA, M., *El pacto de retro y la carta de gracia*, Bosch, Barcelona, 1943, p. 18.

[74] Respecto de él, el TS ha manifestado que es lícito y válido dar al préstamo con interés o con garantía la forma de compraventa con pacto de retro; *Vid.* RODRÍGUEZ-ROSADO, B., *Fiducia…*, *op. cit.*, pp. 150 y 159-163, así como la jurisprudencia allí citada.

[75] No quedaría protegido el tercero adquirente de bienes muebles de buena fe a título oneroso del art. 464 Cc, pues el art. 1510 tan sólo exceptúa el caso del art. 34 LH.

como evolución de la venta con promesa unilateral de reventa, cuando se convirtió la acción personal de ésta en una acción real[76].

Por tanto, en la venta con pacto de retro, si en el caso concreto no se produce enriquecimiento injusto del comprador, ni usura, derivados de falta de equivalencia entre el valor de la cosa y el precio, no hay riesgo para el vendedor, ya que este último está protegido por una acción de naturaleza real para recuperar lo vendido en virtud del art. 1518 Cc. Frente a los otros dos negocios anteriores, en este ya no queda rastro de fiducia entendida como confianza. Consecuentemente tampoco surgen los problemas derivados de la insolvencia del comprador ni del embargo de sus bienes que presentan la fiducia y la venta con promesa unilateral de reventa.

Así, en caso de insolvencia del comprador, el vendedor puede instar la acción real *erga omnes*, salvo frente a tercero protegido por la fe pública registral. Por su parte, en caso de insolvencia del vendedor, el comprador o sus causahabientes tendrán un derecho de separación, por ser auténticos propietarios, aunque el vendedor hubiera seguido poseyéndolo a título de arrendatario; y en caso de embargo de los bienes del vendedor, el comprador o sus causahabientes podrán ejercitar una tercería de dominio. Los acreedores del vendedor podrán ejercer el derecho a recuperar el bien derivado del pacto de retro, pagando el precio y los gastos previstos en el art. 1518 Cc, si bien en las condiciones previstas en el art. 1512 Cc. Igualmente podrán instar la acción pauliana del art. 1111 Cc si entienden que la venta con pacto de retro se hizo en fraude de acreedores, o la acción de nulidad de los préstamos usurarios, si consideran que

76 Respecto a los criterios establecidos por la jurisprudencia del TS y por la doctrina de la DGRN para dilucidar cuándo estamos ante uno u otro tipo de compraventa, cuando no se desprenda claramente del contrato si la acción de la que dispone el vendedor para recuperar la cosa vendida es de naturaleza real o personal, *vid.* RODRÍGUEZ-ROSADO, B., *Fiducia…*, *op. cit.*, pp. 171-173.

encubre un acuerdo usurario. Incluso puede considerarse una dación en pago, si previamente hubo un préstamo o, incluso, un préstamo hipotecario[77].

2.4. La fiducia de garantía de Derecho foral navarro

20. La ley 466 del Fuero Nuevo de Navarra introduce por primera vez la venta en garantía bajo el nombre de "Fiducia", que define del siguiente modo: "Por la fiducia se transmite al acreedor la propiedad de una cosa o la titularidad de un derecho mediante una forma eficaz frente a terceros. Cumplida la obligación garantizada, el transmitente podrá exigir del fiduciario la retransmisión de la propiedad o del derecho cedido; el fiduciario, en su caso, deberá restituir y responder con arreglo a lo establecido para el acreedor pignoraticio en la ley 470. No obstante, si así se hubiere pactado, podrá el acreedor, en caso de mora del deudor, adquirir irrevocablemente la propiedad de la cosa o la titularidad del derecho y quedará extinguida la obligación garantizada".

La fiducia de garantía navarra rompe el tópico sostenido por quienes defienden que la figura solo cabe en ordenamientos jurídicos que admiten la transmisión de la propiedad abstracta o sin causa (Derecho romano y Derecho alemán). En efecto, en Derecho navarro la transmisión de la propiedad es causal, como en Derecho civil común español y en el resto de Derechos especiales o forales de España, pues para que se produzca la transmisión deben concurrir título (válido) y modo. Para que el título (contrato) exista y sea válido, en Derecho civil común, y en los especiales o forales, se exige, como elementos esenciales del mismo, consentimiento, objeto y causa (art. 1261 Cc).

21. La fiducia de garantía navarra se constituye mediante un contrato distinto a la compraventa, que tiene por objeto la transmisión de la propiedad con un fin de garantía.

---

77 *Vid.* RODRÍGUEZ-ROSADO, B., *Fiducia…*, *op. cit.*, pp. 152-155.

Dicho contrato tiene su propia causa típica, distinta a la de la compraventa, y esta es la *causa fiduciae*. La causa de la obligación del fiduciante de transmitir la propiedad es el derecho de crédito sobre el objeto transmitido, que este adquiere frente al fiduciario, si bien condicionado a que el fiduciante pague la deuda garantizada. Y la causa de la obligación del fiduciario de devolver el bien es la transmisión operada por el fiduciante. Por tanto, el contrato de fiducia respeta el equilibrio entre las prestaciones de las partes; ninguna se enriquece a costa de la otra. En cuanto a la causa del contrato, entendida como razones o motivos que llevaron a las partes a la conclusión de dicho negocio, es la de garantizar una operación crediticia principal entre las partes. Dicha causa es válida y lícita, porque no atenta contra las leyes ni las buenas costumbres[78].

Además, para que se produzca la transmisión, no basta con la perfección del contrato, sino que este ha de completarse con la entrega de la cosa u otra forma de *traditio* admitida en Derecho (modo). Frente a quienes consideran que la fiducia navarra no produce efectos transmisivos de la propiedad de una cosa o de la titularidad de otros derechos reales (limitados), la literalidad de la ley 466 no deja lugar a dudas: "Por la fiducia se transmite al acreedor la propiedad de una cosa o la titularidad de un derecho mediante una forma eficaz frente a terceros"[79].

---

78 CÁMARA LAPUENTE, S., "La fiducia de garantía en Navarra", *Revista Jurídica de Navarra*, nº 14, 1992, pp. 163-175, esp. pp. 172-173.

79 *Vid.*, en este sentido, RODRÍGUEZ-ROSADO, B., *Fiducia…*, *op. cit.*., pp. 268-270, donde, además de la interpretación literal de la ley 466, señala los antecedentes del precepto: la ley 478 de la Recopilación privada de 1971, que venía acompañada de una nota en la que se contenían dos sentencias: la del Juzgado de Primera Instancia de Pamplona de 1 de abril de 1963 y la de la Audiencia Territorial de Pamplona de 24 de junio de 1963, que resolvían el mismo asunto, considerando que en el mismo había tenido lugar una transmisión de la propiedad válida y eficaz a través de un negocio de naturaleza fiduciaria, que producía un efecto real de transferencia de propiedad y otro de naturaleza personal, consistente en la obligación de restituir el bien fiduciado; *vid.* CÁMARA LAPUENTE, S., "La fiducia…", *op. cit.* p. 173.

En Derecho navarro, la *traditio* suele tener lugar mediante el otorgamiento de escritura pública; de hecho, si el bien transmitido es un inmueble, la escritura de transmisión de la propiedad es susceptible de inscripción en el Registro de la Propiedad[80]. El contenido del asiento no es solo la transmisión, sino también su causa, el contrato de fiducia. Ello resulta de enorme relevancia, pues, una vez inscrita, los terceros no podrán argüir que desconocían que el fiduciario queda sujeto a la obligación de restituir el bien, una vez saldada la deuda garantizada mediante la fiducia; es decir, pierden la condición de terceros de buena fe, lo que les impedirá adquirir la propiedad del bien en virtud del art. 34 de Ley Hipotecaria[81]. Por tanto, la fiducia en garantía navarra es un contrato típico, no oculto o disimulado en un contrato de compraventa con obligación de retransmitir, documentado normalmente en escritura pública otorgada ante notario, que accede tal cual y de forma completa al Registro de la Propiedad. Acceden al Registro y, por tanto, son públicas, ambas dimensiones del negocio: la real y la obligacional.

La ley 466 señala que, cumplida la obligación garantizada, el transmitente podrá exigir del fiduciario la retransmisión de la propiedad o del derecho cedido y el fiduciario deberá restituir y responder con arreglo a lo establecido para el acreedor pignoraticio en la ley 470. Esta referencia no supone la equiparación entre el fiduciario y el acreedor pignoraticio, pues el primero es propietario (con obligación de retransmitir, cumplida la condición); mientras que el segundo es un mero poseedor. Por lo que esa remisión a la ley 470, hace referencia tan solo a la facultad que ambos tienen en común: la posesión, que ambos deberán restituir una vez cumplida la obligación principal garantizada[82].

---

80 El art. 2 Tercero de la LH establece: "Los actos y contratos en cuya virtud se adjudiquen a algunos bienes inmuebles o derechos reales, aunque sea con la obligación de transmitirlos a otro o de invertir su importe en objeto determinado".

81 RODRÍGUEZ-ROSADO, B., *Fiducia…*, *op. cit.*, p. 272.

82 *Id.*, p. 276.

Para el caso de incumplimiento de la obligación garantizada por el fiduciante, el inciso final de la ley 466 permite que las partes acuerden expresamente un pacto comisorio. Es decir, en caso de incumplimiento del deudor, el Fuero Nuevo de Navarra concede al fiduciario la facultad de elegir entre exigir el cumplimiento de la obligación garantizada o apropiarse de la cosa fiduciada. Si opta por ejecutar el pacto comisorio, se entiende que renuncia a la facultad de reclamar la deuda, aunque la cosa fiduciada tuviera un valor inferior o hubiera desaparecido. A pesar de que el pacto comisorio está prohibido en la prenda, por la ley 469, el hecho de que se admita para la fiducia, supone que no son usurarios, como tales, ni el pacto ni la fiducia. Pero podrá serlo el contrato de préstamo que la fiducia garantiza, si resulta gravemente desequilibrado entre las partes, por ejemplo, porque el valor de la cosa transmitida en garantía sea muy superior a la deuda garantizada, y se demuestre que el fiduciante ha tenido que aceptar las condiciones leoninas del préstamo, bien por encontrarse en situación de necesidad bien por no estar en plenas facultades para negociar. En ese caso habrá que solicitar la nulidad del contrato por usurario, en virtud del art. 1 de la Ley de la usura[83].

2.5. La transmisión de propiedad como garantía financiera del Real Decreto-ley 5/2005, de 11 de marzo

22. Las garantías financieras presentan ventajas recíprocas para acreedores (entidades financieras) y deudores, pues sirven para asegurar a los primeros una protección se-

---

83 Ley de 23 de julio de 1908 de nulidad de los contratos de préstamo usurarios, también conocida como Ley de la usura o Ley Azcárate. Su art. 1 establece: "Será nulo todo contrato en que se estipule un interés normalmente superior al normal del dinero y manifiestamente desproporcionado con las circunstancias del caso o en condiciones tales que resulte aquél leonino, habiendo motivos para estimar que ha sido aceptado por el prestatario a causa de su situación angustiosa, de su inexperiencia o de lo limitado de sus facultades mentales"; *vid.* RODRÍGUEZ-ROSADO, B., *Fiducia…*, *op. cit.*, pp. 277-278.

gura y eficaz, sometida a un simple acuerdo de voluntades; y a los segundos, un acceso sencillo y rápido al crédito, por lo que en su implementación nacional se han extendido más allá de las previsiones contempladas en las normas UE de limitarlas a las operaciones interbancarias[84].

El Real Decreto-ley 5/2005, de 11 de marzo, de reformas urgentes para el impulso a la productividad y para la mejora de la contratación pública, que traspuso al ordenamiento español la Directiva 2002/47/CE del Parlamento Europeo y del Consejo, de 6 de junio de 2002, sobre acuerdos de garantía financiera, regula en su Título I, Capítulo II (arts. 2 a 17) junto con la prenda, la transmisión de la propiedad de un bien o de un derecho de crédito en garantía. Concretamente, su art. 6.2 establece que los acuerdos de garantía financiera con cambio de titularidad son aquellos en virtud de los cuales el garante transmite a un beneficiario la plena propiedad de un bien o derecho, objeto de una garantía financiera, a los efectos de garantizar o dar otro tipo de cobertura a las obligaciones principales del deudor[85].

Su ámbito de aplicación subjetivo está reservado a las relaciones en las que al menos una de las partes sea una entidad pública, un banco u otra entidad financiera contemplada en su art. 4, entidades normalmente sujetas a supervisión; pudiendo ser la otra parte una persona jurídica o, incluso en algunos supuestos, una persona física. Por lo que al ámbito objetivo se refiere, se circunscribe al efectivo, los valores negociables y otros instrumentos financieros, así como los derechos de crédito (art. 7)[86].

Teniendo en cuenta que la garantía recaerá normalmente sobre activos fungibles, para su constitución, va-

---

84 ZUNZUNEGUI, F., "Una aproximación a las garantías financieras (Comentarios al capítulo segundo del Real Decreto-ley 5/2005)", en LAUROBA, Mª E., MARSAL, J. (Eds.), *Garantías reales mobiliarias en Europa*, *op. cit.*, pp. 415-429, esp. p. 416.

85 Redacción dada por la Ley 7/ 2011, de 11 de abril.

86 ZUNZUNEGUI, F., "Una aproximación...", *op. cit.*, pp. 419-421.

lidez, eficacia frente a terceros, ejecutabilidad y admisibilidad como prueba, basta con que el contrato entre acreedor y garante conste por escrito o en una forma "jurídicamente equivalente"; además deberá aportarse el activo objeto de la garantía, de forma que obre en poder o se sitúe bajo el control del beneficiario o de la persona que actúe en su nombre. Para permitir su identificación, este también habrá de constar por escrito o de forma "jurídicamente equivalente", entendiéndose por tal el registro o anotación por medios electrónicos y en cualquier soporte duradero (art. 8).

El Real Decreto-ley 5/2005 permite que las garantías financieras puedan ejecutarse mediante venta, compensación o apropiación por el acreedor del bien objeto de la garantía, siempre que se haya previsto en el contrato (art. 11); si bien las tasaciones de los valores negociables aportados como garantías, deberán realizarse de "manera comercialmente correcta", es decir, ajustarse al valor actual de mercado. Además deberá reintegrarse al garante el sobrante que resulte, una vez satisfecha por este medio la deuda (art.13), lo que recuerda al pacto marciano y conjura así el peligro de enriquecimiento injusto del acreedor a costa del deudor[87].

Finalmente, en caso de procedimiento concursal o de liquidación administrativa del garante, su art. 15 establece que los acuerdos de garantía financiera y las garantías financieras constituidas con anterioridad no se verán afectados y podrán ejecutarse inmediatamente, de manera anticipada y separada, de acuerdo con lo pactado y previsto en esta Ley, sin que le afecte la paralización de ejecuciones prevista

---

87 *Vid. supra* el pacto marciano en Derecho romano. Concretamente por lo que a esta ley respecta, *vid.* REDONDO TRIGO, F., "El pacto marciano, el pacto *ex intervalo* y la fiducia *cum creditore* en las garantías financieras del Real Decreto-ley 5/2005", *RCDI*, 2007, pp. 355-375; GALINDO ARAGONCILLO, A. y NAVARRO CODERQUE, F., "El pacto comisorio en el actual marco de los derechos de garantía", *Diario La Ley*, nº 8314, de 20 de mayo de 2014, pp. 1-19; CARRASCO PERERA, A., *Los derechos..., op. cit.*, p. 210.

por el art. 145 TRLC, ni la prohibición de compensación del art. 153.2 TRLC; salvo que la administración concursal pruebe que se han celebrado en fraude de acreedores, en cuyo caso podrán impugnarse en virtud de art. 226 TRLC[88].

23. La valoración del Real Decreto-ley 5/2005, de 11 de marzo no ha estado exenta de críticas por derogar de hecho los principios y las normas concursales. Con el objetivo confesado de hacer más competitivo y seguro el sector financiero español[89], como ya se ha dicho, ha ampliado el ámbito subjetivo de la Directiva, más allá de las operaciones interbancarias y financieras entre las entidades pertenecientes a ese sector. En efecto, el Real Decreto-ley extiende su ámbito a las operaciones de financiación que las mismas realicen respecto de actividades empresariales o profesionales llevadas a cabo por otras personas jurídicas; permitiéndoles asegurarlas con garantías sometidas a escasos requisitos de forma (escrita), baratas, fáciles de ejecutar —incluso admite la apropiación si se ha pactado—, y prácticamente inmunes a las acciones de revocación en el concurso. Es decir, se trata de garantías que podrían ser calificadas como super-privilegiadas, en manos de las entidades de crédito que, afortunadamente, no han abusado de las mismas[90].

---

88 Un análisis pedagógico del Real Decreto-ley 5/2005 se realiza en GARCIMARTÍN ALFÉREZ, F.J., "Las garantías financieras: más baratas, más fáciles, más seguras", en MIQUEL GONZÁLEZ, J.M., (dir.), *Cuestiones actuales…, op. cit.*, pp. 69-92; igualmente, CARRASCO, A., CORDERO, E. y MARÍN, M.J., *Tratado…, op. cit.*, Tomo II, pp. 587-636.

89 *Vid.* exposición de motivos.

90 GARRIDO, J.M., "Los efectos de las garantías financieras en el concurso", en BELTRÁN, E. y PRENDES, P., *Los problemas de la Ley Concursal*, Aranzadi, Cizur Menor, 2009, pp. 285-299.

Capítulo II

La fiducia en garantía en Derecho comparado europeo: sistemas alemán y francés

I. JUSTIFICACIÓN DEL ESTUDIO DE DERECHO COMPARADO Y DE LA ELECCIÓN DE LOS ORDENAMIENTOS JURÍDICOS SELECCIONADOS

1. Que se acometa un estudio de Derecho comparado sobre la materia se justifica fácilmente en esta obra por una razón: porque facilitará la identificación y el análisis de los problemas que plantea actualmente la continuidad espacial de la fiducia en garantía constituida conforme a otro ordenamiento jurídico. Desde esa perspectiva, es un *prius*, lógico y metodológico, del abordaje de los problemas que puede plantear su validez y eficacia en España, que serán analizados en la segunda parte de esta obra, concretamente en el capítulo cuarto. Pero, además, una aproximación a los sistemas jurídicos más significativos de nuestro entorno continental europeo cumple una segunda función: la de aportar sendos paradigmas de cara a una eventual reforma del nuestro Derecho material, en el seno de los trabajos de actualización de nuestro Código civil que se llevan a cabo en la Sección Civil de la Comisión General de Codificación[91]. La introducción en el Derecho civil común español de una regulación de la fiducia con alcance general contribuiría a mejorar la seguridad jurídica, facilitaría su circulación internacional y, por ende, daría confianza a los operadores

---

[91] https://www.mjusticia.gob.es/es/areas-tematicas/actividad-legislativa/comision-general-codificacion/propuestas

económicos, lo que en última instancia coadyuvaría a la reactivación de nuestra economía, especialmente dañada en los últimos años, como consecuencia de sucesivas crisis de distinto orden, apuntadas en la introducción a esta obra.

2. Los ordenamientos seleccionados (alemán y francés) constituyen sistemas jurídicos de referencia en cualquier estudio de Derecho comparado europeo que pretenda una aproximación suficiente, cualquiera que sea la relación o institución jurídica de que se trate. Más allá de esa circunstancia, en el caso de la fiducia en garantía se hace imprescindible abordarlos, pues, siendo herederos del Derecho romano —como el español—, conocieron la *fiducia cum creditore*, si bien la figura experimentó una evolución distinta en cada uno de ellos y ha adoptado, finalmente, perfiles diversos. Así, aunque ambos permitan los negocios fiduciarios de transmisión de propiedad en garantía, en el primero —que se explica desde la teoría de la titularidad formal o titularidad fiduciaria válida— se considera un negocio no regulado expresamente, pero de enorme trascendencia práctica, al que se recurre con suma frecuencia en el sector bancario, por lo que cuenta con una importante elaboración doctrinal y jurisprudencial. En el segundo, la fiducia en garantía aparece regulada legalmente desde 2007, configurada como patrimonio separado, que permite la transmisión de la propiedad plena al fiduciario, con correlativa admisión de un pacto comisorio corregido para evitar ser tachado de abusivo y contrario a la justicia contractual.

3. A ello hay que añadir que ambos sistemas jurídicos constituyen sendos modelos de transmisión de la propiedad y de constitución de otros derechos reales. Como es bien sabido, mientras que el Derecho alemán es el paradigma actual de los sistemas abstractos de transmisión de la propiedad, el francés lo sigue siendo de los sistemas causalistas. Pues, si bien como consecuencia de la reforma del *Code civil* llevada a cabo por la ley 2016-121 de 10 de febrero de 2016, relativa a la reforma del Derecho de los contratos, el legislador francés ha suprimido la causa como condición

de validez de los mismos[92], este último ordenamiento jurídico era un sistema causalista cuando la *fiducie* se reguló por primera vez en el *Code civil* (2007) y en las leyes complementarias (hasta 2009), y lo sigue siendo en la actualidad. Ello es así porque el carácter causal o abstracto de los sistemas de transmisión de la propiedad o de constitución de cualquier derecho real no hace referencia a la exigencia o no de causa como elemento de validez del contrato, sino que alude a la relación entre contrato y derecho real. Así, en los sistemas causalistas, como el español (separatista) y el francés (consensualista), la validez del contrato afecta a la constitución o transmisión del derecho real, mientras que en los sistemas abstractos como el alemán, las vicisitudes del contrato no afectan al derecho real que se haya constituido o transmitido[93]. Esta distinción resulta importante, pues, frente a quienes consideran que la fiducia en garantía solo cabe en sistemas abstractos como el alemán y el Derecho romano —donde surgió—, demuestra que también opera y cumple la misma función en sistemas causalistas como el francés.

4. Por todo ello, a continuación se procederá a una somera aproximación a la fiducia en garantía de los sistemas alemán y francés, sin ánimo de exhaustividad, con objeto de conocer sus perfiles más significativos. Ello permitirá —en la segunda parte de esta obra— desmontar mitos sobre su validez y abordar los problemas reales que plantea su eficacia extraterritorial, en España, aportando soluciones realistas a tales problemas[94].

---

92 *Vid.* QUIÑONES ESCÁMEZ, A., "El derecho contractual francés", en SÁNCHEZ LORENZO, S., (ed.), *Derecho contractual comparado. Una perspectiva europea y transnacional,* Tomo I, 3ª edición, Aranzadi, Cizur Menor, 2016, pp. 243-284, esp. pp. 267-269.

93 Sobre esta cuestión *vid.* CARO GÁNDARA, R, *La reserva de dominio..., op. cit.*, pp. 99-106.

94 Como señala Bénédicte Fauvarque-Cosson, "Droit comparé et droit international privé entretiennent des rapports complexes: s'enrichissant l'un l'autre, ils dépendent l'un de l'autre pour exister. Sans compréhension des droits étrangers, point de mise en oeuvre posible des règles de conflits de lois...; sans le mécanisme conflic-

II. SICHERUNGSÜBEREIGNUNG DE DERECHO ALEMÁN

2.1. Introducción

5. En el caso de Alemania, el *BGB* no regula expresamente la transmisión de propiedad en garantía, pero la jurisprudencia y la doctrina han realizado una construcción con base en una práctica muy consolidada a la que recurren con frecuencia las entidades de crédito y cuyos efectos se regulan en la *InsolvenzOrdnung* (*InsO*) y en la *ZivilprozeßOrdnung* (*ZPO*). La doctrina más cualificada ha considerado, incluso, que es un ejemplo de Derecho consuetudinario, reconocido como fuente del Derecho en el § 2 EGBGB[95].

6. Los Derechos de los distintos territorios alemanes habían conocido la hipoteca mobiliaria sin desplazamiento de la posesión como forma de garantía real. Sin embargo, las normas elaboradas a finales del S. XIX, en pleno proceso codificador, negaron eficacia a estas garantías sin publicidad, hasta llegar a prohibirlas. El crédito mobiliario encontró entonces como recambio ciertas formas de venta con derecho de readquisición, que permitían al prestatario ofrecer la propiedad como garantía, reservándose la posesión. Estas figuras fueron siendo aceptadas en la práctica de los tribunales a lo largo del S. XIX como negocios válidos, no simulados ni fraudulentos. De hecho, el Tribunal del Imperio (*Reichsgericht*) consideró los contratos de garantía con transmisión de propiedad como negocios de garantía

---

tuel, la connaissance des droits étrangers perd son utilité la plus directe" (*vid.* FAUVARQUE-COSSON, B., "Droit comparé et droit international privé…", *op. cit.*, p. 818).

95 SERICK, R., *Garantías mobiliarias en el Derecho alemán, Perfiles y principios* (traducción de A. Carrasco Perera de la obra original *Deuschen Mobiliarsicherheiten. Aufriss und Grundgedanken*), Tecnos, Madrid, 1990, p. 29.

propios, sin necesidad de que adquirieran la forma de ventas con derechos readquisitivos[96].

El BGB, en vigor desde el 1 de enero de 1900, reguló detalladamente la prenda, exigiendo el desplazamiento de la posesión como forma de publicidad sin excepciones (§ 1205 *BGB*), con objeto de acabar con las prendas ocultas; sin embargo, no contempló la transmisión de propiedad en garantía[97]. No obstante, tras la descapitalización sufrida a consecuencia de los desastres económicos derivados de las dos guerras mundiales, las empresas necesitaron financiación externa y para ello no les servía la prenda, que les obligaba a la desposesión de los bienes, por lo que acudieron a esas otras garantías clásicas basadas en el acuerdo entre las partes, como la reserva y la transmisión del dominio. En el caso de esta última, al no estar regulada expresamente en el BGB y tratarse de una figura que no respondían al principio de publicidad, encontró cierto rechazo en un sector de la doctrina; sin embargo, su aceptación y desarrollo por parte de la jurisprudencia y de otro sector doctrinal que nunca la consideró *contra legem*, la han convertido en una de las garantías mobiliarias más utilizadas en el tráfico comercial alemán[98].

---

96 LUIG, K., "Richter secundum, praeter oder contra BGB? Das Beispiel der Sicherungsübereignung, en FALK, U. y MOHNHAUPT, H. (Her.), *Das Bürgerliche Gesetzbuch und seine Richtre. Zur Reaktion der Rechtsprechung auf die Kodification des deutschen Privatrecht* (1896-1914)", Klostermann, Frankfunt am Main, 2000, pp. 383-406.

97 Tan solo el *§* 223 II (actual 216 II tras la reforma de 2001 del Derecho de las obligaciones) hacía referencia a la misma en sede de prescripción adquisitiva; lo que ha servido para negar su carácter *contra legem* (en este sentido *vid.* LUIG, K., "Richter...", *op. cit.*, p. 392).

98 Para un análisis de la figura, partiendo de sus orígenes y su evolución histórica, *vid.* GAIER, R. (Re.) *Münchener Kommentar zum Bügerlischen Gestzbuch*, Band 6, *Sachenrecht*, Beck, Munich, 2013, pp. 1046-1075, esp. pp. 1048-1049; WIEGAND, W., "Anhang zu §§ 929-931 Eigentum 2", en K.-H. GURSKY, K.-H, PHEIFER, A, y WIEGAND, W., *J. von Staudingers Kommentar zum Bügerlischen Gestzbuch: Staudinger BGB-Buch 3: Sachenrecht, §§ 929-984*, Sellier-De Gruyter, Berlín, 2016, pp. 252-383, esp. p 283.

2.2. Configuración jurídica: negocio de transmisión y acuerdo de garantía

7. Con los términos *Sicherungsübereignung* y *Sicherungsübertragung* (*SÜ*) se hace referencia a la transmisión de propiedad de uno o varios bienes muebles determinados[99] con la finalidad de asegurar el crédito que tenga el adquirente contra el enajenante. El primero suele ser una entidad bancaria y el segundo un particular o una pequeña empresa[100]. El adquirente recibe en realidad un derecho eventual de acceso a la cosa que normalmente sigue en posesión del deudor-transmitente, quien conserva las facultades de uso y explotación —lo que le permiten continuar con su actividad económica—, aunque limitadas en interés del tomador. Por ello, el acreedor podrá reclamar al otorgante la cosa dada en garantía, si este no cumple su obligación de conservación; o instar la indemnización por daños, contenida en el § 280 BGB, porque la hubiera perdido o transmitido a un tercero de buena fe —protegido— (§§ 932 y 933 BGB). El derecho de propiedad del adquirente se hará efectivo si el deudor no cumple la obligación garantizada con la transmisión[101].

Mediante ese negocio traslativo, el tomador de la garantía adquiere la propiedad del bien (§ 903 *BGB*, propiedad formal —aunque real y plena— frente a terceros), pero se obliga a retransmitirla al otorgante (dimensión obligacional, *inter partes*), mediante un acuerdo de garantía[102]. Di-

---

99 Aunque Serick también la admite para los inmuebles, al menos en teoría: *vid.* SERICK, R., *Garantías mobiliarias...*, *op. cit.*, p. 28.

100 WILHEIM, J., *Sachenrecht*, De Gruyter, Berlín, 2016, marg. 863.

101 En general, pueden consultarse los estudios sobre la figura que han realizado en la doctrina española MACÍA MORILLO, A., "Una aproximación a la transmisión en garantía en el Derecho alemán", *InDret*, 1/2013, pp. 1-46; RODRÍGUEZ-ROSADO, B., "La transmisión...", *op. cit.* pp. 73-93.

102 *Vid.*, entre otros, WESTERMANN, H., WESTERMANN, H.P., GURSKY, K-H. y EICKMANN, D., *Westermann Sachenrecht*, 7. Auflage, Müller, Heidelberg, 1998, pp. 340-341 (traducción española de CAÑIZARES LASO, A., MIQUEL GONZÁLEZ, J.M. RODRÍQUEZ

cha transmisión, que se regula por las normas generales sobre la compraventa, es un negocio dispositivo abstracto; es decir, en principio no le afecta la invalidez del acuerdo de garantía (*Sicherungsvertrag* o *Sicherungsabrede*) —que constituye el fundamento de la transmisión—, salvo que las partes lo hayan hecho depender del mismo. Sin embargo, el prestador podrá instar una acción de enriquecimiento sin causa (del § 812 *BGB*) contra el adquirente que haya obtenido la propiedad de la cosa sin un fundamento jurídico para ello[103]. Por su parte, tampoco le afectaría la eventual inexistencia del crédito garantizado, porque son negocios independientes, salvo que las partes, de forma inequívoca, hayan hecho depender la transmisión en garantía de la subsistencia del crédito.

Si bien es posible que la transmisión se realice mediante la entrega de la cosa, en virtud del § 929 *BGB* —frecuentemente en condiciones generales contenidas en un formulario o contrato tipo propio del tráfico bancario—, resulta más común que tenga lugar mediante la creación de una relación de mediación posesoria por parte del prestador de la garantía o *constitutum possessorium* (*Besitzkonstitut*) del § 930 *BGB*: relación jurídica legalmente tipificada —ej. el depósito— en virtud de la cual el adquirente obtiene la posesión mediata, mientras que el otorgante está legitimado u obligado a conservar temporalmente la posesión inmediata. No obstante, la mayoría de la doctrina entiende en la actualidad que basta el acuerdo de garantía[104]. También es posible que tenga lugar a través de la cesión al tomador de la acción reivindicatoria (§ 931 *BGB*). Por tanto, la transmisión de propiedad en garantía alemana no requiere

---

TAPIA, J.M. y RODRÍGUEZ-ROSADO, B., *Derechos reales*, Fundación cultural de Notariado, Madrid, 2007, pp. 585-587); SCHWAB, K.-H y PRÜTTING, H., *Sachenrecht*, 32. Auflage, Beck, Munich, 2006, pp. 163-170; R. STÜRNER, R., (Her.), *Jauernig BGB Kommentar*, 16. Auflage, Beck, Munich, 2015, pp. 1497-1502; H. PRÜTTING, *Sachenrecht*, 36. Auflage, Beck, Munich, 2017, marg.410.

103 *Vid.* MACÍA MORILLO, A., "Una aproximación…", *op. cit.*, p. 19.

104 *Vid.* SERICK, R., *Garantías mobiliarias…*, *op cit.*, p. 31.

ningún tipo de publicidad —ni posesoria ni registral—[105], lo que puede resultar un obstáculo para su eficacia en otros sistemas jurídicos como el español. Esta cuestión será tratada *in extenso* en el capítulo cuarto, dedicado a la validez y eficacia en España de la fiducia en garantía constituida en el extranjero.

8. El acuerdo de garantía, que reglamenta básicamente la relación interna entre las partes, es un negocio jurídico atípico, no formal, que con carácter general no tiene que constar por escrito —aunque resulta recomendable, por razones probatorias—, siendo suficiente la existencia de actos concluyentes. Su admisibilidad deriva del principio de autonomía de la voluntad contractual[106]. En él se contempla la obligación del prestador de transmitir al tomador el bien o los bienes objeto de la garantía —que deben quedar claramente determinados, así como la referencia al crédito garantizado—; también debe incluir la llamada "declaración sobre la finalidad de garantía", así como el resto de los derechos y deberes de las partes. Concretamente, como la propiedad se transmite con una exclusiva finalidad de garantía, lo más frecuente será que se establezca que al garante-transmitente corresponden todos los aprovechamientos del bien —que permanece en su poder— y que el acreedor-adquirente del bien en garantía se obliga a no interferir en la pacífica posesión de la misma por aquél. Ambas partes se comprometerán, asimismo, a no realizar ningún negocio de disposición sobre el bien que pudiera perjudicar a la otra[107]. En este sentido, la doctrina ha seña-

---

[105] *Vid.* WESTERMANN, H., WESTERMANN, H.P., GURSKY, K-H y EICKMANN, D., *Westermann Sachenrecht, op. cit.*, pp. 343-348 (de la traducción, pp. 589-597); GAIER, R., (Re.) *Münchener Kommentar...*, *op. cit.*, pp. 1051-1052; PRÜTTING, H., *Sachenrecht, op. cit.*, marg.410; VIEWEG, K. y WERNER, A., *Sachenrecht*, Vahlen, Munich, 2015, § 12, marg. 1; WILHEIM, J., *Sachenrecht, op cit.*, marg. 2402; W. Brehm y C. Berger, *Sachenrecht*, Mohr Siebeck, Tubinga, 2014, § 30, marg. 9 y 10.

[106] SERICK, R., *Garantías..., op. cit.*, p. 32.

[107] OECHSLER, J., "Anhang §§929-936 (Sicherungseigentum-Sicherungsübereignung)", *Münchener Kommentar zum BGB*, T. 7, Beck, Munich, 2017, pp. 1105-1134, marg, 42-44; BAUR, J. y STÜR-

lado que, a diferencia de la figura clásica, en la figura alemana la confianza constituye una componente recíproca: pues no sólo el prestador debe confiar en que el tomador devolverá la propiedad del bien, una vez cumplida la deuda garantizada, sino que este último también debe confiar en que aquél hará un buen uso del bien —que continúa poseyendo—, sin extralimitarse en sus facultades[108].

En principio, una vez satisfecha la deuda, la propiedad no retorna automáticamente al transmitente, sino que surge la obligación del tomador de retransmitir, en virtud del acuerdo de garantía; aunque las partes también pueden prever una transmisión en garantía con condición resolutoria, es decir, que contemple que, una vez extinguido el crédito asegurado, la propiedad retorne automáticamente al transmitente, quien conserva la posesión.

Como propiedad fiduciaria que es, sólo otorga al adquirente la condición de propietario frente a terceros: eso significa que el tomador podría enajenar el bien objeto de la garantía en ese caso y el tercero consolidaría su posición porque adquiriría de verdadero propietario. Pero, aunque la prohibición de enajenar sólo tiene eficacia *inter partes*, en caso de cesión de la acción reivindicatoria del § 931 *BGB*, el prestador de la garantía conserva las excepciones nacidas del acuerdo de garantía conforme al § 986 (2) *BGB*, pudiendo negarse a la entrega de la cosa antes de producirse el incumplimiento[109]. Además, si se hubiera pactado en el acuerdo de garantía una condición resolutoria de la transmisión para el caso del cumplimiento de la obligación, la mayoría de la doctrina entiende que el tercero también quedaría afectado por la misma, en virtud del §161 *BGB*; y aunque teóricamente podría estar protegido por la adquisi-

NER, R., *Sachenrecht*, Beck, Munich, 2009, §§ 57, marg. 2; BÜLOW, P., *Recht der Kreditisicherheiten*, Müller, Heidelberg, 2012, marg. 1182.

108 *Vid.* MACÍA MORILLO, A., "Una aproximación…", *op. cit.*, pp. 1-46.

109 *Vid.* WESTERMANN, H., en WESTERMANN, H.P., GURSKY K-H. y EICKMANN, D., *Westermann Sachenrecht*, *op. cit*, pp. 347-351 (de la traducción, pp. 596-602).

ción de buena fe (§§ 932 y ss.), la verdad es que este medio adquisitivo tampoco le serviría, pues el acreedor no suele estar en posesión de la cosa —que, ya se ha dicho, conserva el deudor— y el § 933 excluye de la protección al tercero que solo ha recibido mediante constituto posesorio[110]. Por ello y porque no resulta frecuente en la práctica que las partes incluyan una condición resolutoria expresa para el caso de cumplimiento de la obligación de pago, un sector de la doctrina ha considerado que puede entenderse tácitamente pactada, ya que beneficia a ambas partes[111].

La transmisión de este derecho de propiedad al adquirente, frente a la mera expectativa del retroadquisición del otorgante, también en Derecho alemán puede plantear problemas de justicia, como la sobregarantía (*Übersicherung*) o, incluso, la vinculación total de sus activos, que no sólo perjudicaría al deudor, sino también al resto de sus acreedores. La jurisprudencia ha intentado evitar algunos de estos desequilibrios de diferente manera: mediante el llamado límite de cobertura (*Deckungsgrenze*) y el deber legal de liberación de la garantía (*gesetzliche Freigabepflicht*), cuando esta ya no sea necesaria (derivados del § 242 *BGB*), así como a través de un control del contenido del acuerdo (*Inhaltskontrolle*), que permite declarar la nulidad de las cláusulas que se consideren contrarias a la moral y a la buena fe, ya se contengan en un acuerdo entre las partes (§ 138 *BGB*) ya en condiciones generales (§ 307 *BGB*); quedando siempre a salvo la indemnización por daños y perjuicios[112].

---

110 *Vid.* BREHM, W. y BERGER, C., *Sachenrecht, op. cit.*, § 33, marg. 4; MACÍA MORILLO, A., "Una aproximación...", *op. cit.*, p. 28.

111 SERICK, R., *Eigentumvorbehalt und Sicherungsübertragung*, III, Recht und Wirtschaft, Heidelber, 1970, p. 391; BREHM, W. y BERGER, C., *Sachenrecht, op. cit.*, § 33, marg. 5; VIEWEG, K. y WERNER, A., *Sachenrecht, op. cit.*, § 12, marg. 11.

112 *Vid.*, WESTERMANN, H., WESTERMANN, H.-P., GURSKY, K.-H. y EICKMANN, D., *Westermann Sachenrecht, op. cit.*, pp. 356-361 (de la traducción, pp. 609-617); SCHWAB, K.-H. y PRÜTTING, H., *Sachenrecht, op. cit.*, p. 167-170.

2.3. Realización de la garantía

9. Si el prestador no satisface el crédito garantizado, o incurre en grave incumplimiento de sus obligaciones, o su patrimonio se ve reducido de manera grave, al tomador le corresponde un derecho de realización del valor de la garantía. La modalidad de ejecución de la misma vendrá determinada por el acuerdo de garantía; igualmente este determinará la existencia de requisitos; es decir, si resulta necesario un requerimiento previo, si debe concedérsele un período de gracia o si se procede directamente a la ejecución desde el momento del vencimiento de la deuda[113]. Para su ejecución, el acreedor garantizado podrá exigir la posesión inmediata del bien que —normalmente— se encuentra en poder del deudor garante, pero, si este se negara, el tomador podría ejercitar la acción reivindicatoria del § 985 *BGB* y realizar su valor[114].

El acuerdo de garantía puede prever que la realización del valor tenga lugar mediante la venta directa por el acreedor. Esta suele ser la forma más común en la práctica y la que mejor responde a los intereses de acreedor y deudor, porque evita procedimientos que ralentizan el cobro y terminan disminuyendo el valor del bien[115]. Igualmente es posible que el acuerdo contemple la subasta pública como medio de realización de la garantía, en ese caso, se utilizarán las normas previstas para la ejecución de la prenda o cualesquiera otras previstas en la *ZPO*[116].

Sobre la posibilidad de que el acuerdo de garantía pueda contemplar una cláusula comisoria, que permita al acreedor garantizado apropiarse del bien en caso de incumplimiento del deudor, la doctrina se encuentra dividida. Para unos autores no sería aplicable la prohibición del pacto comisorio previsto para la prenda en el § 1229

---

113 BREHM, W. y BERGER, C., *Sachenrecht, op. cit.*, § 33, marg. 14.

114 BAUR, J, y STÜRNER, R., *Sachenrecht*, op. cit., § 57, marg. 43.

115 VIEWEG, K. y WERNER, A., *Sachenrecht, op. cit.*, § 12, marg. 32.

116 WIEGAND, W., “Anhang zu §§ 929-931…”, *op. cit.*, marg. 233.

BGB, porque dicha prohibición está pensada para que el acreedor pignoraticio no se sustraiga a las formas de ejecución específicamente contempladas para la misma, pero no debe alcanzar a una garantía no regulada, bastando —para evitar situaciones de injusticia contractual— que el acreedor compense la diferencia de valor, previo sometimiento de dicha valoración a peritaje; y quedando siempre a salvo la posibilidad de impugnar el acuerdo por usurario, en virtud del §138 II BGB[117]. No obstante, la doctrina más reciente se decanta por considerar que la finalidad de la prohibición del pacto comisorio[118] —evitar que el acreedor pueda imponer al deudor, en el momento de la concesión del crédito, una forma de ejecución tan gravosa, aprovechando su situación de necesidad—, exige aplicarla también a la transmisión de propiedad en garantía[119].

2.4. *Posiciones de prestador y acreedor en caso de ejecución forzosa y de concurso*

10. Si la fiducia en garantía alemana transmite al tomador de la misma la propiedad sobre el bien, aunque limitada mediante un acuerdo que le impone actuar conforme a la finalidad de garantía, para la doctrina y la jurisprudencia alemanas la naturaleza fiduciaria de dicha titularidad debe afectar a la posición de las partes en los supuestos de ejecución del bien por sus acreedores individuales, así como

---

117 SERICK, R., *Eigentumvorbehalt*... III, *op. cit.*, p. 488; WESTERMANN, H., WESTERMANN, H.-P., GURSKY, K-H. y EICKMANN, D., *Westermann Sachenrecht*, *op. cit*, pp. 354-356 (de la traducción pp. 606-609); BÜLOW, P., *Recht der Krediticherheiten*, *op. cit.*, marg. 1228; OECHSLER, J., "Anhang §§929-936...", *op. cit.*, marg. 51.

118 Que ya señalara en su día GAUL, H.F., "Lex commissoria un Sicherungsübereignung", *Archiv für die Civilistische Praxis*, nº 168, 1968, pp. 351-382, esp. p. 374.

119 Entre ellos, *vid.* BAUR, J. y STÜRNER, R., *Sachenrecht*, *op. cit.*, § 57, marg. 16; WIEGAND, W., "Anhang zu §§ 929-931...", *op. cit.*, marg. 234; BERGER, C., "§ 930", en JAUERNICH, O., *BGB Kommentar*, 17. Auflage, 2018, Beck, Munich, 2018, § 930, pp. 1495-1503, marg. 37; PRÜTTING, H., *Sachenrecht*, *op. cit.*, marg. 412.

en los procedimientos colectivos de insolvencia de las mismas[120].

Teniendo en cuenta que el deudor suele quedarse con la posesión de la cosa sobre la que recaiga la garantía —incluso podría venderla para satisfacer la deuda—, la mayoría de la doctrina considera que el tomador está legitimado para ejercitar la tercería de dominio prevista en el § 771 *ZPO*, contra un acreedor ejecutante, que impida la ejecución forzosa sobre el bien. Aunque también resultaría posible que los acreedores del transmitente pudieran oponerse a la misma, alegando contrariedad de la transmisión a la moral o perjuicio desproporcionado del § 138.1 *BGB*[121].

Sin embargo, en los procedimientos colectivos contra el deudor, ante la inexistencia de publicidad de este tipo de garantía y el consiguiente riesgo de depreciación de la masa del concurso, la *InsO* ha reducido los privilegios del tomador, pues no le reconoce un derecho de separación del bien objeto de la garantía, sino tan solo una tercería de mejor derecho para exigir la satisfacción separada del crédito con preferencia al resto de acreedores (§ 51.1 *InsO*), lo que permite que estos últimos obtengan, en el procedimiento concursal, el remanente de la ejecución[122].

Este debilitamiento de los poderes del fiduciario —y correlativo fortalecimiento de la posición del fiduciante—, consecuencia directa del carácter fiduciario del negocio, ha sido denominado "principio de conversión" (*Umwandlungsprinzip)*, en virtud del cual "el derecho pleno transmitido al fiduciario pasa de nuevo sin solución de continuidad

---

120 PRÜTTING, H., *Sachentecht, op. cit.*, marg. 421; BAUR, J. y STÜRNER, R., *Sachenrecht, op. cit.*, § 57, marg. 38; WIEGAND, W., "Anhang zu §§ 929-931…", *op. cit.*, marg. 234.

121 BERGER, C., "§ 930", *op. cit.*, marg. 49; OECHSLER, J., "Anhang §§929-936…", *op. cit.*, marg. 54; WIEGAND, W., "Anhang zu §§ 929-931…", *op. cit.*, marg. 253; PRÜTTING, H., *Sachenrech*t, *op. cit.*, marg. 421.

122 GAIER, R., (Re.) *Münchener Kommentar…*, *op. cit.*, p.1052; SCHWAB, K.H. y PRÜTTING, H., *Sachenrecht, op. cit.*, p. 170; OECHSLER, J., "Anhang §§ 929-936…", *op. cit.*, marg.55.

al fiduciante, mientras que el fiduciario se constituye como un acreedor pignoraticio", pues ha utilizado un derecho pleno de contenido más amplio que el requerido para la finalidad de garantía, con una finalidad fiduciaria, lo que debe tener relevancia en un procedimiento colectivo[123]. Su justificación la encuentra la doctrina alemana en los principios concursales (*par conditio creditorum* y principio de conservación de la empresa), que considera no llegan a poner en entredicho la eficacia real de la transmisión en garantía, ya que el tomador consigue lo que perseguía: obtener el producto de la realización del valor del bien garantizado con preferencia al resto de acreedores[124].

11. La función fiduciaria de la propiedad en garantía, que permite distinguir entre la propiedad económica (*wirtschaftlichen Eigentum*) que corresponde al otorgante de la garantía, frente a la formal que se atribuye al tomador (*formellen Eigentum*)[125], y que lleva a la doctrina alemana a hablar de eficacia "cuasi real" del acuerdo fiduciario[126], también se observa en los procedimientos contra el tomador. Si el bien se encontrara bajo la posesión de éste —que sería algo excepcional—, al otorgante correspondería la misma tercería de dominio, del § 771 *ZPO*, que corresponde al tomador garantizado en el caso de embargo del bien por parte de los acreedores individuales del garante[127].

---

123 Dicho principio se atribuye a SERICK, R., *Garantías mobiliarias…, op. cit.*, pp. 36-37: el autor entiende que el fiduciario es titular de un derecho de propiedad pleno, aunque excepcionalmente puede ver reducida la intensidad de este derecho y, correlativamente, su posición jurídica, que queda reconducida a la de un acreedor pignoraticio.

124 *Vid.*, en este sentido, MACÍA MORILLO, A., "Una aproximación…", *op. cit.*, p. 30 y WESTERMANN, H., WESTERMANN, H.P., GURSKY, K.-H y EICKMANN, D., *Westermann Sachenrecht, op. cit*, p. 352 (de la traducción, pp. 603-604).

125 *Vid.* SCHWAB, K.H y PRÜTTING, H., *Sachenrecht, op. cit.*, p. 163.

126 *Vid.* SERICK, R. *Garantías mobiliarias…, op. cit.*, p. 36; WESTERMANN, H., WESTERMANN, H.P., GURSKY, K.-H y EICKMANN, D., *Westermann Sachenrecht, op. cit*, pp. 352-353 (de la traducción pp. 602-605).

127 BERGER, C., "§ 930", *op. cit.*, marg. 51; PRÜTTING, H., *Sachentecht, op. cit.*, marg. 421.

Por su parte, en los procedimientos colectivos contra el acreedor, al otorgante se le atribuye un derecho de separación sobre la masa, del § 47 *InsO*, se hubiere pactado o no una condición resolutoria en el acuerdo de garantía, siempre que el crédito garantizado se haya extinguido, se satisfaga o se ofrezca su satisfacción al administrador concursal, a quien el otorgante no podrá imponer un cumplimiento anticipado[128]. En el caso de que el garante no ejerciera ese derecho de separación, el administrador concursal ejecutaría la garantía para saldar la deuda, restituyendo al garante el remanente de dicha ejecución[129].

2.5. Fórmulas extendidas de Sicherungsübereignung

12. A pesar de que una de las obligaciones del deudor es la de conservar el bien objeto de la garantía —con la consiguiente prohibición de enajenarlo—, resulta posible que las partes pacten que el garante pueda disponer del bien, en cuyo caso se habla de transmisión de propiedad en garantía prolongada (*verlängerte Sicherungsübereignung*). Se trata de una práctica bastante común en el sector bancario, cuando la garantía recae sobre bienes que por su propia naturaleza no pueden quedar inmovilizados —por ejemplo, bienes situados en un almacén— y cuya circulación necesita precisamente el prestador para obtener el efectivo suficiente que le permita cumplir la prestación garantizada. En virtud de un acuerdo, el acreedor garantizado (banco) se apropia del valor patrimonial futuro (subrogado) que el deudor garante obtendrá en lugar de la garantía original. Dicho subrogado puede ser el resultante del proceso de transformación (de una materia prima, por ejemplo) o

---

128 WESTERMANN, H., WESTERMANN, H.P., GURSKY, K.-H y EICKMANN, D., *Westermann Sachenrecht, op. cit*, p. 353 (de la traducción 605); BERGER, C., "§ 930", *op. cit.*, marg. 52; OECHSLER, J., "Anhang §§ 929-936...", *op. cit.*, marg. 57; igualmente MACÍA MORILLO, A., "Una aproximación...", *op. cit.*, pp. 32-33.

129 WIEGAND, W., "Anhang zu §§ 929-931...", *op. cit.*, marg.252.

bien el crédito (sobre el precio) que nace de la venta del bien. Dicha apropiación se produce mediante la introducción de una cláusula de especificación —para el caso de la transformación de la materia prima— o mediante una cláusula de cesión anticipada del crédito resultante de la venta del bien que originariamente fue objeto de la garantía (prolongación mediante cesión anticipada de créditos) y con la misma finalidad de garantía (extensión vertical o prolongación de la garantía original a nuevas cosas o al precio de la venta).

Para todo ello ha sido necesario, según el caso, que el banco haya permitido al deudor transformar el bien objeto de la garantía y lo haya autorizado a enajenarlo en nombre propio, es decir, transmitirlo de forma eficaz a un tercero —que en ningún caso podrá prohibir la cesión del crédito—. Todo ello, siempre que quede comprendido dentro de una adecuada gestión empresarial. Además, en este último caso, es posible que el banco legitime al deudor para cobrar en nombre propio tales créditos, dentro de los límites establecidos por dicha autorización. Téngase en cuenta que dicha cesión habrá tenido lugar normalmente sin publicidad, por lo que el tercero no podrá tener constancia de la misma[130].

Igualmente existe la posibilidad de que las partes pacten que la transmisión de propiedad garantice, no ya un crédito actual, sino también los créditos futuros que puedan surgir a favor del acreedor garantizado (banco). Se trata de una extensión horizontal —o en el tiempo— de la garantía, de modo que el bien transmitido en garantía queda afecto al cumplimiento de las obligaciones presentes o futuras entre ambas partes. En ese caso se habla de transmisión de propiedad en garantía ampliada (*erweiterte*

---

[130] SERICK, R., *Garantías mobiliarias…*, *op. cit.*, pp. 49-58; BAUR, J. y STÜRNER, R., *Sachenrecht*, *op. cit.*, § 57, marg. 14; VIEWEG, K. y WERNER, A., *Sachenrecht*, *op. cit.*, marg. 22; OECHSLER, J., "Anhang §§ 929-936…", *op. cit.*, marg. 2.

Sicherungsübereignung)[131]. Estas fórmulas pueden plantear problemas de admisibilidad en otros ordenamientos jurídicos, como el español, por constituir condiciones abusivas y, por tanto, atentar contra el principio de buena fe, como se verá *infra* en el capítulo cuarto de esta obra (apdo. 2.4).

III. *FIDUCIE-SÛRETÉ* DE DERECHO FRANCÉS

3.1. Introducción

13. La fiducia romana había dejado de ser utilizada en época de Justiniano, a consecuencia de la rigidez que provocaba el hecho de que el constituyente perdiera todo derecho sobre los bienes cedidos, por efecto de la transferencia de propiedad de los mismos, que quedaban completamente inmovilizados. Razón por la que fue sustituida por instituciones más flexibles, como el *pignus* o el mandato. No obstante, en Francia, la *fiducie* conoció cierto resurgir en el Derecho antiguo a través de la sustitución fidecomisaria. Surgida del fideicomiso romano, esta permitía al estipulante dar o legar sus bienes a una persona a cambio de que este último transmitiera a su muerte los bienes recibidos a un beneficiario designado por el estipulante inicial. Gracias a esta institución, las familias aristocráticas francesas lograron conservar las riquezas que no circulaban, hasta que el *Code Napoléon*, heredero de la revolución francesa, prohibió dicha práctica[132].

La regulación de las garantías contenida en el *Code civil* de 1804 permaneció prácticamente inalterada a lo largo de

---

131 SERICK, R., *Garantías mobiliarias…*, *op. cit.*, pp. 58 y BERGER, C., "§ 930", *op. cit.*, § 930, marg. 26.

132 En el párrafo primero del art. 896 del *Code civil* de 1804; *vid.*, BARRIÈRE, F., *La réception du trust au travers de de fiducie*, Litec, París, 2004, pp. 54 y ss; FARHI, S., *Fiducie-sûreté et droit des entreprises en difficulté*, LGDJ, París, 2016, pp. 5 y 6.

casi dos siglos, hasta que, a partir de la segunda mitad del S. XX, comenzó a reclamarse la modernización y adaptación a las necesidades económicas, más allá de las rigideces que presentaban las garantías reales clásicas, como la prenda, la hipoteca y la anticresis[133]. Esa circunstancia y las reformas paralelas que fueron produciéndose en el sector de la insolvencia —que superponían el principio de conservación de la empresa a los intereses de los acreedores particulares, con el consiguiente debilitamiento de las garantías reales clásicas-[134], se veían como obstáculos serios para convertir al francés en un Derecho competitivo desde el punto de vista económico, frente al *trust* de los sistemas de *common law* y de otros países de tradición civilista que habían regulado la fiducia[135]. De hecho, en la práctica fueron surgiendo nuevas formas de garantía de origen convencional basadas en la propiedad —en ocasiones avaladas por la jurisprudencia, como en el caso alemán— que estuvieron acompañadas de novedades legislativas sectoriales, principalmente en el ámbito bancario[136]. A todo ello hay que añadir que el 26 de noviembre de 1991 Francia firmó el Convenio de La Haya de 1 de julio de 1985 sobre la ley aplicable al *trust*, aunque aún no lo ha ratificado[137].

---

133 Conocidas con el término *surêtés*, entendidas en sentido estricto, como formas de asegurar el pago de una deuda. A su vez se clasifican en *surêtés personnelles* (fianza) y *surêtés réelles* (prenda, hipoteca y anticresis); sobre su definición, distinción del término más amplio *garanties* y clasificación, *vid.*, entre otros, AYNÈ, L. y CROCQ, P., *Droit des surêtés*, LGDJ, París, 2019, pp. 18-20; SIMLER, P. y DELEBECQUE, P., *Droit civil. Les Surêtés. La publicité foncière*, Dalloz, París, 2016, pp. 5-29; ARANA DE LA FUENTE, I., “La reforma francesa de las garantías mobiliarias”, *InDret*, 2/2012, pp. 1-58, esp. p. 6, nota 2.

134 Ley de 25 de enero de 1985 sobre *Difficultés des entreprises* y la Ley de 26 de julio de 2005 de *Prevention et traitement des difficultés des entreprises.*

135 Como fue, en Europa, el caso de Luxemburgo; *vid.* SIMLER, P. y DELEBECQUE, P., *Droit civil…*, *op. cit.*, p. 614 ; FARHI, S., *Fiducie-sûreté…*, *op. cit.*, pp. 2 y 3.

136 *Vid.*, CABRILLAC, M., MOULY, C., CABRILLAC, S. y PÉTEL, P., *Droit des surêtés*, Lexis-Nexis, París, 2015, pp. 441-443 ; AYNÈS, L. y CROCQ, P., *Droit des surêtés*, *op. cit.*, pp. 472-473.

137 *Vid.* estado actual del Convenio en https://www.hcch.net/es/instruments/conventions/status-table/?cid=59

En ese proceso constituyó un hito importante la Directiva 2002/47/CE, del Parlamento Europeo y del Consejo de 6 de junio de 2002, relativa a los contratos de garantía financiera[138], cuya transposición al Derecho francés se produjo por la *Ordonnance* nº 2005-171, de 24 de febrero de 2005. Sin embargo, la Directiva 2014/65/UE, del Parlamento Europeo y del Consejo, de 15 de mayo de 2014, relativa a los mercados de instrumentos financieros y por la que se modifica la Directiva 2002/92/CE y la Directiva 2011/61/UE, (conocida como "MIF 2"), traspuesta al Ordenamiento jurídico francés por la Ordonnance nº 2016-827, de 23 de junio de 2016, en vigor desde el 3 de enero de 2018, ha impedido que las empresas de inversión puedan concluir contratos de garantía financiera con transferencia de propiedad con clientes no profesionales[139].

14. La ley de 26 de julio de 2005 para la confianza y la modernización de la economía, habilitó al Gobierno para modificar el derecho de las garantías; tras un largo debate doctrinal y político, fue aprobada mediante la *Ordonnace* 2006-346, de 23 de marzo de 2006, y ratificada por Ley 2007-212, de 20 de febrero de 2007. La reforma introdujo el Libro IV del *Code civil*, dedicado exclusivamente a las garantías —personales y reales— en sus arts. 2284 a 2488, que derogó la antigua regulación de las garantías que se contenía en el Libro III. A pesar de los recelos mostrados hacia la generalización de la cesión de la propiedad a título de garantía, por su fama de usuraria, la *fiducie* fue incorporada mediante la Ley 2007-211, de 19 de febrero de 2007, que introdujo los arts. 2011 a 2030 del *Code civil*.

---

138 *JOCE* de 27 de junio de 2002, serie L 168/43.

139 Con ella se pretende evitar que se repitan los efectos provocados como consecuencia de la quiebra de Lehman Brothers International Europe, que le impidió restituir a sus clientes los haberes percibidos por los activos que éstos le habían cedido a título de garantía de operaciones de mercado; al respecto *vid.* AYNÈS, L. y CROCQ, P., *Droit des sûretés*, *op. cit.*, pp. 473-474.

Con un ámbito de aplicación subjetivo bastante limitado —para evitar la evasión fiscal y el blanqueo de capitales[140]—, establecía que sólo podían constituirla personas jurídicas sometidas al impuesto de sociedades. Además, no distinguía entre fiducia-gestión (*fiducie-gestion*) y fiducia-garantía (*fiducie-surêté*), adaptándose difícilmente a esta última, lo que obligó a realizar una serie de reformas en los dos años siguientes, que concluyeron con la introducción de la regulación de la fiducia-garantía en los arts. 2372-1 a 2372-5 (muebles) y 2488-1 a 2488-5 (inmuebles) del *Code civil*, por la *Ordonnance* 2009-112, de 30 de enero de 2009, ratificada por la Ley 2009-526, de 12 de mayo de 2009. Por tanto, el régimen general de la fiducia ha quedado contenido en los arts. 2011 a 2030 del *Code civil*, mientras que el régimen especial de la fiducia-garantía, que desplaza algunas de las reglas generales, se encuentra regulado en los arts. 2372-1 a 2372-5 *Code civil*, para los muebles, y en los arts. 2488-1 a 2488-5 *Code civil*, de manera idéntica, para los inmuebles[141].

3.2. Requisitos formales para su validez y eficacia

15. El *Code civil* define la *fiducie* como la operación por la cual uno o varios constituyentes transfieren bienes, derechos o garantías, o un conjunto de bienes, derechos o garantías, presentes o futuros, a uno o varios fiduciarios que, teniéndolos separados de su patrimonio propio, los gestionan con un fin determinado a favor de uno o varios beneficiarios (art. 2011).

---

140 *Vid.*, CABRILLAC, M., MOULY, C., CABRILLAC, S. y PÉTEL, P., *Droit des surêtés, op. cit.*, p. 441 ; AYNÈS, L. y CROCQ, P., *Droit des surêtés, op. cit.*, p. 479.

141 *Vid.* PICOD, Y., *Droit des sûretés*, PUF, París, 2016, pp. 508-510; AYNÈS, L. y CROCQ, P., *Droit des surêtés, op. cit.*, pp. 474-475 ; BOURASSIN, M. y BRÉMOND, V., *Droit des sûretés*, 6ª ed., Sirey, París, 2018, pp. 516 y 517.

16. La *fiducie* (tanto la *fiducie-sûreté* cuanto la *fiducie-gestión*) se constituye mediante un contrato solemne que, bajo pena de nulidad, debe constar por escrito y contener determinadas menciones obligatorias. Debe hacerse constar en el mismo la designación de los bienes, la duración, la identidad de constituyente, fiduciario y beneficiarios y las funciones del fiduciario (art. 2018 *Code civil*); además, tratándose de una *fiducie-sûreté*, debe incluir la deuda garantizada, así como el valor estimado del bien transferido al patrimonio fiduciario (art. 2372-2 y 2488-2 *Code civil*). El contrato debe ser registrado en el servicio de impuestos en el plazo de un mes a contar desde su conclusión (art. 2019 *Code civil*) y en el Registro nacional de fiducias (art. 2020 *Code civil*), que no cumple una función de publicidad —pues no está destinado a ser consultado por los terceros—, sino de control por parte de las Administraciones destinadas a perseguir la evasión fiscal y el blanqueo de dinero[142]. Este quizás sea uno de sus puntos más débiles, pues si bien en el caso de que el objeto fiduciado sea un inmueble, este queda sometido al régimen de publicidad registral[143], en la fiducia sobre bienes muebles corporales sin desposesión[144], se estará ante una garantía "oculta" y el fiduciario no quedará protegido, corriendo el riesgo de que se le oponga el art. 2276 *Code civil*[145], por parte de un tercero adquirente del bien fiduciado, en el momento en que el fiduciario pre-

---

142 *Vid.* en este sentido, AYNÈS, L. y CROCQ, P., *Droit des surêtés, op. cit.*, pp. 481-483; BOURASSIN, M. y BRÉMOND, V., *Droit des sûretés, op. cit.*, p.519; FARHI, S., *Fiducie-sûreté…, op. cit.*, pp. 34-51.

143 En ese caso, así como cuando se trate de bienes, derechos o garantías transferidos al patrimonio fiduciario pertenezcan a una comunidad de bienes entre los esposos o cualquier otra indivisión (art. 2012.2 C.c.).

144 En cuyo caso irá normalmente acompañada de un acuerdo de puesta a disposición; vid. PICOD, Y., *Droit des sûretés, op. cit.*, p. 516; BOURASSIN, M. y BRÉMOND, V., *Droit des sûretés, op. cit.*, p. 518.

145 Art. 2276: "En fait de meubles la possession vaut titre. Néanmoins, celui qui a perdu ou auquel il a été volé une chose peut la revendiquer pendant trois ans à compter du jour de la perte ou du vol, contre celui dans les mains duquel il la trouve; sauf à celui-ci son recours contre celui duquel il la tient".

tenda reivindicar el bien como consecuencia del impago de la deuda garantizada[146].

17. En la actualidad toda persona física o jurídica puede ser fiduciante[147]. En el caso de la *fiducie-sûreté* suele ser el deudor de la obligación garantizada, aunque también se permite que el constituyente-garante sea un tercero. Si es una persona física, por derogación de la regla general del art. 2029, en caso de *fiducie-sûreté*, la muerte del fiduciante no pone fin al contrato de fiducia (art. 2372-1 y 2488-1 *Code civil*), por lo que será asumida por los herederos[148]. Por su parte, fiduciario puede ser el acreedor o un tercero, pero en todo caso tiene que ser una entidad o un profesional sometido a reglamentación y control (art. 2015 *Code civil*)[149].

3.3. Efectos de la fiducie-sûreté

3.3.1. Efectos antes del vencimiento del crédito garantizado

18. A diferencia de lo que ocurre en el caso de la *Sicherungsübereignung* alemana (que reparte *wirtschaftlichen*

146 *Vid.* AYNÈS, L. y CROCQ, P., *Droit des surêtés, op. cit.*, p. 484; PICOD, Y., *Droit des sûretés, op. cit.*, pp. 514-515; BOURASSIN, M. y BRÉMOND, V., *Droit des sûretés, op. cit.*, p. 520.

147 Extendido a todas las personas jurídicas —y no solo a las sometidas al impuesto de sociedades— y a las personas físicas, por Ley de 4 de agosto de 2008, de modernización de la economía, en vigor a partir del 1 de febrero de 2009, que establece normas protectoras de fiduciantes incapaces (art. 408-1, 445, 468 y 509, 5º) y de los titulares del bien cuando sea un bien común (art. 142. 2 para el caso de los bienes gananciales); *vid.*, AYNÈS, L. y CROCQ, P., *Droit des surêtés, op. cit.*, p. 480.

148 *Vid.* PICOD, Y., *Droit des sûretés, op. cit.*, p. 519; BOURASSIN, M. y BRÉMOND, V., *Droit des sûretés, op. cit.*, p. 527; FARHI, S., *Fiducie-sûreté…, op. cit.*, pp. 25-29.

149 Extendido a los abogados por Ley de 4 de agosto de 2008, de modernización de la economía; *vid.*, PICOD, Y., *Droit des sûretés*, op. cit., p. 511-513; AYNÈS, L. y CROCQ, P., *Droit des surêtés, op. cit.*, p. 480 ; FARHI, S., *Fiducie-sûreté…, op. cit.*, pp. 29-34.

Eigentum y *formellen Eigentum*)[150] y del *trust* anglosajón (que separa *equitable ownwership* y *legal ownership*)[151], el fiduciario adquiere una propiedad plena y entera sobre los bienes o derechos objeto de la fiducia. Pero se trata de una transferencia temporal de propiedad[152], que queda afecta a un fin de garantía[153]. Esta transmisión se acompaña de la transferencia de los riesgos, salvo pacto en contrario[154]. Al término del contrato de fiducia, la propiedad debe ser retransmitida al beneficiario, por lo que el fiduciario deberá conservar el bien o los bienes afectos a la misma a favor de aquel (beneficiario, que puede ser el constituyente o un acreedor tercera persona, dependiendo de que se pague o

---

150 *Vid.supra.*

151 KULMS, R., "Trusts", en BASEDOW, J., HOPT, K. J., ZIMMERMANN, R. y STIER, A., *The Max Planck Encyclopedia of European Private Law*,Vol. II, Oxford, University Press, Oxford, 2012, pp. 1697-1701, esp. p. 1697; PETIT., P.H., *Equity and the Law of Trusts*, Oxford University Press, Oxford, 2012, passim; ZHANG, R., "The new role trusts play in modern financial Market: the evolution of trusts from guardian to entrepreneur and the reasons for the evolution", *Trusts & Trustees*, Vol. 23, N° 4, May 2017, pp. 453-467; WOOD, P.R.,"What happened to the trust in finacial law?", *CMLJ*, Vol. 12, N° 3, 2017, pp. 322-339; WORTHINGTON. S., "The Comercial Utility of the Trust Vehicle", en HAYTON, D., *Extending the Boundaries of Trusts and Similar Ring-Fenced Funds*, Kluwer Law International, The Hague, 2022, pp. 135-179; GRAZIADEI, M., "The Trust as a security device: some comparative observations", en LAUROBA LACASA, E. (dir.), *Garantías reales en escenarios de crisis: presente y prospectiva*, Marcial Pons, Madrid, 2012, pp. 107-116, esp. pp. 108-112; IBARRA GARZA, R., *La protection du patrimoine fiduciaire-Trust fund*, LGDJ, París, 2014, *passim*; ESTIENNY-PUSTOC'H, F., *La fiducie: aspects juridiques et fiscaux. Contribution a l'étude du patrimoine fiduciaire*, Col. Doctorat & Notariat, t. 60, Defrénois, Lextenso éditions, París, 2018, passim.

152 *Vid.*, PICOD, Y., *Droit des sûretés*, *op. cit.*, p. 511.

153 BOURASSIN, M. y BRÉMOND, V., *Droit des sûretés*, *op. cit.*, p. 518, consideran que se trata de una transferencia de propiedad "provisional e incompleta", desprovista del derecho de disponer, cuya adquisición no es sino eventual, ya que se encuentra subordinada al impago de la deuda garantizada, pues el párrafo primero de los arts. 2372-3 y 2488-3 *Code civil* solo contemplan la libre disposición por el beneficiario del bien cedido a título de garantía como modo de realización de la *fiducie-sûreté.*

154 PICOD, Y., *Droit des sûretés*, op. cit., p. 515.

no la deuda) sin sobrepasar los poderes a él otorgados[155]. El fiduciario deberá, además, dar a conocer su condición a los terceros interesados en la gestión de la fiducia (art. 2021, párrafo primero *Code civil*). Frente a ellos, él conserva todas las prerrogativas derivadas de su condición de propietario, salvo que los mismos conozcan las restricciones derivadas del contrato de *fiducie-sûreté* (art. 2023 *Code civil*). En caso de incumplimiento de las obligaciones derivadas de su condición, deberá responder con su patrimonio personal (art. 2026 *Code civil*)[156]. También puede ocurrir que fiduciante y fiduciario suscriban un acuerdo de puesta a disposición, en virtud del cual el fiduciante conserve el uso y disfrute del bien fiduciado, transmitiendo al fiduciario la propiedad del mismo (art. 2018-1 *Code civil* y arts. L. 622-13 y L.641-11-1 *Code de commerce*). En ese caso, el deber de conservarlas en buen estado corresponde al fiduciante[157].

19. En ese ínterin, los acreedores personales del fiduciario no podrán cobrarse sus deudas con los bienes entregados al mismo a título de garantía. Ello es así porque ese patrimonio separado del personal del fiduciario, denominado patrimonio de afectación o patrimonio fiduciario, queda protegido frente a los acreedores individuales de este y frente a cualquier procedimiento colectivo abierto contra el mismo (art. 2024 *Code civil*), respondiendo tan solo de las deudas nacidas de su conservación o gestión (art. 2025, párrafo primero *Code civil*)[158]. El patrimonio fiduciario también quedará a salvo de los acreedores del constituyente, que no podrán embargarlo, aunque este haya conservado

---

155 FARHI, S., *Fiducie-sûreté...*, *op. cit.*, pp. 82-86.

156 FARHI, S., *Fiducie-sûreté...*, *op. cit.*, p. 157-162.

157 FARHI, S., *Fiducie-sûreté...*, *op. cit.*, pp. 274-279.

158 La eficacia de esta garantía ha sido puesta de manifiesto de manera muy gráfica por la doctrina francesa; *vid.*, CERLES, A., "La fiducie, nouvelle reine des surêtés", *JCP* ed. E, nº 36, 6 sept. 2007, p. 19; en el mismo sentido, *vid.*, LUCAS, F.X., "Fiducie-sûreté et procedure collective", en AA.VV., *Fiducie et restructuration. Actes du colloque organicé le 25 septembre 2014 par l'Association française des fiduciaires*, LGDJ, París, 2015, pp. 43-51.

la posesión (art. 2018-1), salvo que se trate de créditos anteriores a su constitución o esta haya tenido lugar en fraude de acreedores (art. 2025). Si bien habría que distinguir entre las fiducias que se constituyen con o sin desposesión del fiduciante. En el primer caso, esta no se vería afectada por la apertura de un procedimiento colectivo gracias al efectivo ejercicio del derecho de retención (*vid.* art. L 622-7, II *Code de commerce*), mientras que en el segundo caso le afectaría la paralización contemplada en el art. L 622-23-1 *Code de commerce*; aunque siempre quedaría al fiduciario la acción reivindicatoria[159].

3.3.2. Efectos en caso de incumplimiento de la obligación garantizada

20. En caso de impago de la deuda garantizada, una vez sea cierta, esté vencida y sea exigible, y salvo estipulación contraria del contrato, el fiduciario acreedor adquiere la libre disposición del bien o del derecho cedido a título de garantía[160]. Una vez vencida la deuda, el acreedor deberá reclamar formalmente el cumplimiento de la obligación (art. 1139 *Code civil*), momento a partir del cual comenzarán a correr los intereses legales de la deuda (arts. 1153, párrafos 1 y 3 *Code civil*). Si no lo hace, se presume que

---

159 Como señalan CABRILLAC, M., MOULY, C., CABRILLAC, S. y PÉTEL, P., *Droit des suretés, op. cit.*, p. 649, nº 871, de esta forma se salva el equilibrio entre el principio de conservación de la empresa, que preside los procedimientos colectivos, y la eficacia de la *fiducie-sûreté*; vid. también, AYNÈS, L. y CROCQ, P., *Droit des suretés, op. cit.*, p. 488.

160 Como señalan BOURASSIN, M. y BRÉMOND, V., *Droit des sûretés, op. cit.*, pp. 524-525, el fiduciario es propietario desde la conclusión del contrato, por lo que la adquisición, consecuencia de la realización de la fiducia, no tiene por objeto el derecho de propiedad, sino una libertad de disposición nueva. Además, equiparan al acreedor-beneficiario con el vendedor con reserva de dominio pues, como establece el art. 2371 párrafo primero *Code civil*, ante la falta del pago completo del precio, el acreedor puede demandar la restitución del bien con el fin de recobrar el derecho a disponer de él; véase este efecto en CARO GÁNDARA, R., *La reserva de dominio…, op. cit.*, p. 61.

concede una demora del pago, salvo que las partes hayan pactado en el contrato que baste la llegada de la fecha del vencimiento de la deuda, sin que sea necesaria dicha reclamación formal[161]. Ello significa que, a partir de ese momento, la propiedad fiduciaria se convierte en una propiedad ordinaria, con todos sus atributos, pasando a tener un carácter absoluto, exclusivo y perpetuo[162], salvo que las partes hubieran pactado en el contrato la venta de los bienes, con objeto de aplicar el precio al pago del crédito (arts. 2372-3 y 2488-3, párrafo primero *Code civil*). Si el fiduciario fuera un tercero, el acreedor podrá exigirle la entrega del bien del que podrá disponer libremente, o —en caso de preverlo el contrato— la venta y entrega de todo o parte del precio (arts. 2372-3 y 2488-3, párrafo segundo *Code civil*). En virtud de estos mismos preceptos, el valor del bien o derecho cedido deberá determinarse por un experto designado por acuerdo de las partes o judicialmente, salvo que se trate de dinero o bienes sujetos a cotización oficial, considerándose no puesta cualquier estipulación en contrario (arts. 2372-3 y 2488-3, párrafo tercero *Code civil*). Esta obligación ha sido flexibilizada tras la reforma por *Ordonnance* 2021-1192, de 15 de septiembre de 2021[163].

21. Si el acreedor adquiere la libre disposición del bien o derecho, deberá devolver al constituyente la diferencia, en caso de que el bien o derecho exceda del montante de la deuda garantizada, conforme a la valoración llevada a cabo por terceros independientes, y deducidos los eventuales gastos de conservación y gestión. Si exigió la venta al fiduciario, será este quien deba devolver la diferencia al constituyente (arts. 2372-4 y 2488-4). Esta realización sigue el modelo de la prevista en el pacto comisorio, introducido en el art. 2348 *Code civil* para la prenda[164], cuya regulación

---

161 FARHI, S., *Fiducie-sûreté…*, *op. cit.*, p. 56.

162 *Id.*, p. 525.

163 *Vid. infra*, epígrafe 5.

164 Por *Ordonnance* 2006-346, de 23 de marzo de 2006; *vid.* FARHI, S., *Fiducie-sûreté…*, *op. cit.*, pp. 64-70.

aleja todo peligro de enriquecimiento injusto del acreedor[165], se considera de orden público[166] y recuerda también al pacto marciano[167].

Se produce así una segunda transmisión, desde el patrimonio fiduciario hasta confundirse con el patrimonio del acreedor. Ello es así, aunque en el contrato de fiducia se haya previsto la venta, pues en este caso los bienes fiduciados se transmiten al patrimonio del comprador. Esta segunda transmisión también forma parte de las obligaciones del fiduciario. Igualmente, si la *fiducie-sûreté* ha estado acompañada de un acuerdo de puesta a disposición, el fiduciante estará obligado a entregar la cosa fiduciada[168]. Una vez realizada la segunda transferencia y entregado el bien, la fiducia cesa. Como establece el art. 2029 *Code civil*, La fiducia finaliza una vez vencido el plazo o por la realización del fin perseguido[169]. Si el constituyente paga la deuda, también debe producirse una segunda transferencia (el bien retorna al patrimonio del que formaba parte antes de constituir la garantía)[170]. En ambos casos la fiducia se extingue, salvo que se trate de una *fiducie-sûreté réchargeable.*

3.4. Fiducie-sûreté réchargeable

22. Introducida por la *Ordonnance* de 30 de enero de 2009 en los arts. 2372-5 y 2488-5 *Code civil*, por extensión en gran medida del régimen de la hipoteca recargable, en ellos se considera de orden público el requisito de que

---

165 PICOD, Y., *Droit des sûretés, op. cit.*, p. 518; BOURASSIN, M. y BRÉMOND, V., *Droit des sûretés, op. cit.*, p. 526; AYNÈS, L. y CROCQ, P., *Droit des surêtés, op. cit.*, pp. 486-487; BOURASSIN, M., BRÉMOND, V., *Droit des sûretés, op. cit.*, p. 526.

166 *Vid.* CABRILLAC, M., MOULY, C., CABRILLAC, S. y PÉTEL, P., *Droit des surêtés, op. cit.*, p. 649, nº 870.

167 *Vid. supra* capítulo primero.

168 FARHI, S., *Fiducie-sûreté…, op. cit.*, pp. 58-60.

169 La duración máxima es de 99 años (art. 2018, 2º *Code civil*), introducido por la Ley de 4 de agosto de 2008.

170 FARHI, S., *Fiducie-sûreté…, op. cit.*, p. 61.

el carácter recargable de la garantía conste expresamente por escrito en el contrato de constitución inicial de la misma. La facultad de recarga pueda ser ejercitada en beneficio del acreedor original o de cualquier otro acreedor, exigiéndose, bajo pena de nulidad, la obligación de publicar (en caso de que recaiga sobre inmuebles) o registrar (en caso de bienes muebles) el acuerdo de recarga, pues la fecha de cumplimiento de esta formalidad determina, entre otros aspectos, el orden de los acreedores beneficiarios de la *fiducie-sûreté.* Sin embargo, una diferencia significativa respecto de la hipoteca recargable (que no puede superar el límite de la cantidad prevista inicialmente en el acto constitutivo de la hipoteca —art. 242, párrafo segundo *Code civil*—)[171], es que el patrimonio fiduciario puede quedar afectado como garantía de una nueva deuda, si bien con el límite de su valor estimado el día de la recarga, si el fiduciante es una persona física. La revalorización del crédito garantizado con ocasión de la recarga de la *fiducie-sûreté,* no tiene límite cuando el fiduciante es una persona jurídica[172].

3.5. Reforma del Derecho de las garantías por Ordonnance Nº 2021-1192, de 15 de septiembre de 2021

23. La *Ordonnance* Nº 2021-1192, de 15 de septiembre, dictada de conformidad con el artículo 60 de la Ley Nº 2019-486, de 22 de mayo de 2019, relativa al crecimiento y a la transformación de las empresas (conocida como *Loi*

---

171 Esta limitación tiene por objeto evitar que vuelvan a repetirse situaciones como las que provocaron las hipotecas *subprime* que desencadenaron la crisis financiera de 2008. De hecho, la Ley de 17 de marzo de 2014, suprimió temporalmente la hipoteca recargable, por considerar inminente ese riesgo.

172 Sobre la fiducie-sûreté rechargeable, *vid.* BOURASSIN, M. y BRÉMOND, V., *Droit des sûretés, op. cit.*, pp. 520-524; FARHI, S., *Fiducie-sûreté…, op. cit.*, pp. 279-290; por su parte AYNÈS, L. y CROCQ, P., *Droit des surêtés, op. cit.*, pp. 482-483, critican el distinto tratamiento dado por la ley ante un riesgo muy similar.

PACTE), ha reformado el Derecho francés de las garantías. Con objeto de simplificarlas, para hacerlas más atractivas, pretende ofrecer un equilibrio entre los intereses de los acreedores —sean o no titulares de garantías— y los deudores y garantes, mejorando su eficacia y aumentando la seguridad jurídica. El legislador francés mejora así la protección de las expectativas de los actores económicos, especialmente en materia de financiación.

Entre las novedades más significativas, se ha procedido a una desmaterialización de garantías, tanto reales como personales, consagrando la facultad de constituirlas por vía electrónica, aunque el constituyente no actúe con fines profesionales (casos a los que quedaba limitada ese medio de constitución antes de la reforma). De forma muy somera y con carácter general cabe señalar que la fianza ha sufrido una profunda modificación; se han eliminado las numerosas prendas especiales existentes, pasando a depender todas del régimen común. Se han añadido dos nuevas garantías basadas en la propiedad: la cesión de créditos a título de garantía y la cesión de sumas de dinero a título de garantía (*gage-espèces*). Pero aquí lo que más interesa destacar es que se han clarificado las reglas relativas a la constitución y a la realización de la *fiducie-sûreté*. Así, la reforma introduce como novedad la posibilidad de garantizar, mediante la *fiducie-sûreté*, deudas futuras, siempre que sean determinables (arts. 2372-1 *Code civil* para los muebles y 2488-1 *Code civil* para los inmuebles); además suprime la obligación de evaluar los bienes que son transferidos al patrimonio fiduciario, pero las partes pueden recurrir a dicha evaluación si lo desean (art.2372-2 *Code civil* para los muebles y art. 2488-2 *Code civil* para los inmuebles). Por otro lado, cuando el bien no encuentre adquirente al precio establecido por el experto independiente, el fiduciario podrá venderlo al precio que él estime corresponde al valor del bien "bajo su responsabilidad", protegiéndose así los intereses de deudor y de acreedor (art. 2372-3 *Code civil* para los muebles y art. 2488-3 *Code civil* para los inmuebles)[173].

---

[173] *Journal Officiel* de 16 de septiembre de 2021, en vigor a partir de 1 de enero de 2022 y aplicable a los contratos celebrados a partir de esta fecha, salvo disposiciones que expresamente señalen otra fecha; *vid.* LEVIN, K., "Réforme du droit des sûretés : des outils rénovés et modernisés au service du financement de l'économie", en https://www.jdsupra.com/legalnews/commentaires-de-la-reforme-du-droit-des-6920286/, última consulta 8 de enero de 2023; BROUSSOLLE,Y., "Sûretés: Les principales dispositions de l'Ordonnance du 15 septembre 2021", en https://www.actu-juridique.fr/civil/les-principales-dispositions-de-lordonnance-du-15-septembre-2021-portant-reforme-du-droit-des-suretes/, última consulta 8 de enero de 2023.

Capítulo III

Las garantías mobiliarias en Derecho transnacional: especial referencia a la Ley Modelo de UNCITRAL sobre garantías mobiliarias, al Convenio de Ciudad del Cabo y al DCFR

I. INTRODUCCIÓN

1. La enorme diversidad de soluciones contempladas en los Derechos nacionales, de la que los ordenamientos analizados constituyen tan solo algunas muestras significativas, no afecta únicamente a las garantías reales, sino también a todos los sectores con los que aparece estrechamente relacionada esta materia (normas procesales, concursales, contractuales y registrales), lo que provoca una enorme inseguridad jurídica en el comercio internacional, insostenible desde el punto de vista económico. Concretamente, el problema surge cuando el derecho de garantía constituido conforme a un ordenamiento jurídico pretende hacerse valer en el extranjero, donde tiene efectos limitados, es desconocido o, incluso, está prohibido.

Teniendo en cuenta la importancia que en el comercio internacional representan las garantías mobiliarias como formas de financiación y, por tanto, de circulación del crédito[174], desde la última década del siglo XX ha existido una gran preocupación en diversas instancias internacionales

---

[174] *Vid. supra*, la Introducción a esta obra.

por facilitar la circulación de las constituidas conforme a los derechos nacionales o, incluso, la creación de nuevas formas de garantía con eficacia internacional[175]. La constitución de garantías internacionales se realiza mediante un procedimiento simplificado, que reduce al máximo su coste y que asegura su eficacia mediante la creación de un registro internacional[176]. Tanto unas como otras, más allá de la forma o el nombre que adopten, responden a un concepto funcional de garantía, pues todas otorgan un privilegio a su titular frente al resto de acreedores, mediante un sistema flexible que permite excepciones a la regla general por razón de la especialidad de la garantía[177].

---

175 *Vid.*, entre otros, DROBNIG, U., "Transfer of Property", en HARTKAMP, A. *et al.*, *Towards a European Civil Code*, Kluwer, Nimega, 2010, pp. 725-740; DROBNIG, U., "Recognition and Adaptation of Foreign Security Rights", en DROBNIG, U., SNIJDERS, H.J. y ZIPPO, E.J., (eds.), *Divergences of property law, an Obstacle to the internal Market?*, Sellier, Munich, 2006, pp. 105-115; KIENINGER, E.-M., *Security Rights in Movable Property in European Private Law*, Cambridge University Press, Cambridge, 2004; *ibid.* "Perspektiven für ein europäischen Mobiliar Sicherungsrecht", *ZEuP*, 2016-1, p. 201.

176 *Vid.* Ley Modelo sobre Garantías Mobiliarias (UNCITRAL, 2016); Marco Común de Referencia (DCFR, 2009), Libro IX; Ley Modelo interamericana sobre garantías mobiliarias (OEA, 2002), disponible en http://www.oas.org/es/sla/ddi/docs/garantias_mobiliarias_Ley_Modelo_Interamericana.pdf; Ley Uniforme de la OHADA sobre organización de las garantías de 15 de diciembre de 2010, que reformó la de 1997, disponible en http://www.droit-afrique.com/upload/doc/ohada/Ohada-Acte-Uniforme-2010-suretes.pdf.

177 JEREZ DELGADO, C. "Reflexiones sobre una reforma de las garantías mobiliarias a la luz de los textos de UNCITRAL, UNIDROIT, OEA y DCFR", en JEREZ DELGADO, C. (coord.), *Textos internacionales sobre garantías mobiliarias: reflexión y análisis*, BOE, Madrid, 2017, pp. 19-60, esp. p. 28; RODRÍGUEZ DE LAS HERAS BALLELL, T., "El concepto funcional de garantía en el Convenio de Ciudad del Cabo relativo a garantías internacionales sobre elementos de equipo móvil", *ADC*, 2012, nº 4, pp. 1605-1651; KIENINGER, E.-M., "Perspektiven...", *op. cit.*, p. 201; *íd.*, "The Scope and Limits of Security Interest: Commentary", en EIDENMÜLLER, H. y KIENINGER, E.-M., *The Future of Secured Credit in Europe, European Company and Finantial Law Review*, vol. 5, 2008, special issue, pp. 216-222; RODRÍGUEZ OLMOS, J.M, "Algunas observaciones generales sobre las garantías mobiliarias en el Derecho europeo por medio de tres ejemplos concre-

2. El concepto funcional y flexible de garantía acogido en los textos internacionales de Derecho uniforme se aproxima al contemplado en el art. 9 del *Uniform Commercial Code* (UCC) de EE.UU. y al de los Estados —principalmente de *common law*— que lo han utilizado como modelo[178]. Dicho concepto, en principio, resulta ajeno a los tradicionales sistemas continentales, incluido el español, caracterizados por su formalismo[179]. En ellos, la naturaleza jurídica de las garantías mobiliarias es discutida y una muestra es el distinto lugar que ocupan en la sistemática de los distintos Códigos civiles: en unas ocasiones se regulan entre los contratos, en otras entre los derechos reales. Sin embargo, existe una doble característica que es común a todas ellas y está presente más allá de una u otra consideración: se trata de su carácter accesorio a una obligación principal que otorga

---

tos", *Revist@ E-Mercatoria*, vol. 13, nº 2, julio-diciembre 2014, pp. 3-27, esp. pp. 5-7; KOZOLCHYK, B., "Estado actual de implementación de la Ley Modelo de garantías mobiliarias de la OEA en Amércia Latina", en LAUROBA LACASA, E. (dir.), *Garantías reales en escenarios de crisis…, op. cit.*, pp. 62-83; WILSON, J.M., "La nueva ley modelo interamericana sobre garantías mobiliarias", *Revista Mexicana de Derecho Internacional Privado*, 2003, p. 33-77.

178 McCORMACK, G., "UNCITRAL Security Rights and the globalisation of the US Article 9", 2010, pp. 1-30, disponible en https://works.bepress.com/gerard_mccormack/2/; *ídem.*, *Secured Credit under English and American Law, Cambridge University Press*, Cambridge, 2004, *passim*; TARABAL BOSCH, J., "El art. 9 UCC. Cautelas conceptuales para una lectura europea", en LAUROBA LACASA, E. (dir.), *Garantías reales en escenarios de crisis…*, pp. 85-106; ROJO AJURIA, L., "Las garantías mobiliarias (Fundamentos de Derecho de Garantías mobiliarias a la luz de la experiencia de los Estados Unidos de América)", *ADC*, 1989, nº 3, pp. 717-811.

179 *Vid.*, la distinción entre garantías formales y garantías funcionales en FIORENTINI, F., "Proprietary Security Rights in the Western European Countries", en BUSSANI, M. y WERRO., F. (eds.), *European Private Law: A Handbook*, vol. 1, Stämpfli, Berna, 2009, pp. 415-464; esp. pp. 442-452; VENEZIANO, A., *Le garanzie mobiliarie non possessorie. Profili di diritto comparato e di diritto del comercio internazionale*, Giuffrè, Milán, 2000, p. 112-116; una comparación entre ambos modelos puede encontrarse en la doctrina española en FELIU REY, J., "El Derecho de garantías en contexto: una aproximación global", *La Ley Mercantil*, nº 29, Sección de Derecho Mercantil Internacional, octubre 2016, pp. 1-23, esp. pp. 3-8.

a su titular una preferencia o privilegio frente a otros acreedores[180]. En este concepto amplio, pragmático y funcional de garantías mobiliarias se subsumen las basadas en la propiedad, como es el caso de la fiducia en garantía[181].

3. Un concepto unitario, funcional y flexible puede encontrarse en la Ley Modelo de UNCITRAL de 2016 sobre garantías mobiliarias. Concebida como instrumento que promueva la modernización de los sistemas legislativos nacionales a través de normas uniformes de *soft law*, define la "garantía internacional" como todo contrato suscrito entre las partes que tenga como función la de garantizar el cumplimiento de una obligación, lo que incluye también las garantías basadas en la propiedad[182]. Un criterio autónomo de garantía funcional es el acogido también —a través del concepto de "garantía internacional" (*international interest*) — en el Convenio de Ciudad del Cabo sobre elementos de equipo móvil de 2001[183].

Frente al concepto unitario del Convenio de Ciudad del Cabo y de la Ley Modelo de UNCITRAL, el Proyecto

---

180 Para un análisis comparativo de varios textos legislativos: códigos civiles y normas internacionales uniformes, *vid.* JEREZ DELGADO, C., "Reflexiones…", *op. cit.,* pp. 35 y 40; concretamente al concepto de garantía funcional responde la reforma de las garantías mobiliarias llevada a cabo por el legislador belga, mediante la Ley de 11 de julio de 2013 y la Ley de 25 de diciembre de 2016; sobre la misma, puede consultarse NICAISE, V., "Rappels des príncipes, mise en contexte et modifications diverses apportées par la Loi du 25 décembre 2016", en DURANT, I. (dir.), *Les sûretés réelles mobilières, Anthemis,* Lieja, 2017, pp. 15-21.

181 En este sentido, *vid.*, FIORENTINI, F., "Proprietary Security Rights…", *op. cit.*, pp. 446-447.

182 *Vid.* FELIU REY, J., "La Ley Modelo de la CNUDMI sobre garantías mobiliarias", en JEREZ DELGADO, C., *Textos internacionales…, op. cit.*, pp. 147-197.

183 HEREDIA CERVANTES, I., "Análisis de la adhesión de España al Protocolo Aeronáutico del Convenio de Ciudad del Cabo", *La Ley Mercantil,* nº 21, Sección Derecho Mercantil Internacional, 1 de enero de 2016, pp. 1-25, esp. p. 4; GÓMEZ GÁLLIGO, F.J. y HEREDIA CERVANTES, I., "El Convenio de Ciudad del Cabo y su protocolo sobre bienes de equipo espacial", *RCDI,* nº 731, mayo 2012, pp. 1415-1449.

de Marco Común de Referencia (DCFR) de 2009 opta por una concepción múltiple de las garantías mobiliarias, donde también caben todas las existentes en los distintos ordenamientos jurídicos de los Estados europeos. El texto realiza una clara distinción entre las llamadas "garantías reales sobre activos muebles" en general (*proprietary security in movable assets*) y la retención de la propiedad (*retention of ownership*), a la que extiende el régimen de aquellas (art. IX-1:101), si bien le otorga un tratamiento especial y privilegiado (art. IX-4:102)[184].

4. En este capítulo se realizará una aproximación a cada uno de los textos seleccionados entre las distintas iniciativas internacionales existentes. La Ley Modelo de UNCITRAL sobre garantías mobiliarias, por ser un texto de *soft law* de ámbito mundial y abarcar todo tipo de garantías mobiliarias y bienes muebles. El Convenio de Ciudad del Cabo, también de ámbito mundial, por ser un texto de *hard law*, ratificado por España, que responde a un concepto de garantía uniforme. El DCFR, por constituir una iniciativa de *soft law* de ámbito regional, que incluye en su ámbito material todo tipo de garantías mobiliarias, pero responde a un modelo de garantías múltiples, más propio de los sistemas jurídicos de nuestro entorno.

II. LA LEY MODELO DE UNCITRAL SOBRE GARANTÍAS MOBILIARIAS

2.1. Antecedentes y aspectos generales

5. Entre los intentos regulatorios de alcance mundial, el derecho de propiedad como forma de garantizar el cumplimiento de una obligación se encuentra incluido en el ámbito de aplicación material de la Guía Legislativa de UNCITRAL sobre operaciones garantizadas, aprobada en 2007

---

184 Para un análisis de la misma puede verse CARO GÁNDARA, R., *La reserva de dominio...*, *op. cit.*, pp. 84-87.

e inspirada en el concepto amplio, unitario y funcional de garantías contenido en el art. 9 UCC. Para su eficacia frente a terceros exige, con carácter general, la inscripción de los bienes gravados, salvo excepciones en caso de posesión o "control" por el acreedor garantizado. La prelación se establece generalmente por el orden temporal de la inscripción, teniendo preferencia el crédito inscrito en un registro especializado sobre el que lo esté en un registro general, si bien los derechos sobre determinados bienes que se hagan oponibles a terceros por la posesión o el "control" prevalecen sobre otras garantías. Además establece la "super-prelación" de las garantías reales para financiar adquisiciones[185].

Aunque no sólo abarca operaciones internacionales, este texto contiene reglas de Derecho internacional privado que determinan la ley aplicable a la "garantía real" —sea cual sea la calificación que reciba— (*lex rei sitae*; ley del lugar de situación del cedente en caso de bienes inmateriales; ley del Estado donde esté protegida la propiedad intelectual, salvo algunas excepciones)[186].

La Guía Legislativa fue seguida por el Suplemento Relativo a las Garantías Reales sobre Derechos de propiedad Intelectual de 2010[187] y la Guía de Registro de Garantías Reales, de 2013[188]. Finalmente fue aprobada en 2016 la Ley Modelo sobre Garantías Mobiliarias, elaborada por el Grupo de Trabajo VI, sobre Garantías Mobiliarias[189]. UN-

---

185 *Vid.* Naciones Unidas, *Textos sobre garantías reales preparados por la CNUDMI, la Conferencia de La Haya y el UNIDROIT*, Viena, Oficina de las Naciones Unidas, 2012.

186 ORKUN AKSELI, N., *International Secured Transactions Law. Facilitation of Credit and International Conventions and Instruments*, Routledge, Londres, 2011, pp. 16-17.

187 Aprobada en su 43° período de sesiones, celebrado el 21 de junio de 2010.

188 Aprobada en su 46° período de sesiones, celebrado el 16 de julio de 2013.

189 Preparada por el Grupo de Trabajo VI sobre Garantías Mobiliarias. Aprobada en su 49° período de sesiones, Sesión 1032, celebrada el 1 de julio de 2016. *Vid. Documentos oficiales de la Asamblea General,*

CITRAL recomendó a los Estados que la incorporaran a sus legislaciones[190], para lo que han sido elaboradas, por el mismo grupo de trabajo, la Guía para la incorporación al Derecho interno de la Ley Modelo de UNCITRAL sobre Garantías Mobiliarias, en 2017[191], y la Guía de prácticas de UNCITRAL relativa a la Ley Modelo sobre Garantías Mobiliarias, en 2020[192].

6. La Ley Modelo se estructura en nueve capítulos. El primero dedicado al ámbito de aplicación y a las disposiciones generales. El segundo a la constitución de la garantía mobiliaria, las obligaciones que pueden garantizarse, los bienes que pueden gravarse, la descripción de unas y otros, la extinción de la garantía, así como ciertas normas relativas a determinado tipo de bienes. El capítulo tercero regula la oponibilidad de la garantía mobiliaria frente a terceros. El capítulo cuarto crea un sistema registral. El capítulo quinto regula la prelación de las garantías. El capítulo sexto, los derechos y obligaciones de las partes y de los terceros. El capítulo séptimo, la ejecución de la garantía en caso de incumplimiento del deudor. El capítulo octavo contempla determinadas soluciones en supuestos transfronterizos a través de normas de conflicto. Por último, el capítulo noveno contiene disposiciones transitorias y relativas a su entrada en vigor.

7. La Ley se aplica a toda figura que se subsuma en el concepto único y funcional de garantía mobiliaria que ofrece, y que define como "todo derecho real que se consti-

---

Septuagésimo Primer Período de sesiones, Suplemento nº 17, A/71/17. En todo caso, en esta obra se sigue la versión publicada por la UNCITRAL en 2019, que se encuentra disponible en la siguiente dirección:https://uncitral.un.org/sites/uncitral.un.org/files/media-documents/uncitral/es/19-08782_s_ebook_0.pdf

190 Asamblea General, Resolución 71/136, de 13 de diciembre de 2016.

191 Aprobada en su 50º período de sesiones, celebrado en 2017. Documentos Oficiales de la Asamblea General, septuagésimo segundo período de sesiones, suplemento núm. 17 (A/72/17), párr. 216.

192 Puede consultarse en https://uncitral.un.org/sites/uncitral.un.org/files/media-documents/uncitral/es/19-10913_ebook_s.pdf.

tuya sobre un bien mueble mediante un acuerdo por el que se garantice el pago u otra forma de cumplimiento de una obligación, independientemente de que las partes lo denominen o no garantía mobiliaria, y cualquiera que sea el tipo de bien, la situación jurídica del otorgante o del acreedor garantizado, o la naturaleza de la obligación garantizada" [art. 2 w) i)]; así como "el derecho del cesionario en una cesión pura y simple de un crédito por cobrar, celebrada por acuerdo de partes" [(art. 2 w) ii)]. El carácter funcional de la garantía deriva del hecho de que, con independencia del nombre que reciba y de la forma que adopte, todo acuerdo que sirva para garantizar el cumplimiento de una obligación quedará subsumido en su ámbito de aplicación y le será aplicable el régimen previsto en la misma[193], lo que se extiende también a la transmisión de propiedad en función de garantía.

No obstante, quedan excluidos expresamente los valores intermediados, los derechos de propiedad intelectual, si la Ley Modelo resulta incompatible con la correspondiente ley reguladora de los mismos, los derechos de cobro dimanantes de contratos financieros derivados de acuerdos de compensación global y otros sujetos a regímenes especiales (art. 1. 3 a 1. 6). La obligación garantizada podrá ser de cualquier tipo, presente o futura, determinada o determinable, condicional o incondicional, fija o flotante (art. 7) y podrá recaer sobre cualquier tipo de bienes muebles, corporales o inmateriales, presentes o futuros.

2.2. Requisitos de constitución de la garantía

8. El capítulo segundo de la ley exige un acuerdo de constitución de la garantía, sin que resulte necesario ningún acto adicional, como la inscripción en un registro

---

193 GARRO, A., "El concepto genérico, global e integrado de 'garantía mobiliaria': perspectivas comparadas", en LARROUMET, C. (ed.), *L'evolution des garanties mobilières dans les droits latino-américains*, Pánthéon-Assas, París, 2016, pp. 87-99, esp. p. 93.

público, por lo que se admiten las llamadas "garantías secretas" o "garantías ocultas". La anotación en el Registro resulta necesaria, sin embargo, para su eficacia frente a acreedores y terceros, como se verá en el epígrafe siguiente.

Para que el acuerdo de garantía sea válido resulta necesario que el otorgante tenga un derecho sobre el bien objeto de la garantía que le permita gravarlo (art. 6.1), correspondiendo a la regla *nemo dat quod non habet*; por ello, la garantía podrá constituirse sobre un bien futuro, pero solo quedará constituida cuando el otorgante adquiera derechos sobre el bien o facultades para gravarlo (art. 6.2). En cuanto a la forma del acuerdo, puede ser verbal o escrito, dependiendo de que exista o no desplazamiento posesorio (respectivamente art. 6.3 y 6.4). El acuerdo escrito incluye las comunicaciones electrónicas siempre que quede constancia de las mismas para su ulterior consulta [(art. 2 u)]. El acuerdo debe identificar claramente a las partes y describir el bien gravado y la obligación garantizada; además, el Estado promulgante podrá exigir que se indique el importe máximo por el que podrá ejecutarse la garantía (art. 6.3). La descripción de los bienes gravados y de la obligación garantizada debe realizarse de un modo que permita razonablemente identificarlos (art. 9.1). En relación a los bienes gravados, puede tratarse de cualquier tipo de bienes muebles, de una parte de un bien, un derecho indiviso sobre el mismo, una categoría genérica de bienes, incluso todos los bienes muebles del otorgante (art. 8 y 9.2). Por su parte, en relación a la obligación garantizada, es válida la indicación de que la garantía mobiliaria asegura el cumplimiento de todas las obligaciones que se adeuden al acreedor garantizado en cualquier momento (art. 9.3). La garantía se extingue cuando se cumplen todas las obligaciones garantizadas (art. 12).

2.3. Oponibilidad de la garantía frente a terceros

9. Una vez constituida válidamente la garantía, esta será eficaz frente al otorgante. Pero la eficacia de una garantía

se mide en términos de su oponibilidad frente a terceros. En el capítulo tercero de la Ley se establecen varios sistemas de oponibilidad, unos generales y otros particulares para determinados tipos de bienes. El primer método general es la inscripción de una notificación de la garantía en el Registro (art. 18.1), que podrá tener lugar incluso antes de su constitución a través de la celebración del acuerdo de garantía; pero en este último caso, no surtirá los efectos propios de la inscripción hasta que se constituya la garantía. El segundo método es la posesión, es decir, el desplazamiento posesorio del bien del otorgante al acreedor garantizado (art. 18.2).

Existen, además, otros métodos particulares en relación a específicos tipos de bienes. Concretamente, derechos al cobro de fondos acreditados en una cuenta bancaria. En este caso, al método general contemplado en el art. 18, se añaden otros tres. En primer lugar, mediante la constitución de la garantía a favor de la entidad depositaria. En segundo lugar, se prevé un acuerdo de control entre el otorgante, el acreedor garantizado y la institución depositaria [(definido en el art. 2 d) ii)]. En tercer lugar, la conversión del acreedor garantizado en titular de la cuenta (art. 25). Cuando se trate de instrumentos negociables y bienes corporales comprendidos en ellos, si la garantía mobiliaria que grava el documento negociable es oponible a terceros, entonces los bienes comprendidos en ellos también lo son (art. 26.1). En ese caso, cabe la inscripción o, alternativamente, la posesión del documento negociable (art. 26.2). Por último, si se trata de valores no intermediados inmaterializados, a los métodos generales se añaden la anotación en los libros del emisor y la celebración del acuerdo de control entre otorgante, acreedor garantizado y emisor (art. 27).

2.4. Registro de garantías mobiliarias

10. El capítulo cuarto de la Ley crea un Registro para la inscripción de notificaciones de garantías mobiliarias,

simplificado, rápido y económico (art. 28), que responde al método conocido como *notice filling* o aviso, en virtud del cual no se inscribe el acuerdo de garantía sino una notificación del mismo en la que constan tan solo determinados extremos. El resto de los artículos del citado capítulo responde a una numeración interna propia, con objeto, según la citada Ley, de que los Estados promulgantes tengan suficiente flexibilidad a la hora implementarlos.

La información contenida en la notificación inicial del Registro se ciñe a los datos identificadores del deudor otorgante de la garantía, del acreedor garantizado, de los bienes gravados y del plazo de vigencia de la inscripción, así como el importe máximo por el que podrá ejecutarse la garantía en el caso de que deba constar en el acuerdo de garantía. Con ello se pretende conciliar la seguridad del tráfico y la confidencialidad de determinados datos, de modo que la información en él contenida sirva como mero aviso a los terceros, de la existencia de tales garantías sobre los bienes del otorgante [(art. 9 del capítulo cuarto, en relación con el art. 6. 3 d)]. La inscripción de la notificación inicial o de modificación produce efectos desde el momento en que la información se incorpore al fichero y se encuentre accesible al público (art. 13 del capítulo cuarto). Una vez inscrita la notificación, el Registro deberá enviar copia de la información contenida en la misma al acreedor garantizado (art. 15 del capítulo cuarto), que será la única persona legitimada para inscribir una notificación de modificación o cancelación (art. 16 del capítulo cuarto). Si el Estado opta por la creación de un registro electrónico, el procedimiento de inscripción será aún más rápido[194].

2.5. Sistema de prelación de garantías

11. Al futuro acreedor le interesa saber no solo si un bien está gravado, sino también el puesto que ocupa su de-

194 *Vid.* FELIU REY, J., "La Ley Modelo...", *op. cit.*, pp. 178-183.

recho en el orden de prelación de las garantías sobre un mismo bien del otorgante. Para ello, el capítulo quinto establece un régimen que se compone de una regla general con algunas excepciones a la misma, así como de reglas especiales para determinados tipos de bienes. Dicho orden de prelación es aplicable a todas las obligaciones garantizadas, presentes o futuras. En el caso de que el régimen de oposición haya sido la inscripción, quedarán afectados todos los bienes gravados descritos en la notificación, con independencia de que hayan sido adquiridos por el otorgante antes o después de la notificación (art. 44).

El orden de prelación parte de la regla general contenida en el principio *prior in tempore, potior in iure*, pero corregida en atención a los distintos derechos concurrentes. Para ello se distinguen tres tipos de situaciones: reglas de prioridad entre garantías mobiliarias constituidas sobre un mismo bien por el mismo o distintos otorgantes (arts. 29 y 30, respectivamente); entre garantías mobiliarias y créditos privilegiados y, por último, entre garantías mobiliarias y derechos de acreedores judiciales. En el primer grupo de relaciones, se sigue la regla general: prevalecerá la garantía que se haya hecho oponible a terceros en primer lugar. Si el método utilizado en un primer momento para hacer oponible la garantía ha cambiado a lo largo del tiempo, la fecha a tener en cuenta a efectos de su prioridad no cambiará, siempre que la oponibilidad no se haya interrumpido en ningún momento (art. 31). Frente a tales reglas generales se establecen excepciones para los supuestos de bienes muebles corporales mezclados o transformados en un producto elaborado (art. 33); de concurrencia entre garantías mobiliarias para financiar adquisiciones y las que no están destinadas a tal fin (art. 38); de concurrencia entre las primeras (art. 39) y sobre los productos, en los dos últimos casos (arts. 41 y 42). En el supuesto de concurrencia entre garantías mobiliarias y créditos privilegiados, el art. 36 de la Ley concede prioridad a los créditos privilegiados sobre las garantías mobiliarias, si así lo establece alguna disposición legal, con el límite establecido por el Estado promulgante para cada categoría de créditos. Por último, en caso de concurrencia entre garantías mobiliarias y derechos de acreedores judiciales, el art. 37 concede prioridad al acreedor que haya obtenido la oponibilidad de su derecho a terceros —o su reconocimiento judicial—, aunque limitada a una determinada cantidad[195]. Salvo que la garantía mobiliaria esté destinada a la financiación de adquisiciones, en cuyo caso prevalecerá esta sobre los derechos de los acreedores judiciales (art. 40)[196].

Junto a las reglas generales y sus excepciones la Ley establece reglas específicas para determinados tipos de bienes, como los títulos negociables (art. 46), los derechos al cobro sobre fondos acreditados en una cuenta bancaria (art. 47), los instrumentos negociables y bienes corporales comprendidos en ellos (art. 49) y los valores no intermediados (art. 51). Por último, hay que señalar que la Ley establece que la apertura de un procedimiento de insolvencia del otorgante no afecta al grado de prelación de las garantías, salvo que la ley aplicable al mismo establezca otra cosa (art. 35).

2.6. Derechos y obligaciones de las partes y de los terceros

12. El capítulo sexto de la Ley comienza regulando los derechos y obligaciones de las partes del acuerdo de garantía. Estos deberán entenderse siempre teniendo en cuenta que, en su capítulo primero, la Ley establece que las partes deberán proceder en todo momento de buena fe y de forma comercialmente razonable (arts. 3 y 4). Así, durante la vigencia de la garantía, el que se encuentre en posesión del bien garantizado deberá actuar con diligencia razonable para conservarlo (art. 53). Concretamente, el acreedor

---

195 Tales limitaciones pretenden evitar conductas que puedan perjudicar al acreedor que haya obtenido un reconocimiento de su derecho; *vid.* FELIU REY, J., "La Ley Modelo…", *op. cit.*, pp. 183-188.

196 GARRO, A., http://www.asadip.org/v2/wp-content/uploads/2016/07/UNCITRALGTVIInforme10Julio2016AmericaLatina49os27Junio15Julio2016.pdf, pp. 9-12.

garantizado tendrá derecho a un uso razonable del bien gravado, a que se le reintegren los gastos razonables de conservación que se ocasionen y a destinar los ingresos que este genere al cumplimiento de la obligación garantizada. Si no se encontrare en posesión del mismo, tendrá derecho a inspeccionarlo (art. 55). Además, se establecen obligaciones especiales en relación con determinado tipo de bienes (arts. 57 a 60). Igualmente se contemplan las obligaciones de los terceros obligados en caso de constitución de una garantía mobiliaria sobre un crédito por cobrar, sobre títulos negociables, sobre derechos al cobro de fondos acreditados en una cuenta bancaria, sobre documentos negociables y bienes corporales comprendidos en ellos, y sobre valores no intermediados. (arts. 61 a 71). Al extinguirse la garantía, el acreedor garantizado que se encuentre en posesión del bien sobre el que haya recaído la garantía deberá devolverlo al otorgante o entregarlo a la persona que este designe (art. 54).

2.7. Ejecución de la garantía

13. El capítulo séptimo de la Ley comienza estableciendo, en su art. 72, que, en caso de incumplimiento, otorgante y acreedor garantizado podrán ejercitar los derechos establecidos en las disposiciones del presente capítulo o cualesquiera otros derechos previstos en el acuerdo de garantía o en cualquier otra norma, salvo que sean incompatibles con la presente Ley (art. 72.1 y 72.2). En aras de la protección de los intereses de las partes y de los terceros, la Ley impide que, antes del incumplimiento, otorgante y acreedor garantizado puedan renunciar unilateralmente o modificar de común acuerdo los derechos que les confieren las disposiciones relativas a la ejecución, que tienen carácter imperativo (art. 72.3).

La Ley prevé la posibilidad de que el acreedor garantizado acuda al procedimiento sumario ante las autoridades judiciales o extrajudiciales que establezca el Estado promulgante, en cuyo caso podrán combinarse las disposiciones previstas por las normas de dicho Estado y las contempladas en este capítulo (art. 73.2). Si el acreedor garantizado no ejercita sus derechos ante tales autoridades, podrá hacerlo acudiendo al procedimiento extrajudicial contemplado en el mismo capítulo (art. 73.3).

El acreedor garantizado podrá vender o enajenar de cualquier otro modo el bien gravado, adquirirlo o cobrarlo. Si bien, el otorgante, el deudor o cualquier otra persona que tenga un derecho sobre el bien gravado, podrá poner fin al procedimiento de ejecución mediante el pago total o cualquier otra forma de cumplimiento íntegro de la obligación garantizada, incluida una cantidad razonable en concepto de gastos de ejecución, antes de que el acreedor proceda a dicha ejecución o a la celebración de un acuerdo que tenga por objeto la misma (art. 75). No obstante, una vez iniciado el procedimiento de ejecución por un acreedor garantizado, cualquier otro acreedor cuya garantía tenga preferencia sobre la de este, tendrá derecho a ejecutar la garantía si este aún no ha procedido a enajenar el bien, adquirirlo, cobrarlo, o a celebrar un acuerdo en ese sentido (art. 76).

Tras producirse el incumplimiento, el acreedor garantizado podrá presentar, a iniciativa propia (art. 80. 1) o a solicitud del otorgante (art. 80.6), una propuesta escrita en la que ofrezca adquirir uno o más de los bienes gravados para dar por cumplida, total o parcialmente, la obligación garantizada, en las condiciones del art. 80. Por tanto, la Ley permite la apropiación por parte del acreedor del bien gravado, siempre que se cumplan las estrictas condiciones establecidas en el mismo, con objeto de preservar los intereses individuales y colectivos, de otorgante deudor y terceros. Así, el acreedor adquirirá el bien garantizado para dar por cumplida totalmente la obligación garantizada, salvo que reciba por escrito la negativa de alguna de las personas a las que estaba obligado a remitir su propuesta en el breve plazo que deberá establecer el Estado promulgante (art. 80.4). Igualmente, el acreedor adquirirá el bien garantizado para dar por cumplida parcialmente la obligación garantizada, siempre que reciba por escrito la aceptación de todas las personas a la que estaba obligado a remitir su propuesta en el breve plazo de tiempo que también deberá establecer el Estado promulgante (art. 80.5).

2.8. Normas de derecho internacional privado

14. El capítulo octavo de la Ley lleva por título "Conflicto de leyes". En él se distingue entre aspecto contractuales y reales del acuerdo de garantía. Los primeros quedan sometidos a la autonomía conflictual de las partes, es decir, las partes pueden elegir el ordenamiento jurídico que deba regir los mismos. Sin embargo, la Ley limita dicha autonomía en relación a determinación de la ley aplicable a la constitución, la oponibilidad, la prelación y la ejecución de la garantía mobiliaria, así como a los efectos de la misma respecto de un tercer obligado. En efecto, en virtud de su art. 84, la ley aplicable a los derechos y obligaciones recíprocos de acreedor garantizado y otorgante será la elegida por ellos y en defecto de dicha elección, la ley que rija el acuerdo de garantía. Sin embargo, la constitución de la garantía, su oponibilidad a terceros y su grado de prelación quedan sometidos a la ley del Estado de la situación del bien gravado, si se trata de un bien corporal (art. 85.1). En el caso de bienes inmateriales, la conexión utilizada es la de situación del otorgante (art. 86). Estas reglas generales van acompañadas de ciertas excepciones en atención a determinados tipos de bienes y/ o de cuestiones. En el caso de que se trate de garantías mobiliarias sobre bienes incorporados a instrumentos negociables, que se hayan hecho oponibles a terceros mediante la posesión del documento, la prelación se rige por la ley del Estado donde se encuentre el documento (art. 85.2). Si la garantía recae sobre un bien corporal que se utilice comúnmente en más de un Estado, la constitución, la oponibilidad frente a terceros y la prelación de la garantía se regirán por la ley del Estado donde se encuentre situado el otorgante (art. 85.3). Cuando se trate de bienes en tránsito (bienes situados en un Estado que no

es el de origen ni el de destino, en el momento en que se constituye la garantía, por ejemplo, en un puerto franco) y de bienes destinados a la exportación (bienes que van a ser trasladados del Estado de origen al de destino tras constituirse la garantía), la constitución y su oponibilidad a terceros podrá regirse por la ley del Estado de destino final, siempre que dicho traslado se produzca dentro de un plazo limitado entre la fecha de constitución de la garantía y la llegada al Estado de destino, plazo que deberá designar el Estado promulgante (art. 85.4).

Si el bien sobre el que recaiga la garantía es incorporal, la regla general contenida en el art. 86 establece que la ley aplicable a la constitución, la oponibilidad y la prelación será la del Estado donde esté ubicado el otorgante. Las excepciones hacen referencia a los créditos por cobrar nacidos de la venta o el arrendamiento de bienes inmuebles o cuyo pago se haya garantizado con un bien inmueble, en cuyo caso la prelación se rige por la ley del Estado bajo cuya autoridad se encuentre el registro de la propiedad inmobiliaria (art. 87). En el caso de garantías mobiliarias sobre derechos al cobro de fondos acreditados en una cuenta bancaria, existen dos opciones para determinar la ley aplicable a la constitución, la oponibilidad, la prelación y la ejecución: se regirán, bien por la ley del Estado en que se encuentre el establecimiento del depositario; bien por la ley que las partes hayan designado en el contrato de apertura de la cuenta; y si no hubieren designado ninguna, por la establecida en el Convenio de La Haya de 5 de julio de 2006, sobre la Ley aplicable a ciertos derechos sobre valores depositados en un intermediario[197] (art. 97). Cuando la ley del Estado donde esté ubicado el otorgante considere la inscripción registral de una notificación como forma de oponibilidad de una garantía sobre determinados bienes negociables y derechos al cobro de fondos acreditados en una cuenta bancaria o un valor no intermediado materializado, la ley de ese Estado será también la aplicable a la oponibilidad a

---

[197] https://www.hcch.net/es/instruments/conventions/full-text/?cid=72

terceros mediante inscripción registral sobre ese bien (art. 98). En cuanto a las garantías mobiliarias sobre derechos de propiedad intelectual, la ley aplicable a la constitución, la oponibilidad y la prelación es la del Estado en el que esté amparado ese derecho, aunque la Ley Modelo también permite que su constitución y su oposición pueda regirse por la ley del Estado de situación del otorgante, que rige en todo caso su ejecución (art. 99). En el caso de garantías mobiliarias sobre valores no intermediados, si estos consisten en títulos de participación en el capital, la ley aplicable a su constitución, oponibilidad, prelación y ejecución, así como su eficacia frente al emisor, será la ley del Estado de constitución del emisor. Pero si los valores no intermediados son títulos de deuda, a todos esos extremos será aplicable la ley que rija tales títulos (art. 100).

Por último, la ejecución de la garantía sobre bienes corporales se regirá por la ley del Estado donde se encuentre situado el bien gravado en el momento de iniciarse la ejecución [art. 88 a)], mientras que si recae sobre un bien incorporal, la ejecución quedará sometida, con carácter general, a la ley del Estado que regule la prelación de la garantía [art. 88 b)], con las excepciones previstas para los bienes señalados anteriormente.

III. LAS GARANTÍAS MOBILIARIAS EN EL CONVENIO DE CIUDAD DEL CABO

3.1. Aspectos generales y ámbitos del Convenio

15. Sin duda, de mayor trascendencia, por tratarse de un texto de *hard law* y estar en vigor en España, merece especial consideración el Convenio celebrado a iniciativa de UNIDROIT y de la Organización de Aviación Civil Internacional (OACI/ICAO), relativo a las garantías internacionales sobre elemento de equipo móvil, firmado en Ciudad del Cabo el 16 de noviembre de 2001 y ratificado

por España en 2013[198]. El Convenio ha conseguido superar mediante fórmulas originales las enormes divergencias nacionales en el tratamiento de las garantías mobiliarias. Sus logros parecen significativos: crea un concepto autónomo de garantía internacional; crea un conjunto de reglas, también uniformes, de protección del acreedor en caso de incumplimiento del deudor, que conviven con otras previstas por la *lex causae*, incluso por la autonomía de la voluntad, siempre que esta última y el propio Convenio las permita; crea un importante sistema de publicidad de tales garantías mediante su inscripción en el Registro Internacional que regulan los Protocolos respectivos; todo ello les otorga un importante grado de eficacia, a través de la oponibilidad frente a terceros de la preferencia de la que gozan.

El ámbito de aplicación material del Convenio abarca las "garantías internacionales", concepto autónomo que concilia todas las figuras conocidas en las distintas tradiciones jurídicas y en el que quedarían incluidas las transferencias de propiedad en garantía [arts. 1 o) y 2]. Respecto de las mismas establece un régimen uniforme de constitución, de producción de efectos, de remedios del acreedor en caso de incumplimiento del deudor, de prelación en los procedimientos colectivos y de publicidad, a través de su inscripción en un Registro internacional (art. 16), que otorga eficacia internacional a todas esas garantías, con independencia del lugar donde se encuentren los bienes gravados[199]. Para poder conciliar su objetivo unificador con

---

198 Instrumento de ratificación publicado en *BOE* nº 238, de 4 de octubre de 2013. Con anterioridad se produjo la adhesión de la CE al Convenio y al Protocolo aeronáutico, mediante depósito de su instrumento de adhesión el 28 de abril de 2009, que entraron en vigor para la CE el 1 de agosto de 2009; *vid.* la *Decisión del Consejo de 6 de abril de 2009 relativa a la adhesión de la Comunidad Europea al Convenio relativo a garantías internacionales sobre elementos de equipo móvil y su Protocolo sobre cuestiones específicas de los elementos de equipo aeronáutico,* adoptados conjuntamente en Ciudad del Cabo el 16 de noviembre de 2001 (2009/370/CE), *DOUE* L 121/3, de 15 de mayo de 2009.

199 *Vid.*, GOODE, R., *Official Commentaries on the Convention on International Interest in Mobile Equipment and Protocols Thereto,* Unidroit, 3rd. edi-

el respeto a la diversidad de tradiciones jurídicas de los Estados parte, el Convenio combina normas materiales con otras de remisión a las normas de conflicto del foro[200].

A pesar de la internacionalidad propia de los bienes que pueden ser objeto de la garantía, el Convenio se aplica no solo a relaciones transfronterizas, sino también a relaciones internas —ya que podrían convertirse en internacionales con el transcurso del tiempo—, salvo que el Estado parte haya declarado que no se aplique a estas últimas, mediante reserva contemplada en su art. 50.1 y de la que ni España ni la mayor parte de los Estados parte han hecho uso. El art. 50.2 limita el alcance de esa eventual declaración, pues un nutrido número de preceptos se aplicarán en cualquier caso a las transacciones internas. Su ámbito de aplicación espacial viene determinado por la circunstancia de que el deudor de la garantía esté situado en un Estado contratante en el momento de constitución de la misma (arts. 3 y 4).

En cuanto a su ámbito de aplicación objetivo, el Convenio pretende facilitar la financiación[201] para la adquisición y el uso de ciertos elementos de transporte aéreo, ferroviario y espacial (células y motores de aeronaves y helicópteros, material rodante ferroviario y bienes de equipo espacial, —art. 2.3—) de fuerte importancia económica, carácter

---

tion, 2013, *passim*; disponible en http://www.unidroit.org/official-commentary.

200 Para un análisis del complejo sistema de coordinación de normas que establece el convenio, *vid.*, RODRÍGUEZ DE LAS HERAS BALLELL, T., "El concepto funcional de garantía...", *op.cit.*, 2012, pp. 1605-1651; *id*, *Las garantías mobiliarias sobre equipo aeronáutico en el comercio internacional. El Convenio de ciudad del Cabo y su Protocolo,* Marcial Pons, Madrid, 2012, *passim*; *id.*, "El Convenio de Ciudad del Cabo relativo a garantías internacionales sobre elementos de equipo móvil y sus protocolos", en JEREZ DELGADO, C., *Textos internacionales..., op. cit.,* pp. 19-60.

201 Internacionalizando el mercado de las garantías mobiliarias para hacerlo más competitivo; *vid.*, en este sentido, ZASU, Y. y SATO, I., "Providing credibility around the world: effective devices of the Cape Town Convention", *European Journal of Law and Economics,* 2012, nº 33, pp. 577-601.

eminentemente transfronterizo y débil vinculación territorial, en los que la controvertida regla *lex rei sitae* resulta especialmente ineficaz. El Convenio se acompaña de tres Protocolos (aeronáutico, de 2001; ferroviario, de 2007; espacial, de 2012) y en los últimos años se ha extendido a un cuarto (equipo minero, agrícola y de construcción, de 2019)[202]. Convenio y Protocolos deben considerarse e interpretarse como un único instrumento (art.6.1). Concretamente, la adhesión al Protocolo aeronáutico en 2016[203], ha permitido la entrada en vigor en España del Convenio y su aplicación a las garantías constituidas sobre ese tipo de bienes a partir del 1 de marzo de 2016[204].

---

202 Mediante el Protocolo adoptado el 22 de noviembre de 2019 en la ciudad sudafricana de Pretoria, conocido como Protocolo de Pretoria o Protocolo MAC, el Convenio de Ciudad del Cabo se extiende a la constitución de garantías mobiliarias en sectores inicialmente no previstos en el mismo. En él se regulan las garantías constituidas sobre activos para la adquisición de equipos mineros, agrícolas y de construcción, partiendo del sistema uniforme del Convenio, al que se realizan algunos ajustes o adaptaciones y se añaden algunas soluciones completamente novedosas, para responder a las necesidades de tales sectores. *Vid.* RODRÍGUEZ DE LAS HERAS BALLELL, T., "El nuevo Protocolo de Pretoria sobre garantías internacionales en equipo minero, agrícola y de construcción: la fuerza expansiva del Convenio de Ciudad del Cabo", *CDT*, Vol. 12, Nº 2, octubre de 2020, pp. 660-705.

203 Instrumento de adhesión al Protocolo sobre cuestiones específicas de los elementos de equipo aeronáutico, publicado en *BOE* nº 27 de 1 de febrero de 2016.

204 En el complejo proceso de implementación deben tenerse en cuenta otros hitos, como determinadas declaraciones realizadas por España, así como la aprobación del nuevo Reglamento de Registro de Aeronaves, por R.D. 348/2015, de 22 de mayo de 2015, cuya DA 6ª permite articular el funcionamiento de este registro nacional y el Registro internacional creado por el Convenio y regulado en su Protocolo aeronáutico; para un análisis de esta cuestión *vid.* RODRÍGUEZ DE LAS HERAS BALLELL, T., "La adhesión de España al Protocolo Aeronáutico del Convenio de Ciudad del Cabo" (Parte I y II), *Bitácora Millenium*, nº 2, 2015, pp. 88-100; CASTELLANOS RUÍZ, M.J., "El Registro Internacional: implementación en España del Convenio de Ciudad del Cabo sobre Garantías Internacionales y su Protocolo Aeronáutico", *CDT* (Marzo 2017), Vol. 9, Nº 1, pp. 49-81.

3.2. *Constitución de la garantía*

16. La garantía podrá constituirse mediante un contrato, concretamente un contrato constitutivo de garantía (art. 2.2)[205], cuyos requisitos de forma se contienen en su art. 7. Concretamente, debe constar por escrito y en él debe identificarse el objeto de la garantía —del que el otorgante pueda disponer— de conformidad con el Protocolo correspondiente, y la obligación garantizada, sin que sea necesario establecer una cantidad ni un montante máximo garantizado. La calificación del contrato, su validez de fondo, la capacidad y el consentimiento de las partes, y cualquier otro aspecto relativo a su eficacia y efectos, así como las cuestiones regidas por el Convenio pero no reguladas expresamente en el mismo, quedan sometidos a la ley aplicable en virtud de las normas de conflicto del foro (arts. 5.2 y 3)[206].

Una vez constituida válidamente la garantía conforme a la ley aplicable al contrato y habiendo cumplido los requisitos de forma del art. 7, goza de la consideración de garantía internacional en virtud del art. 2.1 del Convenio y le resulta de aplicación el régimen uniforme de protección frente al incumplimiento del deudor contenido en su Capítulo III y el de publicidad, eficacia y oponibilidad frente a terceros, que derivan de su inscripción en el Registro internacional que crea cada Protocolo y que le permite tener preferencia, incluso, frente a las garantías nacionales constituidas

---

205 Para el resto de las garantías: un contrato de venta con reserva de dominio o un contrato de arrendamiento.

206 Mediante esta fórmula se salva la competencia legislativa de la UE por lo que se refiere a la ley aplicable al contrato, regulada en el Reglamento (CE) 593/2008 del Parlamento Europeo y del Consejo, de 17 de junio de 2008, sobre la ley aplicable a las obligaciones contractuales (Roma I), en adelante también RRI (*DOCE* L 177, de 4 de julio de 2008; corrección de errores, *DOCE* L 309, de 24 de noviembre de 2009).

con anterioridad que no hayan accedido a dicho Registro internacional[207].

3.3. Medidas de protección del acreedor garantizado en caso de incumplimiento del deudor

17. La inscripción no constituye un requisito de validez de la garantía, sino de publicidad, eficacia y oponibilidad frente a terceros, lo que asegura su prioridad; por tanto, no es requisito para que el acreedor garantizado pueda gozar de las medidas de protección previstas en el Capítulo III del Convenio para el caso de incumplimiento del deudor, por tratarse de efectos *inter partes* derivados del contrato de constitución de la garantía.

Tales medidas de protección se contienen en normas sustantivas y en normas de remisión a los Derechos nacionales. Entre las primeras, el art. 8 establece que el acreedor podrá, en las condiciones establecidas en el mismo, tomar la posesión o el control del bien gravado, venderlo o arrendarlo previo aviso a las personas interesadas, percibir los frutos de su gestión o su explotación; o bien solicitar al tribunal cualesquiera de estas medidas. La aplicación de las mismas deberá hacerse de forma "comercialmente razonable", esto es, de acuerdo con las cláusulas contempladas en el contrato constitutivo de la garantía, salvo que se consideren "excesivas". Las cantidades percibidas se imputarán al pago de la deuda. Excepto que el tribunal disponga otra cosa, el acreedor garantizado deberá repartir el excedente entre los acreedores de menor rango cuyas garantías hayan

---

207 GOODE, R., "The Power to Dispose under the Cape Town Convention and Aircraft Protocol", *Cape Town Convention Journal*, 2017, Vol. 6, pp. 2-9. Como se analizará *infra*, Las garantías nacionales también pueden protegerse y gozar de la prioridad de las garantías internacionales, mediante su inscripción previa en un registro nacional y la inscripción de un aviso de su creación en el Registro internacional que crea el Convenio (art. 1 t).

sido inscritas o de las que haya sido informado, debiendo entregar el saldo sobrante al otorgante de la garantía.

El art. 9 permite el pacto comisorio, aunque deberá ser posterior al incumplimiento previsto en el art. 11; el tribunal sólo podrá ordenar, a petición del acreedor garantizado, que la propiedad de un bien gravado por el derecho de garantía sea transferida a dicho acreedor, cuando la cuantía de las obligaciones garantizadas se corresponda con el valor del bien gravado. Además, España ha hecho uso de la reserva prevista en el art. 54 para limitar los efectos del pacto y someterlo a autorización del tribunal[208].

Por su parte, el art. 12 del Convenio contempla la posibilidad de adoptar cualquier otra medida adicional permitida por la ley aplicable, incluyendo las acordadas por las partes, siempre que no se opongan a las normas imperativas contenidas en el art. 15. Este precepto permite, además, que las partes puedan acordar por escrito la inaplicabilidad o la modificación de esas medidas, siempre que se respeten tales normas imperativas (contenidas en los arts. 8.3 a 8.6, 9.3, 9.4, 13.2 y 14).

3.4. Registro internacional y efectos frente a terceros de la garantía internacional

18. Como ya se ha señalado, la oponibilidad de la garantía frente a terceros y su prioridad se asegura mediante

---

208 *Vid.* Instrumento de Adhesión de España al Convenio relativo a garantías internacionales sobre elementos de equipo móvil, hecho en Ciudad del Cabo el 16 de noviembre de 2001 (*BOE* nº 238, de 4 de octubre de 2013). Posteriormente, con motivo de su adhesión al Protocolo Aeronáutico, España ha hecho uso de la declaración prevista en el art. 53, que extiende el término "tribunal" a todas las autoridades competentes en España en cada caso y en cada momento (*BOE* nº 27, de 1 de febrero de 2016); *vid.* GALINDO ARAGONCILLO. A y NAVARRO CODERQUE, F. "El pacto comisorio...", *op. cit.*, pp. 16-18; DE LA FUENTE NÚÑEZ DE CASTRO, M. S., *La prohibición del pacto comisorio de las garantías: sus fundamentos y excepciones en el Derecho español*, Aranzadi, Cizur Menor, 2020, pp. 70-72.

la inscripción en el Registro internacional electrónico que crea el Convenio y se regula en los Capítulos IV y V, cuyos requisitos se establecen en cada Protocolo y en los reglamentos que apruebe la Autoridad supervisora (arts. 17 y 18). Se trata de un registro electrónico, abierto al público las 24 horas del día, los 7 días de la semana, que permite realizar y efectuar inscripciones en el marco del Convenio y sus protocolos[209].

El art. 16 contiene una lista de acuerdos, derechos y garantías que pueden acceder al Registro internacional, sin que por ello adquieran la categoría de garantía internacional. Es decir, en virtud del mismo pueden acceder al Registro internacional las garantías internacionales, así como derechos y garantías nacionales. Una garantía internacional o una garantía internacional futura, así como la cesión o la cesión futura de una garantía internacional, la adquisición de garantías internacionales por subrogación, y acuerdos que afecten a las mismas, todos ellos podrán ser inscritos en el Registro internacional. Igualmente, el aviso de una garantía nacional puede ser inscrito por su titular (art. 20). Cualquier persona podrá consultar el Registro internacional (art. 22). Para ello, los Estados pueden designar y regular uno o varios puntos de acceso nacionales, que no forman parte del Registro internacional, por lo que quedan sometidos a la legislación del Estado que los designa[210]. España ha designado, como punto nacional de acceso al Registro Internacional, el RBM[211].

---

209 *Vid.* Organización de Aviación Civil Internacional, *Normas y Procedimientos para el Registro internacional*, 2013, Doc. 9864, disponible en el siguiente enlace: https://www.icao.int/publications/Documents/9864_6ed_es.pdf

210 *Vid.* RODRÍGUEZ DE LAS HERAS BALLELL, T., "El Convenio de Ciudad del Cabo...", *op. cit.*, pp. 115-119.

211 *Vid.* art. XIX (1) del Protocolo Aeronáutico y Declaración de España en Anexo al Protocolo.

3.5. Prelación entre garantías

19. La inscripción no tiene función calificadora, sino que otorga preferencia sobre las garantías que accedan al Registro con posterioridad y sobre las que no accedan, según las reglas establecidas en el Capítulo VIII (art. 29.1). No obstante, los Estados pueden modular estos efectos a través de las declaraciones que prevén los arts. 39 y 40 del Convenio. El art. 39 establece que un Estado contratante podrá especificar los derechos y garantías no contractuales no inscritos que tengan una prioridad equivalente a la de una garantía internacional inscrita, incluso que gocen de prioridad sobre esta[212]. En relación al art. 39. 1 a), España ha declarado, en el momento de la adhesión al Protocolo Aeronáutico, mediante una descripción general que "todas las categorías de derechos o garantías no contractuales que conforme a la ley española tienen y tendrán prioridad en el futuro sobre una garantía relativa a un objeto que sea equivalente a la del titular de una garantía internacional inscrita, tendrán prioridad en igual medida sobre una garantía internacional inscrita, tanto dentro como fuera de un procedimiento de insolvencia, y tanto si fue registrada antes como después de la adhesión del Reino de España". Este precepto introduce una enorme incertidumbre y obliga a los operadores a consultar el derecho interno para determinar el alcance de tales derechos y privilegios[213].

---

[212] Téngase en cuenta que todas las garantías creadas por el convenio son garantías contractuales, es decir, se crean mediante un acuerdo (*vid. supra*, epígrafe 2).

[213] Para un análisis de los efectos de las declaraciones realizadas por España en virtud del art. 39, *vid.* RODRÍGUEZ DE LAS HERAS BALLELL, T., "El Convenio de Ciudad del Cabo…", *op. cit.,* pp. 128-133; especialmente sobre la complejidad e inseguridad jurídica que introduce este artículo, *vid.*, GUERRERO LEBRÓN, M.J., "Algunas consideraciones sobre el Convenio de Ciudad del Cabo y el Protocolo para elementos de equipo aeronáutico", en MARTÍNEZ SANZ, F. y PETIT LAVALL, M. V., *Estudios de Derecho Aéreo: aeronave y liberalización*, Marcial Pons, Madrid, 2009, pp. 57-72, esp. pp. 64-65.

El art. 40, por su parte, establece que cualquier Estado parte podrá depositar la lista de derechos y garantías no contractuales que pueden inscribirse, "como si esos derechos y garantías fueran garantías internacionales" para gozar de la prioridad que otorga el sistema registral creado por el Convenio. Además, la conversión de la garantía nacional en internacional le permitirá beneficiarse de los sistemas de ejecución y auto-ejecución previstos en el Convenio[214].

La relación entre la garantía internacional creada por el Convenio y las garantías nacionales constituidas con anterioridad a la entrada en vigor del Convenio y su Protocolo, conforme a los ordenamientos jurídicos internos, viene determinada por el art. 60 del Convenio, en virtud del cual este no se aplica a los derechos o garantías preexistentes, que conservarán la prioridad que tenían antes de la fecha de aplicación del mismo, en virtud de la ley aplicable al fondo del asunto, salvo que los Estados contratantes declaren otra cosa en algún momento[215].

3.6. Eficacia de la garantía internacional en el procedimiento de insolvencia del deudor

20. El art. 30 del Convenio prevé el reconocimiento de las garantías internacionales en los procedimientos de in-

---

214 En este sentido, debe tenerse en cuenta la declaración realizada por España prevista en el art, 54.2 en relación al art. 53, en virtud de la cual, el acreedor garantizado no podrá beneficiarse de las medidas de auto-ejecución sin autorización de un tribunal u otra autoridad; *vid.* HEREDIA CERVANTES, I., "Análisis de la adhesión de España…", *op. cit.*, pp. 6 y 12; RODRÍGUEZ DE LAS HERAS BALLELL, T., "Claves para la aplicación en España del Convenio Ciudad del Cabo y su Protocolo Aeronáutico (Parte I y Parte II)", *Bitácora Millenium*, nº 3, 2016, pp. 100-114.

215 *Vid.* GOODE, R., "The Power to Dispose…", *op. cit.* pp. 5-7; DESCHAMPS, M., "Les régles de priorité de la Convention et du Protocole du Cap", *Uniform Law Review*, vol. 7, issue 1, enero 2022, pp. 17-46.

solvencia contra el deudor, siempre que hayan sido inscritas —de conformidad con el Convenio— con anterioridad a la apertura de dicho procedimiento, sin que esa exigencia pueda disminuir la eficacia que la garantía internacional tenga en virtud de la ley aplicable a la misma (art. 30)[216].

IV. LAS GARANTÍAS MOBILIARIAS EN EL DCFR

4.1. Aspectos generales y ámbitos del DCFR

21. A nivel regional, en el ámbito de la UE, el *Draft Common Frame of Reference (en adelante DCFR)*[217], constituye una iniciativa académica con vocación de creación de un régimen europeo de Derecho patrimonial, cuya principal función está siendo la de servir como inspirador de las reformas de los distintos ordenamientos nacionales[218]. El Libro IX *DCFR*, inspirando en el art. 9 *UCC*, aporta un modelo funcional de garantías que, superando la diversidad existente entre los distintos Estados miembros de la UE, las reduce a dos tipos: por un lado, las generales (*security rights*), posesorias y no posesorias; y, por otro, las basadas en la retención de la propiedad. Además, también crea un Registro público electrónico europeo, cuya anotación

---

216 *Vid.* art. XI del Protocolo Aeronáutico.

217 VON BAR, C., CLIVE, E. y SCHULTE-NÖLKE, H., (ed.), *Principles, definitions and Model Rules of European Private Law. Draft Common Frame of Reference (DCFR)*, Sellier, Munich 2009.

218 La edición preliminar, de 2008, estaba compuesta por siete libros, que contenían el régimen de las obligaciones contractuales, de las obligaciones no contractuales y del enriquecimiento injusto. Al año siguiente, en 2009, la edición final añadió tres libros más: el Libro VIII, dedicado a la adquisición y pérdida de la propiedad sobre los bienes, el libro IX, a las garantías reales sobre los bienes muebles, y el Libro X y último, al Trust; *vid.*, DROBNIG, U., "The Rules on Proprietry Security in Book IX DCFR", en LAUROBA LACASA, E. (dir.) *Garantías reales en escenarios de crisis…*, *op. cit.*, pp. 15-37.

constituye un requisito de oponibilidad de tales garantías, asegurando así su eficacia.

Las garantías reales sobre bienes muebles se encuentran recogidas en el Libro IX (*proprietary security in movable assets*) y reguladas a lo largo de siete capítulos y 131 artículos (art. IX.-1:101 y siguientes). Su ámbito de aplicación material abarca todas las garantías reales clásicas, incluyéndose expresamente en el art. IX.-1:103 (3) la transmisión de propiedad en garantía (*security transfer of ownership*), así como otras de base contractual más propias del ámbito financiero. Las garantías pueden ser presentes o futuras y los supuestos, internos o transfronterizos, sin distinción entre los mismos. El objeto de la garantía puede consistir en cualquier tipo de bien mueble: tangible o intangible, presente o futuro. En cuanto a su ámbito subjetivo también es muy amplio, pues incluye comerciantes, consumidores y trabajadores, aunque en los dos últimos casos se prevén ciertas cautelas[219].

Como la Ley Modelo de UNCITRAL sobre garantías mobiliarias y el Convenio de Ciudad del Cabo, el Libro IX DCFR está influido por el modelo funcional del art. 9 del *Uniform Commercial Code* (en adelante *UCC*) de USA, aunque europeizado. El mismo pretende ser la respuesta a la diversidad de regímenes existente entre los distintos sistemas nacionales, reconduciendo todos los derechos reales de garantía en cosa ajena y las transferencias de propiedad con fines de garantía, incluidas las cesiones de crédito con fines de garantía, a un único derecho de garantía (IX.-1:102). La garantía se configura, así, como un derecho real en cosa ajena por el que el acreedor queda legitimado para ejecutarla sobre el patrimonio del deudor, con objeto de satisfacer la deuda en caso de incumplimiento[220].

---

219 *Vid.* IX.-2:107; IX.-7:103 (2) y IX.-7:107.

220 *Vid.* EIDENMÜLLER, H., FAUST, F., GRIGOLEIT, H.C., JANSEN, N., WAGNER, G. y ZIMMERMANN, R., "El marco común de referencia para el Derecho privado europeo. Cuestiones valorativas y problemas legislativos", *ADC*, vol. 62, nº 4, 2009, pp. 1461-1522 (tra-

Este único tipo de derecho de garantía está sometido a un régimen uniforme de constitución, de prelación y de ejecución, en el que el acreedor garantizado goza tan solo de un derecho de satisfacción preferente frente al resto de acreedores del deudor y no de un derecho de separación del bien sobre el que recae la garantía[221]. Este régimen tan solo presenta una excepción: las garantías basadas en la retención de la propiedad, como la reserva de dominio, que constituyen una categoría separada con rango de "supergarantía", al gozar de un derecho de ejecución separada y no de un mero derecho de satisfacción preferente (arts. IX.-1:102 y IX.-1:103)[222].

El Libro IX está dividido en siete capítulos entre los que se regula, por lo que aquí interesa, el régimen de creación de la garantía, el de su eficacia u oponibilidad frente a ciertos terceros y el de prioridad frente a otros acreedores del deudor en procedimientos individuales y colectivos, en situaciones de ejecución forzosa e insolvencia y, por último, el de ejecución de la garantía en caso de incumplimiento del deudor. A continuación, se destacarán los aspectos más relevantes a efectos de esta obra.

4.2. Constitución de la garantía

22. El Capítulo 2 establece que para la creación o constitución de la garantía basta con un acuerdo válido entre las partes y que tanto el bien sobre el que recaiga la garantía —que debe quedar identificado por las partes y debe ser

---

ducción de B. Rodríguez-Rosado); DROBNIG, U., "The Rules on Proprietary...", pp. 15-37; RODRÍGUEZ OLMOS, J.M., "Algunas observaciones...", *op. cit.*, pp. 3-27.

221 Sobre los efectos de este régimen, *vid.* FABER, W., "Proprietary Security Rights in Movables-European Developments: A Spotlight to Book IX DCFR", *Juridica International*, 22/2014, pp. 27-36, esp. p. 30; RODRÍGUEZ OLMOS, J.M, "Algunas observaciones...", *op. cit.*, p. 22, donde señala que este régimen especial solo afecta a la creación y a la ejecución del derecho.

222 *Vid.* CARO GÁNDARA, R., *La reserva de dominio...*, *op. cit.*, pp. 84-87.

transferible— como la propia garantía, existan realmente. Además, el deudor debe tener un derecho de disposición sobre el bien (art. IX-2: 101, IX-2:102 y IX.-2:105). En realidad no se prohíbe la constitución de garantías sobre bienes futuros, ni sobre derechos futuros, pero, en esos casos los efectos reales solo se producirán a partir de la existencia del bien y la garantía surtirá efectos a partir de la existencia del derecho[223].

No obstante, se establecen reglas especiales para los supuestos en que el otorgante de la garantía sea un consumidor. En esas situaciones los bienes sobre los que recaiga la garantía deben estar identificados individualmente y no se permite que constituya garantías sobre bienes que aún no ha adquirido, salvo que se trate precisamente de la garantía para la adquisición de dicho bien[224]. Igualmente quedan excluidos salarios y pensiones futuras[225].

4.3. Eficacia y oponibilidad frente a terceros

23. Por lo que se refiere a la eficacia y oponibilidad de la garantía frente a determinados terceros, el Capítulo 3 comienza señalando quiénes sean esos terceros: otros titulares de derechos reales sobre el bien gravado, incluidos los derechos reales de garantía; los acreedores que hayan comenzado un procedimiento de ejecución forzosa contra el bien gravado y ya hayan obtenido una posición frente a una subsiguiente ejecución; y, por último, el administrador del procedimiento de insolvencia del deudor, que representa a todos los acreedores no asegurados con derechos reales de garantía en dicho procedimiento [art IX.-3:101 (1)].

La eficacia de la garantía contra estos terceros puede alcanzarse mediante tres sistemas: el registro, la posesión y el control. El más general, para todo tipo de patrimonio, es el

---

[223] Vid comentarios que acompañan al art. IX.-2:102.

[224] Art. IX.-2:107 y comentarios al mismo.

[225] DROBNIG, U., "The Rules on Proprietary Security…", *op. cit.*, p. 24.

registro. En segundo lugar, un derecho real de garantía sobre bienes muebles materiales puede hacerse efectivo mediante la entrega de la posesión al acreedor. Por último, un derecho real de garantía sobre instrumentos financieros es eficaz frente a terceros mediante el ejercicio del "control" sobre los mismos (art. IX-3:102).

No obstante, el capítulo 3 establece que los llamados mecanismos para la financiación de adquisiciones solo serán oponibles si se registran, para lo que concede un período de gracia de 35 días, de forma que, si la garantía se registra durante dicho plazo, su efectividad se retrotraerá al momento de su creación; en caso contrario solo será oponible a partir de la fecha de su registro (art. IX.-3:107). En caso de que el otorgante sea un consumidor, no resulta necesario el registro [art. IX.-3:107 (4)].

4.4. Registro europeo de garantías

24. El Capítulo 3 crea un registro central europeo de garantías, de carácter electrónico y de acceso público [art IX. —3:102 (1) en relación con los arts. IX. —3:301 a IX. —3:303], en el que, siguiendo el modelo de "*notice filling*" del art. 9 *UCC*, quedará registrada una mera notificación de la garantía con un contenido mínimo (art. IX-3:308). Su función es la de fijar la fecha, que servirá a efectos de prelación. Resulta destacable que esas normas no incluyen ninguna previsión relativa a la necesidad de la identificación del bien gravado, ni presuponen que el derecho real de garantía haya sido ya creado. Por ello, resulta posible registrar la garantía antes de que esta haya sido creada conforme al Capítulo 2 e incluso antes de que el acuerdo de garantía se haya celebrado[226].

---

226 *Vid.* FABER, W., "Proprietary Security Rights...", *op. cit.*, pp. 31 y 32, donde señala las ventajas de este sistema de "anotación preventiva" ("advanced filling") para bancos y otros prestamistas, quienes podrán anotar la garantía desde el mismo momento del inicio las negociaciones de un contrato de préstamo, aunque estas no hayan

La anotación en el Registro corresponde directamente al acreedor asegurado [art. IX.-3:305 (1)], si bien necesita el previo consentimiento del deudor garante que se hará constar directamente también en el Registro [art. IX.-3:306 (1) (d) y art. IX.-3:309], pues opera a través de un sistema de acceso directo mediante claves personales [art. IX.-3:302 (1)]. El público en general también tiene acceso al Registro a efecto de consulta del mismo, previo pago de una tasa (art. IX.-3:317). Como la información publicada en el registro es muy básica, se establece la obligación de los acreedores registrados de aportar más información sobre la garantía registrada, en caso de ser requerida por cualquier tercero, siempre que cuente con el consentimiento del deudor otorgante de la garantía (art. IX.-3:319).

4.5. Régimen de prelación

25. El Capítulo 4 regula el régimen de preferencia o rango entre diferentes derechos reales sobre el mismo bien. La regla general es la prioridad temporal (art. IX.-4:101). En cuanto a la relación entre las garantías concurrentes, lo relevante es el momento temporal del registro o de su eficacia conforme al Capítulo 3, en el sentido de que una garantía eficaz posterior prevalece sobre una ineficaz anterior [art. IX.-4:101 (2)]. La regla general presenta una excepción: la "superprioridad" ("*superpriority*") de la que goza la retención de la propiedad sobre cualquier garantía mobiliaria ordinaria, incluso si esta ha sido creada o hecha efectiva con anterioridad (art. IX.-4:102).

4.6. Vida de la garantía

26. El Capítulo 5 regula el período que va desde la creación hasta la extinción de la garantía, destacando su art.

---

concluido, reservándose así la eficacia y prioridad de su futura garantía, incluso de futuras extensiones de su crédito.

IX.-5:203, que autoriza al deudor a utilizar los bienes gravados, adquiridos para uso industrial, y emplearlos para la producción; y el art. IX.-5:204, que autoriza al comerciante o fabricante a disponer de sus existencias y los productos fabricados en el giro ordinario de sus negocios. Por su parte, el Capítulo 6, dedicado a la extinción de la garantía, remite al Libro VIII, relativo al régimen de la propiedad, los supuestos de pérdida del bien gravado por adquisición de un tercero de buena fe (art. IX. —6:102 en relación con el art. VIII.-3:101). En caso de prescripción del derecho garantizado, el art. IX.-6: 103 permite la ejecución de la garantía en el plazo de dos años a partir del momento en que el deudor opuso la prescripción frente al acreedor[227].

4.7. Ejecución de la garantía

27. Por último, el Capítulo 7 cierra el Libro IX con el régimen de ejecución de las garantías en caso de incumplimiento o de insolvencia del deudor, distinguiendo distintos supuestos en atención a la existencia o inexistencia de otros acreedores. En el segundo caso, basta con que la garantía haya sido creada válidamente conforme al Capítulo 2. Por el contrario, en el supuesto de concurrencia con otros acreedores del deudor, la garantía, además de válida, debe ser eficaz frente a los terceros previstos en el Capítulo 3. Concretamente se contemplan dos mecanismos de ejecución, en caso de incumplimiento de la obligación garantizada, uno judicial y otro extrajudicial; debiendo tener lugar este último de forma "comercialmente razonable" y, si es posible, en cooperación con el garante (art. IX-7:103). No obstante, la ejecución extrajudicial no está permitida en caso de que el deudor sea un consumidor, salvo que el acuerdo entre deudor y acreedor sea posterior al incumplimiento [art. IX.-7:103 (2)].

---

[227] Sobre el sentido de esta solución, *vid.*, RODRÍGUEZ OLMOS, J.M., "Algunas observaciones…", *op. cit.*, p. 26.

El Libro IX no permite el pacto comisorio anterior al incumplimiento de la obligación garantizada (art. IX-5:101), salvo que se trate de bienes fungibles que se comercialicen en mercados conocidos con precios publicados (art. IX-7:105). Sin embargo, considera válido el pacto celebrado una vez producido el incumplimiento.

El deudor podrá enervar la garantía si, una vez producido el incumplimiento, procede al pago de la obligación garantizada, siempre que no se haya procedido a la venta o apropiación de los bienes (art. IX.-7:106).

V. UTILIDAD DE LAS PROPUESTAS UNIFICADORAS

28. Las propuestas supranacionales analizadas en este capítulo se presentan como fórmulas materiales que pretenden superar los problemas que plantea la circulación transfronteriza de las garantías mobiliarias. No obstante, su reducido ámbito material de aplicación —en el segundo caso—, o su carácter de *soft law*, como propuestas de modelos de regulación de cara a las reformas de los sistemas nacionales de garantías —en el primero y en el tercero—, impiden en la actualidad considerarlas auténticas soluciones alternativas a las que ofrecen las tradicionales normas conflictuales. Al análisis de estas últimas se dedica el capítulo siguiente.

SEGUNDA PARTE
LA FIDUCIA COMO GARANTÍA TRANSFRONTERIZA

Capítulo IV

Validez y eficacia en España de los negocios fiduciarios de garantía constituidos conforme a los ordenamientos jurídicos alemán y francés

I. INTRODUCCIÓN

1. Los logros alcanzados por los intentos unificadores abordados en el capítulo anterior, incluso los del Convenio de Ciudad del Cabo como instrumento de *hard law*, son aún muy escasos y sectoriales, a pesar de la innegable importancia económica de la materia objeto de regulación. Por tanto, más allá de los mismos, la mayor parte de las operaciones fiduciarias que tienen lugar en el comercio internacional siguen suscitando dos tipos de problemas: unos de alcance más teórico, relativos a su validez y los otros de mayor trascendencia práctica, que se refieren a su eficacia. Cuestiones que, como ya se ha dicho, no están resueltas ni siquiera cuando las operaciones son puramente internas, porque tengan lugar íntegramente en el mercado español. En efecto, como ha sido analizado en el capítulo primero de esta obra, nuestro Derecho común general no las regula, y su encaje no provoca respuestas unánimes ni en la doctrina ni en la jurisprudencia. En realidad, se ha concluido también que las dudas relativas a su admisibilidad no son tales y tienen respuestas difícilmente cuestionables porque ya cuentan con el apoyo unánime de la jurisprudencia; menos unanimidad doctrinal y jurisprudencial encuentran, sin embargo, los aspectos derivados de su eficacia frente a

acreedores —individuales y colectivos— del deudor y terceros.

2. En este contexto se propone ahora abordar qué problemas reales de validez y eficacia plantearían a las autoridades españolas la *Sicherungsübereignung* y la *fiducie-sûreté*, algunos de los cuales ya han sido apuntados *supra*, en el capítulo segundo; no obstante, en este cuarto capítulo serán tratados de forma sistemática, desde una óptica estrictamente internacional privatista[228]. Para ello hay que partir de una premisa: cualquier aproximación a la creación o transmisión de los derechos reales de origen convencional exige distinguir entre aspectos obligacionales y aspectos reales. En este sentido y con carácter muy general cabe afirmar que la ley aplicable a la validez y a todos los aspectos relativos al contenido del contrato de garantía (título), se regulan por la *lex contractus* (art. 12 RRI). Por su parte, la constitución del derecho real, su transmisión o adquisición, el contenido y los efectos (*inter partes* y frente a terceros), así como su publicidad, quedan sometidos a la *lex rei sitae* (art. 10.1 Cc). Por último, pero no menos importante, los efectos de la venta en garantía en los procedimientos de insolvencia se reconducen, *a priori*, a los principios y las normas de la *lex concursus*. Todas estas cuestiones, sin embargo, plantean diversos problemas de aplicación de las normas de conflicto que serán abordados en los epígrafes siguientes, circunscritos a las particularidades específicas de la transmisión de propiedad en función de garantía[229].

---

228 La clasificación de los problemas responde básicamente a la ya realizada por la doctrina especializada; *vid.*, por todos, en la doctrina española, BOUZA VIDAL, N., *Las garantías…*, *op. cit.*, pp. 103-107 y SÁNCHEZ LORENZO, S., *Garantías reales en el comercio internacional (reserva de dominio, venta en garantía y leasing)*, Madrid, Civitas, 1993, pp. 163-176.

229 Para un análisis más completo de la interrelación entre *lex contractus*, *lex rei sitae* y *lex concursus* en relación con otra garantía basada en la propiedad, *vid.* CARO GÁNDARA, R., *La reserva de dominio…*, *op. cit.* pp. 91-135.

II. VALIDEZ EN ESPAÑA DE LA *SICHERUNGSÜBEREIGNUNG* Y DE LA *FIDUCIE-SÛRETÉ*

2.1. Introducción

3. Para que la *Sicherungsübereignung* y la *fiducie-surêté* puedan ser reconocidas en España es necesario que hayan sido creadas válidamente conforme a la ley del Estado de situación del bien en el momento de su constitución (*lex rei sitae*). Además, para asegurar la continuidad del derecho real de garantía, será preciso resolver los problemas de conflicto móvil que provoque el desplazamiento a España del bien mueble; pero eso tampoco es suficiente: se exige también que la ley española reconozca esa garantía extranjera, lo que no debe plantear problemas si encuentra una análoga o equivalente en el foro[230]. Dicho reconocimiento se realiza mediante el método que la doctrina denomina "transposición": procedimiento para resolver los problemas que plantea el fraccionamiento de las relaciones jurídicas continuadas, en caso de conflicto móvil[231]. Este procedimiento se compone de dos fases. En la primera, o de calificación, se busca la equivalencia entre la garantía extranjera y una interna; en la segunda, o de subsunción, se determina si la extranjera reúne los requisitos de la garantía interna para producir los efectos que el Derecho interno le atribuye. Sin embargo, en principio, la técnica de la equivalencia de instituciones se encuentra con una serie de obstáculos a salvar, derivados de la propia configuración que presenta la fiducia en garantía en Derecho español, que ya han sido apuntados *supra*, en el capítulo primero, desde una perspectiva material y que ahora se abordan desde un enfoque conflictual. Estos obstáculos serán analizados básicamente en los

---

230 BOUZA VIDAL, N., *Las garantías…*, *op. cit.*, pp. 195 y 199.

231 *Vid.* BOUZA VIDAL, N., *Problemas de adaptación en Derecho internacional privado e interregional*, Tecnos, Madrid, 1977, pp. 81-92; LAVAL, S., *Les tiers et le contrat. Étude de conflit de lois*, Larcier, Bruselas, 2016, pp. 98-110.

epígrafes que siguen, relativos a la validez en España de las transferencias fiduciarias de la propiedad constituidas conforme a los ordenamientos jurídicos alemán y francés.

2.2. La teoría del título y el modo

4. En España, la transmisión de la propiedad o la constitución de cualquier derecho real requieren la existencia de un título (acuerdo de voluntades o contrato), así como un modo o acto generador de la adquisición del derecho real, que puede ser un traspaso posesorio (*traditio*) o el cumplimiento de determinados requisitos formales (otorgamiento de escritura pública) o de publicidad (inscripción registral). En Derecho alemán la *traditio* se sustituye por un acuerdo traslativo. Sin embargo, en otros ordenamientos jurídicos, de los que el Derecho francés constituye un paradigma, basta el mero acuerdo de las partes (principio consensualista). Por lo que será la ley del lugar de situación del bien en el momento de la realización del acto constitutivo o transmisivo, o de la perfección del contrato o acuerdo, la que determine cuáles sean los requisitos exigidos[232].

5. Si el bien se encuentra en Alemania en ese momento, el Derecho alemán, en cuanto *lex rei sitae*, exige *traditio* para la constitución de la *Sicherungsübereignung*, que constituye un negocio abstracto respecto del acuerdo de garantía. La misma puede tener lugar mediante la entrega de la cosa, aunque resulta más común que se realice a través de un acuerdo traslativo (*constitutum possessorium*) o de la cesión al tomador de la acción reivindicatoria[233]. El *constitutum possessorium* no parece vulnerar ninguna norma imperativa española, ni el orden público del foro. Dicho acuerdo traslativo expreso es admitido en Derecho español para los casos en que la cosa vendida no pueda trasladarse al comprador en el momento de perfeccionarse la venta, según el art. 1463

---

232 *Id.*, p. 196.

233 *Vid. supra*, capítulo segundo.

Cc; precepto que, interpretado en sentido amplio, lleva a la doctrina a concluir que en Derecho español es admisible la transmisión de la propiedad o la constitución de cualquier otro derecho real por mero acuerdo de las partes[234].

6. Si el bien se encuentra en Francia en el momento de la constitución, aunque el Derecho francés (*lex rei sitae*), represente el paradigma de sistema consensualista, en este caso exige, como requisito de validez de la *fiducie-surêté*, que se constituya mediante contrato solemne, que debe constar por escrito y contener determinadas menciones obligatorias, incluida la deuda garantizada, así como el valor estimado del bien transferido al patrimonio fiduciario; además, el contrato debe ser registrado en el servicio de impuestos y en el Registro nacional de fiducias, inscripción que no cumple una función de publicidad para su oponibilidad frente a terceros —pues no está destinado a ser consultado por éstos—, sino de control fiscal y de prevención del blanqueo de capitales[235].

Si el bien es trasladado a España después de haberse perfeccionado el contrato y constituido la *fiducie-sûreté* conforme al Derecho francés (*lex rei sitae* en el momento de la constitución), no debe plantearse ningún problema de reconocimiento de su validez en nuestro país, pues en caso de garantías reales sin desplazamiento tampoco hay *traditio* en Derecho español, sino cumplimiento de determinados requisitos formales o de publicidad. Ahora bien, si estos últimos no son considerados por los tribunales españoles como modos de adquisición del derecho real, en el sentido de condiciones de validez de su constitución, sino como condiciones de oponibilidad frente a terceros, pueden quedar sometidos a la ley española a partir del momento en que el bien es trasladado a España. Pero esta será una cues-

---

234 BOUZA VIDAL, N., *Las garantías…*, *op. cit.*, p. 75, siguiendo a Díez-Picazo.

235 *Vid. supra*, capítulo segundo.

ción de eficacia[236] a abordar *infra*, en el epígrafe dedicado a los efectos frente a terceros.

2.3. El principio de causalidad y la relación de accesoriedad entre contrato principal y contrato de garantía

2.3.1. Precisiones terminológicas

7. La doctrina civilista española sostiene, con carácter general, siguiendo a Federico De Castro, que una de las principales dificultades para admitir en España los negocios fiduciarios de transmisión de la propiedad en garantía de una deuda, es que la garantía no es una causa válida para transmitir la propiedad en nuestro ordenamiento jurídico; mientras que, en Derecho alemán, ese problema no existe, porque su sistema de transmisión es abstracto; es decir, permite la transmisión de propiedad sin causa que la justifique[237].

8. Para valorar esa afirmación resulta necesario, en primer lugar, distinguir entre causa del contrato y causa de la transmisión. La causa del contrato o, mejor, de las obligaciones nacidas del contrato, es la contraprestación de la otra parte. En efecto, como establece el art. 1274 Cc, "en los contratos onerosos, se entiende por causa, para cada parte contratante, la prestación o promesa de una cosa o servicio por la otra parte; en los remuneratorios el servicio o beneficio que se remunera, y en los de beneficencia, la mera liberalidad del bienhechor". En este sentido —y salvo las excepciones establecidas en la ley, en ambos ordenamientos jurídicos, para los negocios unilaterales—, tanto el sistema contractual español como el alemán, son causales; es decir, en ninguno de ellos surge la obligación de una parte sin contraprestación de su contraparte. La consecuencia,

---

236 *Vid.* BOUZA VIDAL, N., *Las garantías, op. cit.*, pp. 197-198.

237 DE CASTRO Y BRAVO, F., *El negocio…, op. cit.*, p. 380; igualmente GALICIA AIZPURUA, G., *Causa y garantía fiduciaria*, Tirant lo blanch, Valencia, 2012, p. 207.

en uno y otro, es la misma: la falta de contraprestación da lugar a la nulidad del contrato[238].

No obstante, también se entiende como causa del contrato la función económico-social que justifica la voluntad de las partes. Desde ese punto de vista se afirma que la venta en garantía es un negocio simulado, porque las partes no pretenden, realmente, transmitir el dominio, sino asegurar una obligación. Es en este sentido en el que parte de la doctrina española sostiene que la causa del negocio de garantía no justifica la transmisión de la propiedad. Sin embargo, resulta discutible dicha interpretación de la causa del contrato, que constituye una limitación de la autonomía de la voluntad sin suficiente apoyo legal. De hecho, cuando se realiza una transmisión de propiedad en garantía en España se disimula bajo una compraventa, ante el temor de su falta de aceptación: es decir, el negocio simulado sería la compraventa y el disimulado la venta en función de garantía, por lo que esta última no puede constituir un negocio simulado y disimulado a la vez[239].

La causa de la transmisión, sin embargo, hace referencia a la relación obligatoria previa que la justifica. Solo en este sentido se predica la diferencia entre el ordenamiento jurídico alemán y el español: mientras que el sistema de transmisión alemán es abstracto, el español es causal. Pues en el primero, la transmisión tiene lugar aunque el negocio del que traiga causa no exista o sea nulo, siempre que medie un acuerdo traslativo[240]; mientras que en el segundo, la nulidad o inexistencia del contrato impedirá que se pro-

---

238 *Vid.* RODRÍGUEZ-ROSADO, B., "La transmisión…", *op. cit.*, pp. 76 y 77 y doctrina allí citada.

239 En este sentido, *vid.* RODRÍGUEZ-ROSADO, B., "La transmisión…", *op. cit.*, p. 81. *Vid.* también STS 268/220, de 9 de junio de 2020 (RJ 2020/1594).

240 *Vid.* KREUZER, K., "La proriété mobiliére en droit international privé", *Rec. des Cours*, T. 259, 1996, pp. 9-318, esp. p. 110, donde señala que el consentimiento de las partes no solo sirve para crear la obligación de transferir, sino que también cumple la función de transmitir la propiedad.

duzca la transmisión. Aplicado ese esquema al acuerdo de garantía celebrado conforme al Derecho alemán, ello significa que dicho acuerdo funciona como causa de la transmisión de propiedad. No trae causa de ningún otro negocio, sino que la encuentra en sí mismo, porque la garantía se presta a cambio de la obligación que asume el adquirente de retransmitir la propiedad cuando la deuda sea satisfecha[241]. No obstante, aunque en Derecho alemán opere la transmisión a pesar de la falta de causa de la misma, ello no impide que dé lugar a una pretensión readquisitiva a favor del transmitente, mediante el ejercicio de las acciones de enriquecimiento injusto de los §§ 812 y siguientes del *BGB*, aunque con efectos meramente obligacionales entre las partes y sin eficacia frente a terceros adquirentes; pues, es precisamente el interés de tales terceros el que justifica dicho carácter abstracto[242].

9. En segundo lugar, también resulta necesario distinguir entre abstracción y falta de accesoriedad de la garantía respecto del crédito garantizado con la misma. En Derecho español, el contrato de garantía es accesorio respecto del contrato principal (préstamo), mientras que en Derecho alemán a la transmisión en garantía tampoco le afecta la validez del contrato de préstamo. Esa circunstancia no responde al principio de abstracción, sino a la inexistencia de accesoriedad entre contrato principal y acuerdo de garantía. Ello es así porque se trata de dos negocios independientes, salvo que las partes, expresa e inequívocamente, hayan hecho depender la transmisión en garantía de la subsistencia del crédito garantizado. Téngase en cuenta que cantidad entregada en concepto de préstamo y bien fiduciado no constituyen prestaciones recíprocas, sino obligaciones diversas de estructura inversa, siendo así que una de ellas garantiza la otra[243]. Precisamente, esto es lo que distingue

---

241 *Vid.*, RODRÍGUEZ-ROSADO, B., "La transmisión…", *op. cit.*, p. 79.

242 *Vid.* RODRÍGUEZ-ROSADO, B., "La transmisión…", *op. cit.*, p. 78.

243 Como señala RODRÍGUEZ-ROSADO, B., *Fiducia…*, *op. cit.*, pp. 203 y 253-254.

la fiducia *cum creditore* o venta en garantía, de la venta con pacto de retro, venta suspensivamente condicionada al impago de una deuda o venta con pacto de reventa, o cualquier otro negocio de compraventa con finalidad indirecta de crédito, que no sea técnicamente negocio de préstamo con garantía[244].

2.3.2. Ley aplicable a la validez del contrato *versus* ley aplicable a la constitución del derecho real

10. Aunque haya que realizar un análisis distributivo de leyes, pues los aspectos relativos a la validez del título se determinan conforme a la *lex contractus* [art. 10, 11 y 12.1 e) RRI], mientras que los referidos a la transmisión o modo de adquisición del derecho real se rigen por la *lex rei sitae* en el momento de constitución, (art. 10.1 Cc), ha de tenerse en cuenta que, en un sistema causalista como el español, la validez del contrato es un *prius* lógico a resolver, ya que condiciona la propia existencia del derecho real de garantía que crea. En virtud del art. 3 del RRI, la *lex contractus* es la elegida por la partes y, en defecto de elección conforme al citado precepto, si el contrato tiene por objeto la constitución de una fiducia en garantía sobre un inmueble, la ley que rija el contrato será la ley del país donde esté sito el inmueble [art. 4.1 c) RRI], mientras que si se trata de constituir una fiducia en garantía sobre un bien mueble, será la ley del país donde tenga su residencia habitual la parte que deba realizar la prestación característica del contrato (art. 4.2 RRI), en este caso el fiduciante; salvo que del conjunto de las circunstancias se desprenda claramente que el contrato presenta vínculos manifiestamente más estrechos con otro Estado, en cuyo caso se aplicará la ley de este último (art. 4.3 RRI). Del mismo modo, se aplicará el ordenamiento jurídico del Estado que presente los vínculos más estrechos cuando la ley aplicable no pueda determinarse

---

244 *Vid. supra*, capítulo primero.

conforme a la presunción del apartado 1 del citado precepto (art. 4.4 RRI).

11. El art. 10 RRI establece que la existencia y validez del contrato o de cualquiera de sus disposiciones, están sometidas a la ley que sería aplicable en virtud del presente Reglamento si el contrato o la disposición fueran válidos; si bien, para establecer que no ha dado su consentimiento, cualquiera de las partes podrá referirse al ordenamiento del país en que tenga su residencia habitual, si de las circunstancias resulta que no sería razonable determinar el efecto de su comportamiento según la ley aplicable en el caso de que el contrato fuera válido. Para que el contrato exista y sea válido resulta necesario, en Derecho español, que concurran los elementos esenciales (consentimiento, objeto y causa), que no existan vicios del consentimiento (en virtud de error, dolo, intimidación...), que el objeto y la causa sean lícitos, etc.[245] Esta ley será aplicable, igualmente, a las consecuencias de la nulidad del contrato [art. 12.1 e) RRI]. Queda excluida de su ámbito de aplicación —a pesar de tratarse de un aspecto vinculado a la validez del contrato— la capacidad de las partes para contratar [art. 1.2.º a) y f) RRI], que se regirá, con excepciones (art.

---

245 Téngase en cuenta que en algunos ordenamientos jurídicos la causa no es un elemento esencial del contrato, así ocurre en Derecho inglés y en Derecho alemán; igualmente ha desaparecido del *Code civil* francés a partir de la reforma de 2016. Las funciones atribuidas a la causa en los sistemas causalistas, se cumplen en esos otros ordenamientos jurídicos a través de diversos expedientes como la buena fe y los deberes asociados a la misma, también conocidos en nuestro Derecho; *vid.*, en este sentido, QUIÑONES ESCÁMEZ, A., "El derecho contractual francés", *op. cit.*, pp. 267-269; CARO GÁNDARA, R. "En la secular búsqueda europea de un paradigma de justicia contractual: el enfoque de justicia relacional", en SÁNCHEZ LORENZO, S. (ed.), *Derecho contractual comparado. Una perspectiva europea y transnacional*, Aranzadi, Cizur Menor, 2016, pp. 55-118.

13 RRI)[246], por su ley nacional, según la norma de conflicto española (art. 9.1 Cc)[247].

12. La *lex contractus* regirá también el contenido del contrato, es decir, las obligaciones de las partes y las consecuencias del incumplimiento [art. 12. 1 b) y c) RRI]. Concretamente, la obligación del fiduciario de retransmitir el bien una vez cumplida la obligación garantizada, así como los deberes de conservación y administración de este, que pueden corresponder a fiduciante o fiduciario, dependiendo de si ha habido o no desplazamiento de la posesión. Esta ley regirá, igualmente, la interpretación del contrato [art. 12. 1 a) RRI], así como su extinción [art. 12.1.d) RRI].

13. La aplicación de la *lex conctractus* puede quedar desplazada por normas imperativas del foro, como pueden ser no solo las normas de protección de intereses públicos, sino también las encargadas de velar por el equilibrio contractual o la buena fe en los contratos: bien con carácter de normas materiales imperativas o normas de policía del foro (art. 9 RRI)[248], bien a través de la excepción de orden

---

246 El art. 13 RRI regula la excepción de interés nacional bajo la rúbrica "*Incapacidad*", en los siguientes términos: "en los contratos celebrados entre personas que se encuentren en un mismo país, las personas físicas que gocen de capacidad de conformidad con la ley de ese país solo podrán invocar su incapacidad resultante de la ley de otro país si, en el momento de la celebración del contrato, la otra parte hubiera conocido tal incapacidad o la hubiera ignorado en virtud de negligencia por su parte".

247 Art. 9.º.1 Cc: "La ley personal correspondiente a las personas físicas es la determinada por su nacionalidad. Dicha Ley regirá la capacidad...".

248 Como señala el considerando 37 RRI, "consideraciones de interés público justifican, en circunstancias excepcionales, el recurso por los tribunales de Estados miembros a excepciones basadas en el orden público y en leyes de policía". El propio considerando aclara que el concepto "leyes de policía" es distinto de disposiciones que no pueden excluirse mediante acuerdo y debe ser objeto de una interpretación más restrictiva. El art. 9 RRI define la ley de policía como una "disposición cuya observancia un país considera esencial para la salvaguardia de sus intereses públicos, tales como la organización política, social o económica, hasta el punto de exigir su apli-

público (art. 21 RRI)[249]. Así ocurre en relación a la prohibición del pacto comisorio de las garantías contenida en el art. 1859 Cc., para el caso de que se considere que este es una cláusula del contrato, frente a quienes lo califican como cuestión de ejecución del derecho real y lo someten a la ley aplicable al mismo (*lex rei sitae*)[250]. La relevancia de estas cuestiones exige un mayor desarrollo de cada una de ellas, lo que se hará *infra*, en este mismo capítulo.

14. En Derecho alemán, la *Sicherungsübereignung* es un negocio abstracto, que no queda afectado, en principio, por la invalidez del acuerdo de garantía, salvo que las partes expresamente lo hayan hecho depender del mismo[251]. Eso sería así si el bien se encontrara en Alemania en el momento de la transmisión; pero si el bien hubiera sido trasladado a España antes y se localizara en nuestro país en ese momento, aunque al acuerdo resultara aplicable el Derecho alemán en virtud de los preceptos citados del RRI, los aspectos relativos a la constitución del derecho real se regirían por la ley española (art. 10.1 Cc) y, por tanto, la

---

cación a toda situación comprendida en su ámbito de aplicación, cualquiera que fuese la ley aplicable al contrato según el presente Reglamento".

249 El art. 21 RRI señala que "solo puede excluirse la aplicación de una disposición de la ley de cualquier país designada por el presente Reglamento si esta aplicación es manifiestamente incompatible con el orden público del foro".

250 Sobre la polémica acerca de calificar el pacto comisorio como cuestión obligacional o real, *vid.*, BOUZA VIDAL, N., *Las garantías…*, *op. cit.*, pp. 140-144; en el sentido de entender el pacto comisorio como modo de realización de la garantía y, por tanto, sometido a la *lex rei sitae*, *vid.* en la doctrina francesa, AUDIT., B. y D'AVOUT, L., *Droit international privé*, LGDJ, París, 2022, p. 755; AUDIT., B., *Droit international privé*, 2, Economica, París, 2010, p. 675; en la doctrina española, FORNER DELAYGUA, J.J., "Garantías reales mobiliarias. Las garantías internacionales: La Ley aplicable", en LAUROBA, Mª E. y MARSAL, J. (eds.), *Garantías reales mobiliarias en Europa*, *op. cit.*, pp. 139-164, esp. p. 149, se decanta por la aplicación de la *lex rei sitae* o por la ley del lugar de ejecución; se considera en su dimensión de pacto y, por tanto, sometido a la *lex contractus*, en CARO GÁNDARA, R., *La reserva de dominio…*, *op. cit.*, p. 98.

251 *Vid. supra*, capítulo segundo.

constitución de la garantía real quedaría sometida a las vicisitudes del acuerdo de garantía, en virtud del principio de causalidad sobre el que se sustenta el Derecho español.

Por el contrario, la *fiducie-sûrété* francesa se constituye mediante un contrato[252] a cuyas vicisitudes queda vinculada la existencia de la garantía, pues en el Derecho francés, si bien ha desaparecido la causa como elemento esencial de los contratos, esa desaparición nada tiene que ver con su sistema de constitución de derechos reales de origen contractual y de transmisión de la propiedad, que sigue siendo consensualista y casualista.

> En esta obra no se comparte la interpretación que realiza cierta doctrina internacional privatista francesa que entiende que la *fiducie-sûreté* regulada en el *Code civil*, al constituir un patrimonio separado, debe subsumirse en la definición de *trust* que realiza el art. 2 del Convenio de La Haya de 1 de julio de 1985 sobre la ley aplicable al *trust*[253], firmado por Francia en 1991, pero aún no ratificado por ese país[254]. Especialmente no se comparte la consecuencia que extrae de la calificación como *trust* de la *fiducie-sûreté*: la exclusión de la garantía francesa del ámbito de aplicación material

---

[252] *Ibid.*

[253] Art. 2: "A los efectos del presente Convenio, el término *trust* se refiere a las relaciones jurídicas creadas — por acto inter vivos o *mortis causa* — por una persona, el constituyente, mediante la colocación de bienes bajo el control de un *trustee* en interés de un beneficiario o con un fin determinado. El *trust* posee las características siguientes:
a) los bienes del *trust* constituyen un fondo separado y no forman parte del patrimonio del *trustee*;
b) el título sobre los bienes del *trust* se establece en nombre del *trustee* o de otra persona por cuenta del *trustee*;
c) el *trustee* tiene la facultad y la obligación, de las que debe rendir cuenta, de administrar, gestionar o disponer de los bienes según las condiciones del *trust* y las obligaciones particulares que la ley le imponga.
El hecho de que el constituyente conserve ciertas prerrogativas o que el *trustee* posea ciertos derechos como beneficiario no es incompatible necesariamente con la existencia de un *trust*".

[254] *Vid.* DAMMANN, R., *Travaux du Comité François de droit international privé*, Année 2008-2010, Pédone, París, 2011, p. 20.

del RRI, en virtud de su art. 1.2[255]. No obstante, la citada doctrina señala que, a día de hoy, antes de dicha ratificación, teniendo en cuenta que la *fiducie-sûreté* se constituye mediante un contrato, la *lex contractus* rige el contrato de crédito subyacente, la constitución de la *fiducie-sûreté,* los derechos y obligaciones de las partes, las normas imperativas relativas a los requisitos de la ejecución de la garantía en caso de incumplimiento, como la valoración del bien por terceros independientes; quedando sometida a la ley de situación del bien la oponibilidad de la garantía a los terceros, la publicidad como requisito de oponibilidad a los terceros y el principio de tipicidad de los derechos reales, entre otras cuestiones[256]. En este sentido debe recordarse que el *Informe relativo al Convenio sobre la ley aplicable a las obligaciones contractuales, elaborado por los profesores Mario Giuliano, de la Universidad de Milán, y Paul Lagarde, de la Universidad de París I*[257], señalaba que "[L] a exclusión contemplada en la letra g) del apartado 2, tiene por objeto los *trusts,* tal como los conciben los países de la *Common Law.* Se ha empleado justamente el término inglés «trusts» para definir debidamente el alcance de la exclusión. En cambio, las instituciones semejantes de derecho continental caen bajo el ámbito del Convenio, pues normalmente son de origen contractual. El juez tendrá, sin embargo, la posibilidad de asimilarlas a las de la *Common Law* cuando presenten las mismas características"[258]. Para que este último inciso resulte menos distorsionante, debería interpretarse en el sentido de que no hace referencia a las instituciones de Derecho continental que tienen naturaleza contractual[259]. No obstante, el debate sobre las razones de la exclusión es mucho más

---

255 Art. 1.2 RRI: "Se excluyen del ámbito de aplicación material del presente Reglamento h) la constitución de *trust* y las relaciones entre los fundadores, administradores y beneficiarios".

256 DAMMANN, R., *Travaux du Comité François…, op. cit.,* pp. 24 y 25.

257 *DO* 1980, C 282, p. 1.

258 Anexo V, pfo. A.5.18.

259 En este sentido, CHECA MARTÍNEZ, M., *El trust angloamericano en el Derecho español,* McGraw-Hill, Madrid, 1998, p. 124, señala que: "…la naturaleza contractual y el carácter personal de las obligaciones que genera la fiducia es incuestionable y, por tanto, también lo será su inclusión en el ámbito de aplicación del Convenio de Roma".

amplio y excede de la naturaleza de las relaciones jurídicas y del objeto de esta obra[260].

2.3.3. Ley aplicable al contrato de préstamo *versus* ley aplicable al contrato de garantía

15. En Derecho alemán la transmisión en garantía no es accesoria del contrato de préstamo[261], por lo que la inexistencia del crédito garantizado no afecta a la primera[262]. Por el contrario, en Derecho francés y español sí existe dicha relación de accesoriedad[263]. Por tanto, si la ley aplicable al contrato de garantía es la francesa o la española, la nulidad (i.e. por ser usurario) del contrato de préstamo, conforme a su propia *lex contractus*, determinará la del contrato de garantía, aunque según la ley aplicable a este último, el contrato principal deba considerarse válido[264].

---

260 No debería tenerse en cuenta a estos efectos, por responder a un enfoque que poco o nada tiene que ver con la discusión sobre la naturaleza jurídico-privada de las relaciones objeto de la fiducia, el *Informe por el que se evalúa si los Estados miembros han identificado debidamente y han sometido a las obligaciones establecidas en la Directiva UE 2015/849 a todos los* trusts *e instrumentos jurídicos análogos que se rigen por sus leyes* [Bruselas, 16.9.20 – COM (2020) 560 final]. En el mismo, la Comisión Europea considera que la fiducia en garantía francesa, así como la española, son figuras funcionalmente análogas al *trust* anglosajón, pero solo a efectos de la Directiva de 20 de mayo de 2015 relativa a la prevención de la utilización del sistema financiero para el blanqueo de capitales o la financiación del terrorismo (*DO* L 141 de 5.6.2015).

261 *Vid. supra*, capítulo segundo.

262 *Vid.* WESTERMANN, H., WESTERMANN, H.P., GURSKY, K-H. y EICKMANN, D., *Derechos reales*, *op. cit.*, p. 348 (de la traducción p. 597).

263 *Vid.* RODRÍGUEZ-ROSADO, B., *Fiducia…*, *op. cit.*, p. 254.

264 *Vid.*, BOUZA VIDAL, N., *Las garantías…*, *op. cit.*, p. 126, donde se señala que la ley aplicable al contrato principal determinará las consecuencias de la nulidad de éste sobre la exigibilidad del contrato de garantía; SÁNCHEZ LORENZO, S., *Garantías reales…*, p. 164, atribuye al principio de causalidad la incidencia de la validez del contrato principal sobe la garantía.

2.4. *El principio de tipicidad de los derechos reales*

16. En Derecho español rige el principio de *numerus clausus* de los derechos reales y el correlativo principio de inexistencia de privilegios sin ley, que tienen por objeto proteger la seguridad del tráfico. Ello podría impedir la eficacia en España de la *Sicherungübereignung* y de la *fiducie-sûreté,* aunque estas garantías hayan sido constituidas válidamente conforme a su ordenamiento jurídico respectivo.

Por el principio de tipicidad de los derechos reales se entiende el conjunto de reglas existentes en un determinado Estado en virtud de las cuales no se permite la creación de derechos reales por la mera autonomía de la voluntad de las partes. O, dicho de otro modo, el citado principio solo permite que los derechos reales puedan constituirse válidamente de conformidad con los tipos reconocidos por el Derecho de ese Estado; debiendo ser respetadas las exigencias que este último establezca en relación con el modo de constitución y el concreto contenido de las prerrogativas que ofrezca a su titular. Por lo que serán ineficaces los derechos reales que no respondan a esos tipos legales[265].

17. Como ya se concluyó en el capítulo primero, el contrato de transmisión de propiedad en garantía es considerado válido por nuestra jurisprudencia, es decir, no plantea problemas en las relaciones *inter partes,* tanto si se acepta la teoría clásica de la fiducia o teoría del doble efecto, como

---

265 AKKERMANNS, B. "The numerus clausus of property rights", en GRAZIADEI, M., y SMITH, L., *Comparative Property Law,* Edward Elgar, Cheltenham/Northampton, 2017, pp. 100-120; D'AVOUT, L., *Sur les solutions du conflit de lois en droit des biens,* Economica, París, 2006, pp.665-666. En Derecho alemán, donde nació —atribuido a la influencia del Derecho romano en la obra de Savigny—, el principio de limitación o *numerus clausus* de los derechos reales se ha relativizado en buena medida desde que la práctica jurisprudencial ha creado o ha admitido nuevos derechos reales como la *Sicherungsübereignung* o transferencia fiduciaria de la propiedad de bienes muebles. En ese caso, la fuente de los mismos no es la autonomía de la voluntad sino la práctica jurisprudencial; *vid.* PRÜTTING, H., *Sachenrecht, op. cit.,* marg. 20.

si se rechaza. En el primer caso, recordando lo señalado *supra*, dicha teoría sostiene que lo que se transmite es un derecho real conocido y típico, la propiedad plena (como en la *fiducie-sûreté* francesa). En el segundo, sin embargo, se trata de un derecho real atípico, pero no desconocido en la práctica ni rechazado por la jurisprudencia (como la *Sicherungsübereignung* alemana, derecho de propiedad limitado), y ello porque las partes pueden crear derechos reales atípicos en virtud del principio de libertad de pactos del art. 1255 Cc. La cuestión a dilucidar no es, por tanto, de validez, sino de eficacia frente a terceros que tal garantía podría desplegar en España, donde sí actúa el principio de tipicidad de los derechos reales; pero esos problemas serán analizados *infra*, en este mismo capítulo, en el epígrafe relativo a los efectos frente a terceros.

18. En efecto, la suerte que pueda correr en España la transferencia fiduciaria de propiedad constituida conforme a un ordenamiento jurídico extranjero, como el Derecho alemán y el francés, dependerá de la interpretación que se haga del principio de tipicidad o estandarización de los derechos reales. Así, una interpretación amplia del mismo supondría el consiguiente rechazo de todo derecho real extranjero que no se correspondiera con los tipos y el contenido de los conocidos en nuestro ordenamiento jurídico. Sin embargo, una interpretación más restrictiva de dicho principio reduciría los supuestos de denegación del reconocimiento de la garantía extranjera, limitándolos a los casos en que la ley de su constitución atribuyera a su titular poderes incompatibles con los previstos en el foro. De esta manera aumentarían las probabilidades de que una garantía extranjera pudiese tener eficacia jurídico-real en España. Por tanto, según esta reducción teleológica del principio de tipicidad de los derechos reales, tan solo quedarían excluidas las fórmulas ampliadas o extendidas del Derecho alemán, en las que el gravamen garantiza todas las deudas presentes y futuras entre acreedor y deudor, por constituir condiciones abusivas y, por tanto, atentar contra el principio de buena fe, ya que impiden que el deudor se

libere mediante el pago de la concreta deuda que originó la garantía[266].

2.5. La prohibición del pacto comisorio y de la usura

19. Comenzando por la cuestión más simple de la usura, cuyos antecedentes históricos y estado actual en el Derecho español han sido tratados *supra*, en el capítulo primero, esta hace referencia a la proscripción de unos intereses desproporcionados. Si bien es cierto que una fiducia podría garantizar un préstamo usurario, también lo es que es el contrato de préstamo —y no la garantía— el que vulneraría dicha prohibición contraria al orden público internacional español[267]. En segundo lugar, la venta en garantía podría venir acompañada de un pacto comisorio, cuyos perfiles también han sido abordados *supra*, en los tres capítulos de la primera parte de esta obra. Recuérdese que está permitido con ciertas limitaciones en los ordenamientos jurídicos alemán y francés, pero plantea problemas de admisibilidad en España, si se considera que vulnera el orden público internacional español.

20. En este mismo capítulo se ha hecho referencia a que el Reglamento Roma I contiene el régimen general que determina el ordenamiento aplicable a los contratos transfronterizos en todos los EE.MM. de la UE, salvo Dinamarca. Como se ha señalado someramente, el Reglamento, partiendo del principio de autonomía de la voluntad conflictual (art. 3), otorga gran libertad a las partes para elegir la

---

266 BOUZA VIDAL, N., "La armonización de la publicidad registral de las garantías mobiliarias: una alternativa a la *lex rei sitae*", en FORNER DELAYGUA, J.J., GONZÁLEZ BEILFUSS, C., VIÑAS FARRÉ, R. (coord.), *Entre Bruselas y La Haya. Estudios sobre la unificación internacional y regional del Derecho internacional privado. Liber Amicorum Alegría Borrás*, Marcial Pons, Madrid, 2013, pp. 255-265, esp. p. 257; FERNÁNDEZ ROZAS, J.C. y SÁNCHEZ LORENZO, S., *Derecho internacional privado*, decimosegunda edición, Aranzadi, Cizur Menor, 2022, p. 825.

267 *Vid.* RODRÍGUEZ-ROSADO, B., "La transmisión…", *op. cit.*, pp. 81-82.

ley aplicable a sus contratos, a la vez que prevé reglas para determinar la ley aplicable a falta de elección en su art. 4, basadas en el principio de proximidad, a través de una serie de presunciones, corregidas por una cláusula de excepción o cláusula de escape y una cláusula de cierre del sistema, basada en los vínculos más estrechos. El ordenamiento así designado regirá la práctica totalidad de los aspectos del contrato y deberá ser aplicado por las autoridades españolas que conozcan del fondo del asunto; y ello, aunque se trate de un ordenamiento de un Estado no miembro de la UE, en virtud del carácter universal de las normas del Reglamento (art. 2).

No obstante, como señala el considerando 37 RRI, "consideraciones de interés público justifican, en circunstancias excepcionales, el recurso por los tribunales de los Estados miembros a excepciones basadas en el orden público y en leyes de policía". El propio considerando aclara que el concepto "leyes de policía" es distinto del de "disposiciones que no pueden excluirse mediante acuerdo", debiendo, en consecuencia, ser objeto de una interpretación más restrictiva. En tal sentido, el art. 9 RRI define la "ley de policía" como una "disposición cuya observancia un país considera esencial para la salvaguardia de sus intereses públicos, tales como la organización política, social o económica, hasta el punto de exigir su aplicación a toda situación comprendida en su ámbito de aplicación, cualquiera que fuese la ley aplicable al contrato según el presente Reglamento". Así que, si el litigio se ventila ante los tribunales españoles, estos deberán aplicar las normas de policía españolas y, en determinadas circunstancias, podrán dar efecto a las leyes de policía de otros Estados en los que se deban ejecutar las obligaciones derivadas del contrato, en la medida en que tales leyes de policía hagan la ejecución del contrato ilegal.

Por su parte, la formulación negativa del orden público se contiene en el art. 21 RRI, al señalar que solo cabe excluir la aplicación de una disposición de la ley de cualquier país designada por el mismo, si es manifiestamente incompatible con el "orden público del foro". El concepto de orden público al que alude dicho precepto es el internacional y no el interno (entendido este último como disposiciones imperativas o no derogables por la voluntad las partes). Es decir, el concepto de orden público internacional español hace referencia al conjunto de principios que inspiran nuestro ordenamiento jurídico y que reflejan los valores esenciales de la sociedad en un determinado momento histórico-político. Desde el punto de vista del Derecho positivo, tal orden público internacional coincide con las denominadas "normas materiales internacionalmente imperativas", o "normas de aplicación necesaria o inmediata", o "de imperatividad reforzada", o "de orden público internacional", aplicables al tráfico externo. Como ya se ha señalado en relación al art. 9 RRI, tales disposiciones encuentran su fundamento en un interés público de tal magnitud que justifican su aplicación a pesar de lo establecido en la *lex contractus*.

En particular, el concepto "leyes de policía" utilizado en el art. 9 RRI alude a las "normas materiales internacionalmente imperativas". Por su redacción ("*disposición cuya observancia un país considera esencial para la salvaguardia de sus intereses públicos, tales como la organización política, social o económica...*") parece circunscribirse a las denominadas "normas ordopolíticas". Sin embargo, resulta preciso determinar si en dicho concepto pueden subsumirse también las de orden público calificadas como "normas de protección" del equilibrio y la justicia contractual, ya se trate de normas del foro o del lugar de ejecución del contrato; e incluso de terceros países. Con todo, en relación a esta última cuestión, el tenor literal del precepto —y la necesidad de su interpretación restrictiva señalada por el TJUE[268], no permite incluir las normas de terceros Estados que no sean el del lugar de ejecución (art. 9.3 RRI) —salvo si se trata de tenerlas en cuenta como meras circunstancias fácticas—. Tampoco quedan incluidas las normas de la *lex causae* que presenten dicho carácter —éstas serán de aplicación, en principio, en

[268] STJUE de 18 octubre 2016, as. C-135/15, ECLI: EU: C:2016:774.

la medida en que forman parte de la ley aplicable al contrato, como ocurre con las de orden público interno y con sus normas dispositivas—. En cualquier caso, entre las leyes de policía del foro (art. 9.2 RRI) estarán incluidas las normas de la UE, ya sean "normas ordopolíticas", en su caso, tendentes a preservar las libertades UE, ya sean "normas de protección" del equilibrio contractual (i. e. frente a cláusulas abusivas)[269].

21. Como se ha apuntado *supra*, en el capítulo primero, el Código civil español prohíbe el pacto comisorio sólo en relación a las garantías reales típicas —prenda e hipoteca (art. 1.859 Cc) y anticresis (art.1.884 Cc) —; no obstante, también debe entenderse prohibido para las atípicas, que no están previstas en la ley. Sostener lo contrario supondría frustrar el fin de la norma, incluida en el Código civil, que pretende impedir que el acreedor se lucre a costa del deudor, como consecuencia del desequilibrio económico de las prestaciones recíprocas, lo que como se verá *infra*, no solo podría perjudicar los intereses del deudor, sino también los de sus acreedores y otros terceros. Por tanto, al ser el de fiducia un auténtico contrato de garantía real, debe someterse a los principios generales que regulan los derechos de garantías en Derecho civil común español, que prohíben el pacto comisorio, entendido en su sentido tradicional o de apropiación del bien dado por el deudor en garantía de una deuda, en caso de impago de la misma.

> No obstante el desacuerdo, mostrado en el primer capítulo, con la parte del texto de esta sentencia que califica la transmisión de propiedad en función de garantía como negocio fraudulento por estar disimulado bajo una compraventa, se vuelve a traer aquí la STS 77/2020, de 4 de febrero de 2020 (Fundamento de Derecho Segundo), porque reitera la jurisprudencia anterior relativa a la extensión de la prohibición del pacto comisorio más allá de las garantías reales típicas: "(d) entro del ámbito de la prohibición, este Tribunal ha in-

---

[269] *Vid.* FERNÁNDEZ ROZAS, JC. y SÁNCHEZ LORENZO, S., *Derecho...*, pp. 690-694.

> cluido en diversas ocasiones el negocio de transmisión de propiedad en función de garantía, instrumentada a través de un medio indirecto consistente en la celebración de una compraventa simulada. Y ello es así por cuanto la prohibición del pacto comisorio no se circunscribe a los contratos de garantía típicos, sino que resulta también aplicable a los negocios indirectos que persigan fines de garantía..."[270].

22. La solución dada en la mayoría de los casos[271] es la de que en Derecho español no produciría efectos el pacto, pero sí la garantía[272], si se hubiera constituido válidamente conforme a la *lex rei sitae* (modo) y a la *lex contractus* (título). Por tanto, el pacto sería considerado nulo incluso aunque no fuera la española la *lex contractus* ni la *lex rei sitae*[273], por aplicación de la excepción de orden público. La conse-

---

270 RJ 2020/320.

271 Aunque tampoco faltan resoluciones que declaran nulo el negocio. *Vid.* STS 77/2020 de 4 de febrero de 2020 (RJ 2020/320), comentando la RDGRN de 20 de julio de 2012, que recoge a su vez cierta jurisprudencia de la Sala 1ª del TS, al señalar que "no basta la común voluntad de transmitir y adquirir para provocar el efecto traslativo perseguido, pues, por una parte, rige la teoría del título y modo para la transmisión voluntaria e *inter vivos* de los derechos reales (cfr. Art. 609 CC) y, por otra, la validez del contrato presupone la concurrencia de una causa suficiente que fundamente el reconocimiento jurídico del fin práctico perseguido por los contratantes (cfr. Artículo 1261-3º, 1274 a 1277 del Código Civil). En la 'venta en garantía' la verdadera voluntad de las partes no es provocar una transmisión dominical actual y definitiva sino una transmisión provisional y cautelar, en funciones de garantía, a consolidar en caso de incumplimiento de la obligación, propósito no amparado por el ordenamiento jurídico por contrario a la prohibición del pacto comisorio que imponen los reiterados arts. 1859 y 1884 del Código Civil, y, en consecuencia, conforme a la jurisprudencia ampliamente reseñada *supra*, determina la nulidad plena y radical del negocio que incurre en tal infracción".

272 *Vid.* CARRASCO PERERA, A., "Comentario a la RDGRN de 30 de junio de 1987", *CCJC*, nº 381, pp. 4929-4933, esp. p. 4933; DURÁN RIVACOBA, R., *La propiedad en garantía..., op. cit.*, p. 21; RODRÍGUEZ-ROSADO, B., *Fiducia..., op. cit.*, pp.182 y 204-206.

273 Sobre la calificación del pacto como cuestión real u obligacional y su subsunción en una u otra norma de conflicto, *vid. infra* el apartado siguiente.

cuencia de dicha nulidad es la de proceder de la misma forma que si el contrato no hubiera incluido pacto comisorio —ello ocurre cuando el contrato de venta en garantía no atribuye al acreedor fiduciario la posibilidad de apropiarse del bien fiduciado, en caso de impago de la deuda, una vez vencido el préstamo—, pudiendo el acreedor realizar el valor de la garantía conforme a los modos generales previstos para la ejecución de las garantías en nuestro Derecho: enajenar el bien en subasta judicial o notarial, para realizar el valor y cobrarse la deuda, devolviendo en su caso el remanente[274]. Sin embargo, hay que señalar que la garantía extranjera, como le ocurre a la venta en garantía española, en muchos casos no cumplirá los requisitos previstos en nuestra legislación para dicha realización, pero esa es una cuestión de eficacia que será abordada *infra*, en el apartado siguiente.

23. Se ha sostenido que solo mediante la declaración de nulidad del pacto se evitaría el peligro de que se produjera un enriquecimiento del acreedor garantizado a costa del deudor, impidiendo, además, todo ejercicio abusivo del poder dispositivo del acreedor en contra de los intereses, no solo del deudor sino de terceros acreedores del mismo, que constituyen los objetivos de la prohibición del pacto comisorio. No obstante, hay que preguntarse si es esa la única solución.

Concretamente, en el caso de la *fiducie-sûreté* francesa, como se ha señalado *supra*, en el capítulo segundo, la consecuencia del impago de la deuda es precisamente la apropiación del bien por parte del acreedor, salvo que se hubiera pactado otra cosa en el contrato —como la venta del mismo—. Pero el Derecho francés prevé que el acreedor o el fiduciario (cuando no sean la misma persona) devuelvan al fiduciante la diferencia, una vez realizadas las operaciones de valoración por parte de terceros independientes. Teniendo en cuenta que, tal y como se ha señalado *supra*,

---

274 SÁNCHEZ LORENZO, S., *Garantías reales…*, *op. cit.*, pp. 165-167.

en los capítulos primero y tercero, ese es el procedimiento permitido en nuestra Ley de garantías financieras[275] y que el pacto comisorio, con las cautelas previstas en el mismo, está permitido en el Convenio de Ciudad del Cabo, en vigor en España[276], queda conjurado el peligro de enriquecimiento injusto por parte del acreedor a costa del deudor. Produciéndose las mismas consecuencias que la realización del valor de la garantía según los modos previstos en las normas generales de nuestro ordenamiento jurídico, debería concluirse que no hay razón para que opere la excepción de orden público[277].

> Así lo ha entendido también la STS 390/2010, de 24 de junio (RJ 2010/5410), que ha conocido de los efectos de un negocio sometido al Derecho inglés, en el que se pactó, como modo de ejecución, la venta privada de las garantías depositadas, aunque el Tribunal Supremo lo resuelve como un pacto comisorio. En su fundamento de Derecho quinto ha establecido que, si bien el TS "tiene declarado que el pacto comisorio configurado como la apropiación por el acreedor de lo dado en garantía por su libérrima libertad ha sido siempre

---

275 Téngase en cuenta que el RD 5/2005, de 11 de marzo, de garantías financieras permite que las partes, sin intervención de autoridad pública, configuren libremente el procedimiento de ejecución: mediante venta, compensación y apropiación, siempre que, en el acuerdo de garantía, las partes hayan previsto las modalidades de valoración (arts. 9 y 11).

276 Cautelas que el Convenio prevé para evitar precisamente el enriquecimiento del acreedor a costa del deudor. Además, España ha hecho uso de la reserva prevista en el art. 54, para limitar sus efectos y someterlo a autorización de los tribunales, entendido este último término en sentido de "autoridades", en virtud de la declaración realizada conforme a su art. 53. Como señala la RGDN de 20 de enero de 2020, la posibilidad del pacto comisorio en las garantías internacionales ha quedado incorporada a nuestro ordenamiento jurídico, siempre que la apropiación o realización de la garantía tenga lugar de una forma "comercialmente razonable".

277 *Vid.*, en este sentido, DE LA FUENTE NÚÑEZ DE CASTRO, M.S., *La prohibición…op. cit.*, pp. 35-41; PAZ-ARES, I., "La ejecución de la prenda de derechos sociales. Nuevas alternativas", *RDC*, vol. IX, num. 1 (enero-marzo 2022), pp. 35-102. En sentido contrario, DURÁN RIVACOVA, R., *La garantía comisoria*, Bosch, Barcelona, 2020, *passim*.

> rechazado...las razones que en su día justificaron los recelos del legislador no son aplicables a determinadas modalidades de garantía, como lo demuestra el Real Decreto-ley 5/2005, de 11 de marzo...que...admite de forma expresa la licitud de la apropiación en el primer párrafo del art. 11.1". En el caso objeto del recurso "los valores pignorados fueron enajenados en un mercado público y transparente —la Bolsa de Nueva York—, en un procedimiento paralelo al previsto en el art. 322 del Código de comercio", por lo que termina concluyendo que "no aprecia la concurrencia de posibles causas de orden público para rechazar la licitud de la ejecución prevista en el contrato sujeto al Derecho inglés"[278].

La *Sicherungsübereignung* tampoco tendría por qué vulnerar el orden público internacional español, si tenemos en cuenta que atribuye un derecho a la realización del valor. La forma de realización del bien ha de constar en el contrato de garantía, del que surge, entre otras obligaciones del tomador, el deber de obtener el mejor precio posible. En todo caso, el acuerdo deberá respetar las reglas generales previstas en el *BGB*. En el mismo se admiten como formas generales de ejecución, en caso de impago, la subasta pública, judicial o extrajudicial, la ejecución a través de las vías previstas en la *ZPO*, la apropiación del bien por el acreedor, por el precio establecido por terceros independientes, incluso la venta libre del bien, siendo esta última la fórmula comúnmente contemplada en la mayoría de los contratos. La doctrina alemana rechaza de forma casi unánime en la actualidad el pacto comisorio[279], pero parece admitir el pacto que prevea la apropiación, si queda sometido a peritaje y compensación por la diferencia de valor[280]. No obstante —y a pesar de todas las razones dadas

---

278 El art. 1872 de nuestro Cc, que regula la subasta notarial de la prenda, remite al procedimiento previsto en el art. 322 Ccom.

279 *Vid.* RODRÍGUEZ-ROSADO, B., "La transmisión...", *op cit.*, pp. y 72-74 y 82 y doctrina allí citada.

280 *Vid.* WESTERMANN, H., WESTERMANN, H.P., GURSKY, K-H. y EICKMANN, D., *Westermann Sachenrecht, op. cit*, pp. 354-356 (de la traducción pp. 606-609).

aquí— se sostiene que sigue siendo discutible su admisibilidad en Derecho español, si tenemos en cuenta la literalidad del art. 1859 Cc, que no solo prohíbe la apropiación, sino también cualquier forma de venta privada del bien[281].

24. Para superar el *impasse*, frente a la interpretación literal del art. 1859 Cc, se ha propuesto en los últimos años una lectura sistemática y finalista del precepto, que se corresponde en cierta medida con la que viene realizando la jurisprudencia del TS y la doctrina de la DGRN, actual Dirección General de Seguridad Jurídica y Fe Pública (DGSJFP) en las fechas más recientes. En virtud de la misma, se admiten determinados acuerdos relativos a la ejecución que prevén cierta facultad de apropiación o de disposición por parte del acreedor, siempre que medie una valoración objetiva y actualizada del bien objeto de la garantía en el momento de la ejecución y sean compatibles con la causa de la garantía —como el pacto marciano—. En ellos se concilia la facultad del acreedor de satisfacción de su crédito con el interés del deudor, de los acreedores del mismo y de otros terceros. Igualmente se admiten los pactos celebrados *a posteriori*, una vez vencida y exigible la deuda —como el pacto *ex intervalo*—, en los que la causa no es la de garantía, sino la del pago de la deuda[282].

---

281 *Vid.* RODRÍGUEZ-ROSADO, B., "La transmisión...", *op. cit.*, p. 84.

282 RDGSJF 13432/2021, de 21 de julio de 2021 (RJ 2021/4175) y RDGSJFP 4777/2022 de 10 de marzo de 2022 (RJ 2022/3314). *Vid.*, PAZ-ARES, I., "La ejecución de la prenda...", *op. cit.*, p. 52; DE LA FUENTE NÚÑEZ DE CASTRO, M., *La prohibición...op. cit.*, pp. 59-75. Ambos autores consideran admisibles modalidades de ejecución de las garantías reales de base convencional, más flexibles y eficientes, frente a la hermética defensa del carácter jurisdiccional de la ejecución. Partiendo del análisis de los fundamentos de la prohibición del pacto comisorio en Derecho español, limitan su alcance con objeto de excluir de su ámbito de aplicación pactos que recuerdan al marciano de la compilación justinianea —*vid.* supra capítulo primero—, que tienen en cuenta el valor objetivo del bien sobre el que recae la garantía, en caso del ejercicio del *ius distrahendi*, mediante la intervención de terceros independientes, y aseguran la devolución al deudor del exceso del valor del bien garantizado en relación con

25. En ese sentido, e interpretando a sensu contrario la STS 111/2017 de 21 de febrero de 2017 (RJ 2017/595), el pacto de apropiación es admisible en Derecho español si la facultad expropiatoria o dispositiva del acreedor queda sometida a un procedimiento objetivable de valoración que permita al deudor recuperar lo que exceda de la cantidad efectivamente debida. O, como más recientemente ha declarado la RDGSJFP 6920/2021, de 15 de marzo de 2021 (RJ 2021/1557), recogiendo la doctrina anterior del Centro Directivo, la prohibición del pacto comisorio "se ha fundamentado en la necesidad de observancia de los procedimientos de ejecución, que al tiempo que permiten al acreedor ejercitar su *ius distrahendi*, protegen al deudor al asegurar el mejor precio de venta"; por lo que "deben admitirse aquellos pactos o acuerdos que permitan un equilibrio entre los intereses del acreedor y del deudor, evitando enriquecimientos injustos o prácticas abusivas, pero que permitan al acreedor, ante un incumplimiento del deudor, disponer de mecanismos expeditivos para alcanzar la mayor satisfacción de su deuda". Por ello, concluye que: "...podría admitirse tal pacto siempre que concurran las condiciones de equilibrio entre las prestaciones, libertad contractual entre las partes y exista buena fe entre ellas respecto del pacto en cuestión", aunque "para poder admitir la validez de dichos acuerdos se deberá analizar cada caso concreto y atender a las circunstancias concurrentes, ya que solo mediante un análisis pormenorizado de cada supuesto se podrá determinar la admisibilidad, o inadmisibilidad, del pacto en cuestión" (F.D. 2 y 3). En el mismo sentido se pronuncia la RDGSJFP 13432/2021, de 21 de julio de 2021 (RJ 2021/4175).

---

el importe de la obligación asegurada. Así ocurre en los casos previstos en los distintos tipos de ejecuciones notariales.

III. EFICACIA EN ESPAÑA DE LA *SICHERUNGSÜBEREIGNUNG* Y DE LA *FIDUCIE-SÛRETÉ*

3.1. Introducción

26. La conclusión general que se extrae del epígrafe anterior es que la *Sicherungsübereignung* y la *fiducie-sûreté* no deben plantear problemas de validez en España, si han sido constituidas válidamente conforme al Derecho alemán y francés, respectivamente (*lex rei sitae* en el momento de constitución); y ello porque se admite su existencia y continuidad en Derecho español en caso de traslado del bien a España con posterioridad a dicha constitución (*lex rei sitae* actual/*lex fori*). Sin embargo, eso no significa que vayan a ser eficaces y, por tanto, oponibles a terceros adquirentes, a los acreedores individuales del fiduciante y en los procedimientos colectivos contra éste. Para ello resulta necesario que mediante la técnica de la transposición puedan reconducirse a algún derecho real típico. En efecto, para que una garantía extranjera pueda producir efectos jurídico-reales en España, una vez superado el test de la equivalencia, deberá poder subsumirse en las normas que regulan los requisitos que han de cumplir las garantías reales típicas para poder producir efectos en nuestro país. Y es aquí donde las transferencias fiduciarias de propiedad constituidas conforme a otros ordenamientos jurídicos se encuentran con los mayores obstáculos, pues no podrán cumplir los exigentes requisitos formales y de publicidad que prevé el legislador español para que las garantías equivalentes españolas puedan ser oponibles a terceros y frente a acreedores individuales y colectivos del deudor. Si finalmente ello no fuera posible, esas garantías extranjeras serían ineficaces en España. Estos obstáculos serán analizados en los epígrafes siguientes, relativos a la eficacia en España de las transferencias fiduciarias de propiedad constituidas conforme a los Derechos alemán y francés, en los que se aportarán soluciones *de lege lata* y *de lege ferenda* para su remoción.

3.2. Eficacia inter partes

27. Se ha señalado en el epígrafe anterior, referido a los problemas de validez de las garantías fiduciarias alemana y francesa, que el contrato de garantía queda sometido a la *lex contractus* (art. 12 RRI); asimismo, que la *lex contractus* puede quedar desplazada por normas imperativas del foro: no solo las normas de protección de intereses públicos, sino también las encargadas de velar por el equilibrio contractual y la buena fe, bien con carácter de normas imperativas o normas de policía del foro, bien a través de la excepción de orden público, como ocurre con la prohibición del pacto comisorio de las garantías. Por su parte, el modo de transmisión del derecho real, su contenido y sus efectos quedan sometidos a la *lex rei sitae* (art. 10.1 Cc) en el momento de perfeccionarse el contrato de venta en garantía. Sin embargo, la doctrina se ha preguntado si no sería más adecuado distinguir entre efectos *inter partes* y efectos frente a terceros, del derecho real, para reconducir los primeros a la misma ley que regula los derechos y deberes de las partes (*lex contractus*), considerando que se trata de una solución que garantiza mejor la seguridad jurídica y la previsibilidad[283].

---

[283] Esa es la solución que contempla el considerando 38 RRI, que señala cómo el término "relaciones" del párrafo primero del art. 14 RRI "se aplica también a los aspectos jurídico reales de una cesión de créditos entre cedente y cesionario en aquéllos ordenamientos jurídicos en que dichos aspectos se tratan separadamente de los aspectos relativos al Derecho de obligaciones"; sobre este precepto, *vid.*, entre otros, GARCIMARTÍN ALFÉREZ, F.J., "Article 14", en MAGNUS, U., & MANKOWSKY, P., *European Commentaires on Private International Law. Rome I Regulation*, Otto Schmidt, Colonia, 2017, pp. 751-755. Con carácter general, la aplicación de la *lex contractus* a todas las relaciones entre las partes ha sido mantenida, en la doctrina francesa, por LAVAL, S., *Les tiers…*, *op. cit.*, pp. 64-84; DUBARRY, J., *Le transfert conventionnel de la propriété. Essai sur le mécanisme traslatif à la lumière des droits français et allemand, LGDJ, París, 2014;* pp. 565-588. En la doctrina española, *vid.* GARAU JUANEDA, L., "La reserva de dominio en el comercio internacional", *AEDIPr*, t. VIII, 2008, pp. 275-282, esp. p. 279; igualmente ha sido defendida por FORNER DELAYGUA, J.J., "Garantías reales…", *op. cit.*, p. 152, al hilo de la

Esta cuestión ha surgido precisamente, en la doctrina y la jurisprudencia extranjera, en torno al pacto comisorio y se ha recurrido a la teoría de la calificación para resolverla: si se considera una cuestión obligacional, vinculada a los derechos y deberes de las partes del contrato de garantía, quedará sometida a la *lex contractus*, ley previsible para las partes, que protege mejor las legítimas expectativas de su titular; mientras que si se entiende que forma parte del contenido y la organización interna del derecho real o, más concretamente, de la ejecución del derecho real, le será aplicable la *lex rei sitae*, por afectar a los intereses de terceros y, por ende, a la seguridad del tráfico[284]. No obstante, en Derecho internacional privado español vigente, el tenor literal del art. 10.1 Cc es claro y se refiere a todos los derechos sobre los bienes, sin distinguir entre situaciones *inter partes* y frente a terceros[285], por lo que todas deben quedar reguladas por la *lex rei sitae*[286]. Así lo ha corroborado la SAP de Burgos de 8 de febrero de 2011[287].

---

limitación a la validez y eficacia *inter partes* de la reserva de dominio, que realiza el art. 10 de la Ley 3/2004, de 29 de diciembre, de transposición de la Directiva 2000/35/CE, de 29 de junio, por la que se establecen medidas de lucha contra la morosidad en las operaciones comerciales.

284 N. Bouza Vidal, *Las garantías…, op. cit.*, pp. 139-144.

285 Art. 10.1 Cc: "La posesión, la propiedad y los demás derechos reales sobre bienes inmuebles, así como su publicidad, se regirán por la ley del lugar donde se hallen. La misma ley será aplicable a los bienes muebles".

286 *Vid.* SÁNCHEZ LORENZO, S., *La cláusula de reserva de dominio en el Derecho internacional privado (problemas de Derecho aplicable en el sistema español)*, Universidad Complutense de Madrid, Madrid, 1988, pp. 98-122; *id.*, *Garantías reales…, op. cit.*, pp. 92-100; *id.*, "Nota a la Sentencia de la Audiencia Provincial de Barcelona (Sección 15) de 13 de septiembre de 1989", *op. cit.*, pp. 647-648; igualmente FERNÁNDEZ ROZAS, J.C. y SÁNCHEZ LORENZO, S., *Derecho…, op. cit.*, p. 819.

287 Aunque referida a la reserva de dominio, la SAP de Burgos (Sección 3ª), núm. 47/2011, de 8 de febrero, en su F. J. 6º considera que no resulta de aplicación la ley sueca, a la sazón *lex contractus*, sino la ley española, en concepto de *lex rei sitae*, "porque tratándose de una cuestión de propiedad sobre un bien mueble la norma de conflicto es el art. 10.1 del Código Civil". Para un comentario a esta sentencia, *vid.* CARO GÁNDARA, R., *La reserva de dominio…, op. cit.*, p. 106.

28. La aplicación de la *lex rei sitae* sin concreción temporal plantea el problema de su determinación, cuando el objeto sobre el que recae el derecho real es un bien mueble, pues éste, por definición, es susceptible de cambiar de ubicación. Se trata del problema de aplicación conocido como conflicto móvil, que surge como consecuencia de la utilización por el legislador de criterios de conexión mutables, como el lugar de situación de los bienes muebles.

En Derecho francés se ha intentado resolver el conflicto móvil extendiendo la solución que ofrece el Derecho transitorio interno —pensado para un supuesto de sucesión de leyes en el tiempo—, a esta sucesión de leyes en el espacio; lo que lleva a aplicar la ley de situación del bien en el momento en que se producen las circunstancias susceptibles de operar la constitución del derecho real. De ese modo, si las circunstancias no son suficientes para la constitución conforme a la ley del lugar donde se encontraba el bien con anterioridad al traspaso de la frontera, se deberá comenzar "desde cero" en el país de su nueva situación. En cambio, en Derecho alemán se considera el paso del bien de un Estado a otro como un cambio de estatuto (*Statutwechsel*); a partir de ahí, se tienen en cuenta las circunstancias producidas cuando el bien estaba situado en el Estado de origen, que son consideradas por el nuevo ordenamiento jurídico como si se hubieran producido mientras el bien se encontraba en su propio territorio[288].

29. La solución a la inadecuación de la regla *lex rei sitae* debe tener en cuenta los intereses en juego. Así, la ley del lugar de situación del bien en el momento de perfeccionarse el contrato, deberá regir la existencia, la validez, el modo de adquisición o constitución del derecho real, su conteni-

---

288 *Vid.* KREUZER, "La propriété…", *op. cit.*, pp. pp. 110-114; LAGARDE, P., "Sur la loi applicable au trasfert de propriété. Requiem critique pour une convention mort-née", en BORRÁS, A. et al (eds.), *E Pluribus Unum. Liber Amicorum Georges A. Droz,* Martinus Nijhoff, La Haya 1996, pp. 151-172, esp. pp. 163-164; LAVAL, S., *Les tiers…, op. cit.*, pp. 73-78 y doctrina allí citada.

do y efectos *inter partes*, por ser esta ley la única previsible para las mismas[289].

Si el bien se encuentra en Alemania en el momento de perfeccionarse el contrato, hay que tener en cuenta que el Derecho alemán reconoce al tomador tan solo la propiedad formal o propiedad fiduciaria, una propiedad limitada a una finalidad de aseguramiento que le confiere un derecho eventual de acceso al bien fiduciado (*ius retinendi*), bien que normalmente queda bajo la posesión del otorgante, con la obligación de conservarlo. Dicho derecho se convertirá en un derecho efectivo de realización del valor del bien para cobrarse su crédito contra el fiduciante (*ius distrahendi*), en caso de impago de la deuda garantizada, incluso con preferencia a otros acreedores. No obstante, cabría la posibilidad de que el fiduciario se apropiara del bien, siempre que se establecieran las cautelas necesarias para evitar el enriquecimiento del tomador a costa del otorgante de la garantía[290].

Si el bien se encuentra en Francia en el momento de perfeccionarse el contrato, según el Derecho francés, el fiduciante transmite al fiduciario la propiedad plena sobre los bienes o derechos objeto de la fiducia, que queda afecta a un fin de garantía, por lo que deberá conservarlos a favor del beneficiario (que, recuérdese, puede ser el constituyente o el acreedor —en el caso de que sea una tercera persona—, dependiendo de que se pague o no la deuda). Si el fiduciante no paga la deuda, y salvo estipulación contraria del contrato, el fiduciario acreedor adquiere la libre disposición del bien o del derecho cedido a título de garantía; en ese caso, deberá devolver al constituyente la diferencia, si el valor del bien o derecho excede del montante de la deuda

---

289 LAVAR, S., *Les tiers...*, *op.*, *cit.*, p. 97; en la doctrina española, FERNÁNDEZ ROZAS, J.C. y SÁNCHEZ LORENZO, S., *Derecho...*, *op. cit.*, pp. 823-824.

290 *Vid. supra* capítulo segundo.

garantizada, conforme a la valoración llevada a cabo por terceros independientes[291].

30. En caso de desplazamiento posterior del bien a España, no debería aplicarse la técnica de la transposición a o conversión en un derecho real típico del sistema español. Como ya se ha sostenido *supra*, en este mismo capítulo, al hilo de la validez en España de tales garantías, entre las partes rige el principio de libertad de pactos (art. 1255 Cc), en virtud del cual estas podrían crear derechos reales atípicos. Por lo que, en principio, sus relaciones quedarían regidas por la *lex rei sitae* del momento de su creación y el Derecho español sólo debería intervenir en caso de vulneración de normas imperativas o de normas de orden público (buena fe o justicia contractual)[292]. No obstante, los problemas de eficacia solo se plantean realmente en caso de que el fiduciante incumpla su obligación de pago y el fiduciario pretenda proceder a la realización de su valor en España, por encontrarse el bien aquí en dicho momento. Así, podría proceder a la apropiación prevista en la *lex rei sitae* del momento de la constitución, pues tanto el Derecho alemán cuanto el francés, incluyen las cautelas necesarias para evitar un enriquecimiento injusto. Pero, en relación con otras formas de ejecución, el fiduciario podría toparse con la imposibilidad de cumplir los requisitos previstos por la ley española para la ejecución de las garantías reales, de manera similar a lo que ocurre con los efectos frente a terceros, que serán analizados a continuación.

3.3. Oponibilidad frente a terceros adquirientes

31. La oponibilidad constituye el aspecto más significativo de todo derecho real y queda sometida en la mayor parte de los ordenamientos a la *lex rei sitae*. La determina-

---

291 *Vid. supra* capítulo segundo.

292 FERNÁNDEZ ROZAS, J.C. y SÁNCHEZ LORENZO, S., *Derecho…*, *op. cit.*, p. 825.

ción de la *lex rei sitae* en los supuestos en que el bien mueble objeto del derecho real se haya desplazado a otro Estado con posterioridad a la perfección del contrato de constitución de la garantía (conflicto móvil) exige tener en cuenta los intereses de todas las partes (titular de la garantía y terceros adquirentes). En ese sentido, se viene sosteniendo que la solución que mejor concilia los intereses de todas las partes (titular y terceros) consiste en aplicar la ley del lugar de situación del bien en el momento en que se realizan los actos determinantes o con trascendencia jurídica para la transmisión de su propiedad o la constitución de un nuevo derecho real sobre el mismo (*lex rei sitae* actual). Tradicionalmente se ha mantenido que la *lex rei sitae* actual es la que mejor protege las legítimas expectativas de esos terceros que pretenden adquirir o constituir un nuevo derecho real, atendiendo a las reglas de ese mercado donde actualmente se encuentra el bien, con independencia de su procedencia anterior. Teniendo en cuenta esos postulados, correspondería verificar conforme a las normas de ese Estado, si se han producido nuevos actos con trascendencia jurídico-real[293].

32. Dicha ley regirá tanto los requisitos objetivos —como la exigencia o no de publicidad o la eficacia de los derechos no inscritos—, cuanto los subjetivos —quiénes se consideren esos terceros y, por tanto, la protección que en su

---

[293] Se trata de una afirmación que puede encontrarse de forma generalizada en toda la doctrina internacional-privatista, como presupuesto de partida; entre otros, MARTINY, D., "Lex rei sitae as a connecting factor in EU Private international Law", *IPRax*, 2012, Heft 2, pp. 119-133; KREUZER, K., "La propriété...", *op. cit.*, pp. 54-56; CACHARD, O., *Droit international privé*, 6º ed., Bruyllant, Bruselas, 2017, pp. 242-243; AUDIT, B., *Droit...*, *op. cit.*, p. 666; AUDIT, B. y D'AVOUT, L., *Droit...*, *op. cit.*, p. 751-755; LAVAL, S., *Les tiers...*, *op. cit.*, p. 67; en la doctrina española, BOUZA VIDAL, N., *Las garantías...*, *op. cit.*, p. 155; SÁNCHEZ LORENZO, S., *La cláusula...*, *op. cit.*, pp. 187-197 esp. p. 192; FERNÁNDEZ ROZAS, J.C. y SÁNCHEZ LORENZO, S., *Derecho...*, *op. cit.*, pp. 820 y 825-826.

territorio se otorga al tercer adquirente de buena fe[294]—. Tales requisitos difieren en los distintos Estados[295]. Concretamente, la cuestión de quién deba entenderse tercero protegido no resulta nada pacífica en nuestro ordenamiento jurídico. En principio, la solución dependerá de cómo se haya resuelto el contenido real de la venta en garantía, que constituye una cuestión previa a resolver, que queda sometida a la *lex rei sitae* en el momento de perfeccionarse el contrato.

No obstante, se ha analizado *supra* cómo, en Derecho español, tan solo puede ser considerado protegido el tercero de buena fe[296]. Así lo ha considerado el TS, cuando se ha referido a la "mitigación" del efecto del principio de relatividad de los contratos, por aplicación del principio de buena fe: es decir, que el de mala fe deja de ser tercero —protegido—, situándose en la posición de su causahabiente[297]. Habiéndose llegado a mantener que la desprotección de los adquirentes de mala fe constituye un principio general de nuestro ordenamiento jurídico[298].

---

294 AUDIT, B. y D'AVOUT, L., *Droit…*, *op. cit.*, p. 755; CACHARD, O., *Droit…*, *op. cit.*, p. 243; FERNÁNDEZ ROZAS, J.C. y SÁNCHEZ LORENZO, S., *Derecho…*, *op. cit.*, p. 820; BOUZA VIDAL, N., *Las garantías…*, *op. cit.*, pp. 217-224.

295 KREUZER, K., "La propriété…", *op. cit.*, pp. 236-238; MARTINY, D., "Lex rei sitae…", *op. cit.*, pp. 120-121.

296 *Vid. supra* apdo. 2.2 del capítulo primero. En Derecho francés se sostiene lo mismo por D'AVOUT, L., *Sur les solutions…*, *op. cit.*, pp. 673-674.

297 Como señala la STS 43/2014, de 5 de febrero de 2014 (RJ 2014/1060): "Frente a esta concepción, ya superada (del principio de relatividad de los contratos), hay que entender que los terceros tienen un deber de respeto del derecho de crédito ajeno que es una consecuencia del deber general de respeto de los derechos subjetivos y situaciones jurídicas que integran la esfera jurídica de los demás, y del más genérico aún de 'neminen laedere' [no causar daño a nadie]. De ahí que el tercero que viole dolosa o negligentemente, un derecho ajeno, asume, por este solo hecho, responsabilidad por los daños y perjuicios causados al titular del derecho, y asume la consiguiente obligación de resarcimiento, que en el caso de la actuación dolosa debe abarcar todas las consecuencias dañosas de su actuación".

298 RODRÍGUEZ-ROSADO, B., "La transmisión…", *op. cit.*, p. 87.

No obstante, entre los terceros protegidos no puede incluirse sin más el de buena fe que adquiere *a non domino*. En Derecho español no existe una regla general en virtud de la cual el tercero de buena fe adquiere *a non domino* con base en la mera apariencia derivada de la posesión del transmitente; siendo necesario, para que el tercero quede protegido, que concurran, además, otros requisitos —como venta en pública subasta, en establecimiento mercantil, el transcurso de tres años, etc...—, contemplados en los párrafos 2, 3 y 4 del art. 464 Cc, en el art. 1955.1 Cc y en otras normas específicas[299].

33. A diferencia de lo que se ha señalado en las relaciones *inter partes*, en la determinación de los efectos frente a terceros sí influye el principio de tipicidad de los derechos reales, de forma que habría que utilizar la técnica de la transposición, para encontrar la institución equivalente. En el caso de la *Sicherungsübereignung*, en virtud de la cual el tomador adquiere tan solo la propiedad formal, podría equipararse a un derecho real de prenda sin desplazamiento en la mayor parte de los casos, pero entonces habría que determinar qué función cumplen los requisitos de publicidad de las garantías inscribibles que regula la LHMPSD[300]. Teniendo en cuenta que tienen como función la seguridad del tráfico, ¿sería eficaz en España la transferencia de propiedad constituida conforme al Derecho alemán, que no exige ni registro, ni escritura pública, ni otro tipo de documento? Para supuestos marginales de desplazamiento tampoco podría equipararse a la prenda clásica, pues, aunque la posesión constituye un requisito de publicidad que tiene

---

299 En este sentido, se ha mantenido, con bastante fundamento, que el art. 464.I Cc tan sólo contiene una regla probatoria, en virtud de la cual, la posesión funciona como prueba del título cuando el poseedor alega haber adquirido la propiedad, pero no convalida una adquisición defectuosa por proceder de un no propietario. Véanse los argumentos en MIQUEL GONZÁLEZ, J.M., "La reserva de dominio", en BOSCH CAPDEVILA, E. (dir.), *Nuevas perspectivas de Derecho contratual*, Bosch, Barcelona, 2012, pp. 139-244, esp. pp. 196-199.

300 *Vid. supra.*

carácter constitutivo (1865 Cc), además, se exige como requisito de oponibilidad frente a terceros su constancia en escritura pública (1863 Cc). La *fiducie-sûreté*, por su parte, plantearía menos problemas de conversión en una prenda clásica cuando se hubiera constituido sobre un bien mueble con desplazamiento de la posesión, pues la legislación francesa exige que conste en escritura pública, pudiendo producir los efectos de la prenda. Pero en los casos en los que no existiera desplazamiento (la mayoría) de nuevo se encontraría con los problemas de publicidad registral, si se hubiera constituido sobre bienes sujetos a inscripción en España, al tratarse, este, de un requisito de publicidad y oponibilidad frente a terceros.

34. La limitación de la eficacia de los poderes de disposición de las partes por la *lex rei sitae* actual, como respuesta a la necesidad abstracta de preservar el interés de los terceros, frente a los derechos reales creados en el marco de una transacción internacional que han permanecido ocultos en el mercado local, constituye un fundamento securitario que viene siendo cuestionado recientemente, principalmente por dos razones. En primer lugar, porque tan solo atiende a los intereses de los acreedores locales y del mercado nacional, a costa de la desprotección de los acreedores que habían confiado en la eficacia que su derecho tenía conforme a la legislación del Estado de constitución del mismo. En última instancia, este efecto acaba desincentivando el comercio internacional; porque, o bien aumenta los costes de información, con el correlativo aumento de los costes de financiación, o bien, en el peor de los casos, lo imposibilita. En segundo lugar, la aplicación de la *lex rei sitae* actual es cuestionable porque supone una desproporción entre los objetivos perseguidos y los resultados obtenidos.

La crítica, en realidad, supone una revisión completa de la regla *lex rei sitae*, si no su eliminación, pues se considera sesgada desde sus orígenes, atribuidos al jurista francés Bartin[301], quien defendió que la ley de situación era la más adecuada para regular el régimen jurídico de los bienes, basándose en el principio de la seguridad jurídica de las transacciones, propio del derecho privado interno[302]. En efecto, en la doctrina francesa actual se sostiene que Bartin confundía el argumento de protección de la seguridad estática de las transacciones internas y el argumento de seguridad dinámica de las transacciones internacionales. Por ello, la idea de que una única ley regule todo el régimen de los bienes, justificada desde la seguridad de las transacciones internacionales, ha sido contestada con dos argumentos: junto a la inseguridad jurídica que provoca el conflicto móvil, se argumenta la insuficiencia de la regla *lex rei sitae* para conseguir el resultado esperado. En concreto, si su objetivo es facilitar al adquirente la detección de los vicios que podrían provocar la ineficacia de la adquisición, ello tan solo sirve para identificar las causas de ineficacia del negocio de naturaleza real (que el vendedor no sea propietario); pero no aquellas de naturaleza personal, como los vicios inherentes a la persona del vendedor (capacidad, consentimiento), regidos, en la mayor parte de los sistemas jurídicos, por la ley personal del vendedor. Para conseguir esa seguridad sería necesaria, entonces, una aplicación absoluta de la ley de situación, incluyendo también estos aspectos, como ocurre en los sistemas jurídicos anglosajones, que someten a la ley reguladora de la transferencia de propiedad inmobiliaria todas las cuestiones de capacidad y de forma; o bien, mediante la aplicación de la excepción de interés nacional, como ocurrió en Francia a partir del asunto *Lizardi*[303]. Esta última es la solución acogida en un gran

---

301 ANCEL, B., *Élements d'histoire du droit international privé*, Éditions Panthéon-Assas, París, 2017, pp. 498-513.

302 *Vid.* BARTIN, E., *Principles de droit international privé selon la loi et la jurisprudence françaises*, Tomo I, París, 1930, p. 179, § 74 y Tomo III, París, 1935, p. 10, § 366. Se vincula a la excepción que estableciera al principio general de la calificación *ex lege fori*, para determinar la naturaleza mobiliaria o inmobiliaria de los bienes, que recondujo a la *lex rei sitae* (BARTIN, E., "La Théorie des qualifications en droit international privé", en *Études de droit international privé*, Chévalier-Maresq, 1899, *passim*).

303 Sentencia de la *Cour de Cassation* de 16 de enero de 1861.

número de ordenamientos jurídicos, tanto en normas de producción interna (art. 10.8 Cc), cuanto en normas de fuente supranacional (art. 13 RRI).

En conclusión, según esta línea doctrinal, si el fundamento de la seguridad de las transacciones no es suficiente para mantener la aplicación de la *lex rei sitae* con carácter general, y si tenemos en cuenta, además, que en Derecho interno francés basta un título (contrato) válido para constituir un derecho real, lo mismo debería ocurrir en situaciones internacionales: en las que se debería aplicar a la constitución y a la transferencia de los derechos reales la misma ley aplicable al título, de forma que los derechos reales de origen convencional queden sometidos a la ley aplicable al contrato del que traen causa; mientras que en sistemas jurídicos como el alemán, el derecho real quedaría sometido a la ley aplicable al acuerdo de transmisión de la propiedad[304]. Dicha perspectiva no impide la consideración de las normas de la ley de la nueva situación del bien, a título de leyes de policía o de seguridad del tráfico[305].

Esta ha sido la solución adoptada por algunos legisladores nacionales. Así, la Ley suiza de DIPr de 1987, en su art.

---

304 La aplicación de la *lex contractus* a la transferencia convencional de la propiedad ya fue defendida en su día por Niboyet: *vid.* NIBOYET, J.-P., *Traité de droit international privé français*, tomo IV, Sirey, París, 1947; igualmente en la doctrina francesa actualmente la defienden MAYER, P., "Les conflits de lois en matière de réserve de propriété", *JCP*, 1981, Vol. I, p. 3019; MAYER, P., HEUZÉ, V., REMY, B., *Droit international privé*, 12° ed., LGDJ, París, 2019; D'AVOUT, L., *Sur les solutions…*, *op. cit.*, pp. 207-210, 650-659; este último autor propone, además, la extensión de esta solución a otros derechos reales, más allá de la transferencia convencional de propiedad (pp. 211-214); en el mismo sentido, MARTINY, D., "Lex rei sitae…", *op. cit.*, p. 124; AUDIT., B. y D'AVOUT., L., *Droit…*, *op. cit.*, p. 755-756; LAVAL, S., *Le tiers…*, *op. cit.*, pp. 78-84.

305 LAGARDE, P., "Sur la loi applicable…", *op. cit.*, pp. 167-170; ROTH, W.-H., "Secured Credit and the Internal Market: The Fundamental Freedoms and the EU Mandate for Legislation", en EIDENMÜLLER, H. Y KIENINGER, E.-M., (eds.), *The Future…*, *op. cit.*, pp. 46-67.

104 establece que las partes pueden someter la adquisición y la pérdida de los derechos reales mobiliarios al Derecho del Estado de expedición o de destino o al Derecho que regula el acto de base, aunque señala que dicha elección no es oponible a terceros. Por su parte, la Ley italiana de DIPr de 1995, en su art. 51, somete la transferencia convencional de propiedad a la ley del contrato. De la Ley suiza resulta destacable igualmente que —aunque con la limitación de sus efectos frente a terceros— da entrada al juego de la autonomía de la voluntad conflictual en el ámbito de los derechos reales, lo que viene siendo defendido por un importante sector doctrinal[306]. Más decidida ha sido, en este sentido, la Ley china de DIPr de 2011, al establecer en su art. 37 que las partes tendrán libertad de elegir la ley aplicable a los derechos reales sobre los bienes muebles, si bien, en defecto de dicha elección, estos se regirán por la ley del lugar donde se encuentren[307].

---

306 Son numerosos los autores que defienden el papel de la autonomía de la voluntad conflictual para determinar la ley aplicable a la transferencia convencional de la propiedad, y no solo en la doctrina francesa o inglesa, sistemas de tradición *solo consensu*, sino también en sistemas formalistas como el alemán; *vid.* D'AVOUT, L., *Sur les solutions…*, *op. cit.*, pp. 639-640. Como señala este autor, precisamente en Derecho alemán, paradigma de sistema formalista, la *traditio* no constituye una formalidad que cumpla una función publicitaria o securitaria de los intereses de terceros, pues puede tener lugar a través de *constitutum posesorium*, mediante el que el vendedor queda con la posesión de la cosa, si bien lo hace por cuenta de comprador, o le cede las acciones de restitución de la cosa que se encuentra en posesión de un tercero (*ibid.* pp. 646-647); en el mismo sentido, MARTINY, D., "Lex rei sitae…", *op. cit.*, p. 124; AUDIT., B. y D'AVOUT., L., *Droit…*, *op. cit.*, p. 755-756; LAVAL, S., *Le tiers…*, *op. cit.*, pp. 78-84.

307 Ley de la República Popular China para la determinación de la ley aplicable a las relaciones con los extranjeros en materia civil de 2011, cuya versión en inglés puede consultarse en *IPRax*, 2011, p. 203 (traducción de W. Long); *vid.* la traducción española, acompañada de un comentario a la Ley, en DENG, P., "El panorama legislativo del derecho internacional privado chino tras la publicación de la nueva ley para la determinación de la ley aplicable a las relaciones con los extranjeros en materia civil", *RJUAM*, 20 de julio de 2016 (en https://revistas.uam.es/revistajuridica/article/view/5602).

35. No obstante, como ya ha sido señalado en el epígrafe relativo a las relaciones *inter partes*, y con más razón, si cabe, en relación con los efectos frente a terceros, en Derecho internacional privado español vigente, el tenor literal del art. 10.1 Cc es claro y en virtud del mismo los derechos sobre los bienes quedan sometidos a la *lex rei sitae* sin concreción temporal. En este sentido, entre la doctrina española más especializada se ha propuesto la aplicación de la *lex rei sitae* anterior, con excepción de los requisitos de publicidad, las acciones que pueda interponer el acreedor para reclamar su derecho, así como el rango del derecho garantizado respecto de otros derechos de terceros sobre el mismo bien, que deberán regirse por la ley de la nueva situación del bien, como solución más favorable al equilibrio entre los intereses en presencia[308].

36. Coincidiendo en gran medida con esta última consideración, el texto consolidado de borrador de Propuesta de Reglamento sobre la ley aplicable a los derechos sobre los bienes corporales, elaborado por el Grupo Europeo de Derecho Internacional Privado (GEDIP), en su versión de 17 de septiembre de 2023[309] contempla, como regla general, la aplicación de la *lex rei sitae* sin concreción temporal (art. 4); si bien la regla general viene corregida en el art. 5, que prevé la aplicación de la ley de destino a la adquisición y la pérdida de los derechos (*proprietary rights*) sobre bienes en tránsito y sobre bienes destinados a la exportación. El juego de regla general y excepción responde a la necesidad de dar relevancia a las situaciones en las que la previsibilidad del cambio de situación del bien recomienda la aplicación de la ley de la de la nueva situación[310].

---

308 BOUZA VIDAL, N., *Las garantías mobiliarias…*, *op. cit.*, pp. 247-248.

309 El texto de la última versión antes del cierre de esta obra puede consultarse en https://gedip-egpil.eu/wp-content/uploads/2023/06/The-law-applicable-to-rights-in-rem-in-corporeal-assets-%E2%80%93-Consolidated-version.pdf

310 La necesidad de dar relevancia a la previsibilidad del cambio de localización del bien, ha sido recurrente en la doctrina nórdica; *vid.*, en este sentido, en JUUTILAINEN, T., *Secured credit in Europe. From*

En contra, el carácter imprevisible del cambio de ley aplicable resulta difícilmente oponible a los terceros protegidos (de buena fe a título oneroso), que son los únicos a los que no alcanza el principio de relatividad de los contratos[311]. Por ello, el art. 8 del texto propuesto, bajo el título "protección de los derechos adquiridos", realiza una aplicación distributiva de la *lex rei sitae*, en virtud de la cual, si existe un cambio de ley aplicable de acuerdo con el Reglamento y se ha adquirido un *proprietary right* conforme a la ley anterior a dicho cambio, esa ley seguirá regulando la existencia del citado derecho ya creado (art. 8.1); no obstante, la nueva ley regulará la extensión y el ejercicio de ese derecho, así como la prioridad entre ese derecho y otros creados sobre ese bien (art. 8.2). Por tanto, el texto opta por la protección de los terceros (léase adquirentes de buena fe a título oneroso), frente a los intereses del fiduciario.

Por ello y para "corregir" el desequilibrio, el texto propuesto introduce el mecanismo de la transposición de instituciones "desconocidas" en instituciones funcionalmente equivalentes del foro, con objeto de que los derechos reales, adquiridos conforme a la *lex rei sitae* inicial, puedan producir efectos en el Estado de la nueva localización del bien. En efecto, en él se establece que, si una persona invoca un derecho real del cual sea titular conforme a la ley del párrafo primero y la ley del párrafo segundo no reconoce ese derecho en cuestión, si resulta necesario y en la medida de lo posible, ese derecho será traspuesto al derecho real equivalente más próximo de la ley del párrafo segundo, teniendo en cuenta los objetivos y los intereses que persiga el derecho real específico y los efectos asociados al mismo (art. 8.3). Aclarando, en nota a pie, que el término correcto, desde la teoría general del DIPr es "transposición" o "trasposición" (*transposition*) y no "adaptación" (*adaptation*), a

---

Conflict to Compatibility, Hart, Oxford, 2018, p. 294; igualmente en la doctrina española, BOUZA VIDAL, N., *Las garantías mobiliarias…*, *op. cit.*, p. 246.

311 *Vid. supra*, apartado 2.2 del capítulo primero.

pesar de que este último es el que se ha utilizado en varios instrumentos UE, como los Reglamentos (UE) 650/2012 (art. 31), 2016/1103 (art. 29) y 2016/1104 (art. 29). En realidad, esa transposición consistirá en una "conversión" de la garantía extranjera en una conocida en el foro; no obstante, el legislador y las autoridades nacionales deberán facilitar dicha "conversión". En caso contrario, el fiduciario podría denunciar la existencia de un obstáculo a la libertad de circulación o una medida de efecto equivalente, que no se justifica en virtud de un concreto interés general ni respeta el principio de proporcionalidad. Ese límite podría afectar igualmente a las normas imperativas del foro (art. 9), incluso a la excepción de orden público (art. 10); pero esta cuestión será analizada infra en el epígrafe siguiente, relativo a la oponibilidad de la fiducia en garantía frente a los acreedores individuales del fiduciante.

Finalmente, el último párrafo del art. 8 del texto proyectado se dedica exclusivamente a la adquisición del derecho en caso de conflicto móvil, y concluye que, si un derecho real aún no ha sido adquirido conforme a la ley del párrafo primero antes del cambio de ley, para la adquisición del derecho real conforme a la ley del párrafo 2, los hechos producidos bajo la vigencia de la antigua ley, serán tenidos en cuenta como si se hubieran producido bajo la vigencia de la segunda (art. 8.4). El texto incorpora así la tradicional solución alemana al conflicto móvil, que considera el paso del bien de un Estado a otro como un cambio de estatuto (*Statutwechsel*); a partir de ahí, tiene en cuenta las circunstancias producidas cuando el bien estaba situado en el Estado de origen, que son consideradas por el nuevo ordenamiento jurídico como si se hubieran producido mientras el bien se encontraba ya en su propio territorio[312].

---

312 *Vid. supra*, apartado 3.2 de este mismo capítulo.

3.4. Oponibilidad frente a acreedores individuales del fiduciante

37. Cuando el bien afectado es objeto de un embargo por parte de los acreedores del fiduciante, en la actualidad esta cuestión también queda sometida al régimen de la *lex rei sitae*, si bien con frecuencia se plantean, de nuevo aquí, problemas de conflicto móvil, cuando la ley de situación del bien en el momento de trabarse el embargo es distinta de la del lugar en el que se encontraba el bien en el momento de la celebración o perfección del contrato de garantía. Se ha venido sosteniendo tradicionalmente que el Estado donde se trabe el embargo es el lugar afectado por la circulación del bien y de acuerdo con su ley han de determinarse los derechos de los acreedores del deudor. Por eso se considera que la ley del embargo ha de regir los requisitos de oponibilidad de la garantía en el procedimiento de ejecución de los bienes del deudor y los requisitos de publicidad para que la garantía goce de preferencia y se determine su rango. Por su parte, la *lex fori* —que normalmente suele coincidir con la ley del embargo— establecerá las acciones con las que cuenta el titular de la garantía (tercería de dominio o de mejor derecho), los efectos de tales acciones sobre el proceso de ejecución (derecho de separación o cobro preferente), así como los medios de prueba y de acreditación de la condición de tercerista[313].

38. A esta misma consideración responde el texto consolidado de borrador de Propuesta de Reglamento sobre la ley aplicable a los derechos sobre los bienes corporales, elaborado por el Grupo Europeo de Derecho Internacional Privado (GEDIP), en su versión de 17 de septiembre de 2023[314]. Como ya se ha señalado en el apartado anterior, relativo a la oponibilidad de la fiducia en garantía frente

---

313 BOUZA VIDAL, N., *Las garantías…, op. cit.*, p. 225; FERNÁNDEZ ROZAS, J.C. y SÁNCHEZ LORENZO, S., *Derecho…, op. cit.*, pp. 820 y 826-827.

314 *Vid. supra*, apdo. 3.3 de este mismo capítulo.

a terceros adquirentes, la aplicación distributiva de la *lex rei sitae*, somete a la ley posterior al traslado del bien la extensión y el ejercicio del derecho adquirido conforme a la *lex rei sitae* anterior a dicho traslado, así como su prioridad entre ese derecho y otros creados sobre ese bien (art. 8.2). Al respecto se ha sostenido en el apartado anterior que la aplicación de la *lex rei sitae* posterior en estos casos supone un desequilibrio a favor de la seguridad del tráfico local, es decir, de la protección de los intereses de los terceros y de otros acreedores locales del fiduciante, en este caso acreedores individuales, en detrimento del derecho adquirido conforme a otra ley.

Por eso cabe preguntarse, desde la perspectiva seguida en este capítulo de atender a los intereses en juego para resolver los problemas de conflicto móvil que plantea la regla *lex rei sitae*, si un embargo es un hecho con trascendencia jurídico-real que pueda producir el cambio de ley aplicable al derecho real válidamente constituido conforme a la ley del lugar donde se encontraba el bien en el momento de constituirse la garantía. Según lo mantenido en los epígrafes anteriores, tan solo una posterior transmisión o la posterior creación de un derecho real sobre dicho bien deberían afectarle. Es decir, solo cuando se transmitiera el bien en el nuevo Estado de situación o en el mismo se creara un nuevo derecho real sobre el bien, se generaría un auténtico conflicto de intereses a resolver por la ley de dicho Estado. Los acreedores del fiduciante no son terceros protegidos y su derecho no debería prevalecer sobre el derecho del fiduciario. Mantener lo contrario supone un coste tan alto para el fiduciario en supuestos transfronterizos, que quedará disuadido de garantizar de esta forma un bien que posteriormente pueda ser trasladado a España, si su derecho no va a resistir aquí un eventual embargo del bien sobre el que recae su derecho real. En este sentido se ha señalado que los intereses de los acreedores individuales no pueden justificar siempre y en todo caso la aplicación de la ley del embargo, concretamente cuando se demuestre que dicha aplicación vulnera la libre circulación de mercancías. Es decir, no puede mantenerse que, siempre y en todo caso, los intereses de los acreedores locales constituyen excepciones legítimas a la libre circulación de mercancías[315].

39. En efecto, el no reconocimiento en España de los efectos de la fiducia válidamente creada o constituida conforme al Derecho de otro Estado miembro, puede suponer un obstáculo a la libre circulación de mercancías o, al menos, una medida de efecto equivalente: el fiduciario extranjero no querrá constituir una garantía conforme a una ley distinta a la española, sobre los bienes de un deudor domiciliado en España, si los bienes van a ser trasladados a España después de que la garantía haya sido constituida conforme a esa ley extranjera (*i.e.* alemana o francesa), por ser España un Estado donde el derecho del fiduciario no va a resistir un eventual embargo de tales bienes. Esos obstáculos solo pueden estar justificados cuando se trate de proteger un concreto interés general y no exista otra medida menos restrictiva que asegure dicho resultado (principio de proporcionalidad). En este caso, la medida —la aplicación de la ley española a título de ley del embargo— resulta desproporcionada. Ello es así porque no existe una razón de política legislativa convincente que haga prevalecer los intereses de un acreedor individual embargante sobre los del (acreedor) fiduciario que financió al vendedor conforme a la ley del Estado de situación del bien en el momento de la constitución de su garantía[316].

---

315 *Vid.* KIENINGER, E.-M. *Mobiliarsicherheiten im Europäischen Binnenmarkt*, Nomos, Baden-Baden, 1996, pp. 63-121; ROTH, W.-H., "Secured credit...", *op. cit.*, pp. 46-67; WENDEHORST, Ch., "Art. 43 EGBGB" en *Münchener Kommentar BGB*, Band 11, 7. Auflage, Beck, Munich, 2018, nº 154; MARTINY, D., "Lex rei sitae...", *op. cit.*, p. 122-125; RUTGERS, J.W., "Secured Credit and Internal Market: The Fundamental Freedoms and the EU's Mandate for Legislation", en EIDENMÜLLER, H. y KIENINGER, E.-M., *The Future...*, *op. cit.*, pp. 68-82, esp. pp. 74-79; KREUZER, K., "La propriété...", *op. cit.*, p. 242.

316 *Vid.* SCHULTE-BRAUCKS, R. y ONGENA, S., "The LatePayment Directive —a step towards an emerging European Private Law?", *ERPL*, 2003-4, pp. 519-544, p. 535; AUDIT, B. y D'AVOUT, L., *Droit...*, *op.*

Frente a lo que ha considerado alguna doctrina muy especializada[317], no parece que la STJUE de 26 de octubre de 2006 (asunto C-302/05, Comisión contra Italia)[318] se oponga a la aplicación del principio de reconocimiento mutuo al ámbito de las garantías constituidas conforme al Derecho de otro Estado miembro. La sentencia resuelve el recurso por incumplimiento del art. 4 de la Directiva 2000/35/CE, del Parlamento Europeo y del Consejo, de 29 de junio de 2000[319], por la que se establecen medidas de lucha contra la morosidad en operaciones comerciales; recurso presentado por la Comisión contra la República Italiana, que incluye en su legislación ciertos requisitos para que la cláusula de reserva de dominio sea oponible frente a terceros[320]. En su apdo. 30, el TJCE sostiene que las normas nacionales sobre la oponibilidad de la cláusula frente a terceros *cuyos derechos no se vean afectados por la Directiva*[321], quedan fuera de su ámbito de aplicación y sometidas al Derecho de los EE.MM. Con ese argumento concluye en su apdo. 31 que la República italiana no ha incumplido las obligaciones impuestas

---

cit., p. 756; CACHARD, O., *Droit…*, *op. cit.*, p. 243; LAGARDE, P., "Sur la loi applicable…", *op. cit.*, p. 169; LAVAL, S., *Les ties …*, *op. cit.*, p. 78 y 84; DESCHAMPS, M., "Conflict-of-Law Rules for Security Rights: What Should Be the Best Rules?", en EIDENMÜLLER, H. y KIENINGER, E.-M., *The Future…*, *op. cit.*, pp.284-296, esp. pp. 292; en la doctrina española, VIRGÓS SORIANO, M., *Derecho internacional privado. Parte especial*, Eurolex, Madrid, 1995, p. 262; en relación con otra forma de garantía basada en la propiedad, HEREDIA CERVANTES, I., "Reserva de dominio y concurso internacional", en CARRASCO PERERA, A. (dir.), *Tratado de la compraventa. Homenaje al Profesor Rodrigo Bercovitz*, Tomo I, Aranzadi, Cizur Menor, 2013, pp. 249-260, esp. p. 253; CARO GÁNDARA, R., *La reserva de dominio…*, *op. cit.*, pp. 134-135.

317 BOUZA VIDAL, N., "La armonización…", *op. cit.*, p. 259.

318 ECLI: EU:2006:683.

319 *DOCE* L 200, de 8 de agosto de 2000; sustituida por la Directiva 2011/7/UE, de 16 de febrero de 2011 (*DOUE*, L 48, de 23 de febrero de 2011), cuyo art. 9 reproduce el art. 4 de la anterior.

320 El apdo. 26 de la sentencia establece que deberá haberse pactado expresamente antes de la entrega de los bienes para que produzca el efecto de retención de la propiedad y sus apdos. 27 y 28 señalan que deberá reconocerse ese efecto a la cláusula si es válida conforme a la ley aplicable según las normas de DIPr del foro.

321 La cursiva es nuestra.

por el art. 4.1 de la Directiva, al exigir, para que pueda ser oponible frente a los acreedores del comprador, que la cláusula deba ser confirmada en cada una de las facturas de fecha cierta anterior a la apertura del procedimiento de embargo y conste registrada en los libros contables. Por tanto, el TJUE no se pronuncia sobre la posible vulneración de las libertades UE que podría suponer la aplicación de los requisitos exigidos por el legislador italiano, sino que simplemente acoge, en la citada sentencia, la posición que durante el largo proceso de elaboración de la Directiva mantuviera el Consejo frente a la Comisión y al Parlamento, al interpretar que el objetivo de la Directiva se limita a contemplar la cláusula como garantía del pago para el vendedor o medio de presión de este al comprador, con objeto de evitar su morosidad (*Druckmittel*), excluyendo de su ámbito de aplicación los efectos frente a terceros[322].

40. De nuevo aquí podría recurrirse a la cuestión de la previsibilidad del traslado del bien sobre el que se va a constituir la garantía, para aportar una solución lo suficientemente equilibrada al complejo problema del conflicto de intereses en presencia. Para ello se parte del art. 5 del texto consolidado de borrador de Propuesta de Reglamento sobre la ley aplicable a los derechos sobre los bienes corporales, elaborado por el Grupo Europeo de Derecho Internacional Privado (GEDIP), en su versión de 17 de septiembre de 2023[323], que somete a la ley de destino la adquisición y la pérdida de los derechos (*proprietary rights*) sobre bienes en tránsito y sobre bienes destinados a la exportación; entendiendo que, en los supuestos de bienes destinados a la exportación, el cambio de ley aplicable es realmente previsible para el acreedor. No obstante, en esta obra se propone una interpretación amplia de este precepto, que incluya en los términos adquisición y pérdida todas las situaciones en que el cambio fuera previsible para el acreedor ya en el

322 Apdo. 29. Para comentario a esta sentencia en su contexto, *vid.* CARO GÁNDARA, R. *La reserva de dominio…*, *op. cit.*, pp. 111-117.

323 *Cit. supra* en el apdo. 3.3 de este mismo capítulo.

momento de constituir la garantía. Pero, correlativamente, la propuesta que aquí se hace conlleva una interpretación extensiva o, al menos, flexible del sentido del art. 8.1 del citado borrador, de manera que se respeten también los efectos, frente a otros acreedores del fiduciante, de los derechos adquiridos por el fiduciario conforme a la *lex rei sitae* anterior, en los supuestos en los que resultara objetivamente imprevisible para él el cambio de ley aplicable.

Esa misma es la razón por la que el propio legislador europeo y —en distinta medida— el legislador español, establecen excepciones a la aplicación de la *lex concursus* a las garantías constituidas sobre los bienes del deudor que, en el momento de apertura del procedimiento, se encuentren en el territorio de otro Estado. Los titulares de los derechos sobre esos bienes situados fuera del Estado donde se abra el procedimiento concursal no deben verse sorprendidos por un procedimiento concursal que no pudieron prever en el momento de constituir la garantía. A estos aspectos se dedica el epígrafe siguiente.

3.5. Oponibilidad en el concurso del fiduciante

41. En el ámbito de los procedimientos de insolvencia del deudor, se viene sosteniendo que son razones económicas, de protección del patrimonio del deudor y, en definitiva, de todos los acreedores —incluso el fiduciario, que preferirá cobrar a apropiarse de un bien que ya habrá perdido valor— las que aconsejan la aplicación de una regla de alcance universal, como es la *lex fori concursus*. En efecto, en principio, la incidencia de la apertura de un procedimiento de insolvencia sobre los créditos contra el deudor y su rango o posición en el concurso quedan sometidos a la *lex concursus*. Así lo establecen las normas españolas reguladoras de las insolvencias transfronterizas, de fuente supranacional e interna. Concretamente, el Reglamento (UE) 2015/848 del Parlamento Europeo y del Consejo, de 20 de

mayo de 2015, sobre procedimientos de insolvencia (RI)[324] y el texto refundido de la Ley Concursal (TRLC)[325].

El RI tiene un ámbito de aplicación espacial limitado, es decir, sus normas no tienen alcance universal o *erga omnes*. El texto sólo se aplica a los concursos europeos, entendiendo por tales los que se abran respecto de deudores cuyo centro de intereses principales (COMI, según sus siglas en inglés) se localice en un Estado miembro de la UE[326] (conexión europea)[327], mientras que si se localiza en un tercer Estado o la *lex causae* es la de un tercer Estado, serán aplicables las normas residuales de Derecho internacional privado de cada Estado[328], en nuestro caso, el régimen del TRLC[329].

El RI y el TRLC regulan un procedimiento principal, de carácter universal, que se sustancia en el Estado donde el deudor tiene su COMI (considerando 23 y arts. 3.1 RI y 45 TRLC, respectivamente), a cuya ley quedan sometidos —en principio— todos los bienes, se encuentren o no en ese Estado (*lex fori concursus principalis*). Esta ley resulta aplicable a todos los aspectos sustantivos y de procedimiento (art. 7 RI y 722 TRLC), si bien presentan una serie de excepciones, contenidas en los arts. 8-18 RI y en los arts.

---

324 *DOUE* L 141, de 5 de junio de 2015.

325 Real Decreto Legislativo 1/2020, de 5 de mayo, por el que se aprueba el texto refundido de la Ley Concursal., BOE nº 127, de 7 de mayo de 2020. Reformado por Ley 16/2022, de 5 de septiembre (BOE nº 214, de 6 de septiembre de 2022).

326 Considerando 25 del Reglamento (UE) 2015/848.

327 *Informe Virgós/Schmit, sobre el Convenio de Bruselas relativo a los procedimientos de insolvencia, de 23 de noviembre de 1995*, (en adelante *Informe Virgós/Schmit*), núm. 93.

328 Vid. VAN ZWIETEN, K. (ed.), *Goode on Principles of Corporate Insolvency Law*, Londres, 5ª ed., Sweet & Maxwell, 2019, pp. 885-886.

329 VIRGÓS SORIANO, M. y GARCIMARTÍN ALFÉREZ, F.J., *Comentario al Reglamento Europeo de Insolvencia*, Madrid, Thomson/Civitas, 2003, p. 30; ESPINIELLA MENÉNDEZ, A. "El Reglamento europeo de insolvencia en España. El nuevo Reglamento europeo de insolvencia y la propuesta de texto refundido de la Ley Concursal: encuentros y desencuentros", *REDI*, vol. 70, 2018, núm. 1, pp. 245-252, esp. p. 246.

723-731 TRLC. Además, RI y TRLC permiten abrir un procedimiento territorial en España, aunque el deudor tenga su COMI en el extranjero, si tiene un establecimiento en nuestro país (art. 3.2 RI y 732-735 TRLC), ya se haya abierto —el procedimiento territorial— antes o después del principal. En estos casos la masa activa solo se compone de los bienes situados en España y es aplicable la ley española[330].

42. En efecto, entre las excepciones a la aplicación de la *lex fori concursus*, el art 8 RI, que lleva por título "Derechos reales de terceros", establece en su apartado primero que la apertura del procedimiento de insolvencia no afectará a los derechos reales de un acreedor o de un tercero sobre los bienes, materiales o inmateriales, muebles o inmuebles, tanto bienes concretos, como conjuntos de bienes indefinidos que varían de vez en cuando (*sic*), que pertenezcan al deudor y que, en el momento de apertura del procedimiento, se encuentren en el territorio de otro Estado miembro. No es esta una regla de creación de derechos, sino de reconocimiento y de otorgamiento de inmunidad a los ya creados extraconcursalmente, al amparo de la rectora del derecho real (*lex rei sitae*).

---

[330] Véase VIRGÓS SORIANO, M. y GARCIMARTÍN ALFÉREZ, F.J., *Comentario…, op. cit.*, pp. 25-33; CUNIBERTI, G., NABET, P., RAIMON, M., *Droit européen de l'insolvabilitè*, LGDJ, París, 2017, pp. 25-161; HESS, B., OBERHAMMER, P., BARIATI, S., KOLLER, C., LAUKEMANN, B., REQUEJO ISIDRO y M., VILLATA, F.C. (eds.), *The implementation of the New Insolvency Regulation. Improving Cooperation and Mutual Trust,* Nomos, Baden-Baden, 2017, pp. 106-183; BORK, R. y VAN ZWIETEN, K., *Commentary on the European Insolvency Regulation,* 2nd. ed., Oxford University Press, Oxford, 2022, pp. 123-202; 244-292 y 445-633; HESS, B., OBERHAMMER, P. y PFEIFFER, T., *European Insolvecy Law,* Beck, Munich, 2014, pp.7-14; VAN ZWIETEN, K. (ed.), *Goode on Principles…, op. cit.*, pp. 809-894; BORK, R. y MANGANO, R., *European Cross-Border Insolvency Law,* 2nd., ed., Oxford University Press, Oxford, 2022, pp. 77-125; CAMPUZANO DÍAZ, B., *Aspectos internacionales del Derecho concursal,* Laborum, Murcia, 2004, pp. 61-68; CALVO CARAVACA, A.-L. y CARRASCOSA GONZÁLEZ, J., *Litigación internacional en la Unión Europea (V). Derecho concursal internacional: Reglamento (UE) 2015/848, Texto Refundido Ley Concursal (Libro Tercero) de 2020, Directiva (UE) 2019/1023,* Aranzadi, Cizur Menor, 2021, pp. 130-255.

El apartado segundo del art. 8 RI establece que esos derechos son, en particular, el derecho a realizar o a que se realice el bien y a ser pagado con el producto de la venta (a); el derecho exclusivo a cobrar un crédito, en particular el derecho garantizado por una prenda del crédito o por una cesión de ese crédito a título de garantía (b); el derecho a reivindicar ese bien y a reclamar su restitución a cualquiera que lo posea o utilice en contra de la voluntad de su titular (c); el derecho a percibir los frutos de un bien (d). Su lectura recuerda los rasgos y las prerrogativas que poseen —con carácter general— los tipos más frecuentes de derechos reales[331]. En realidad, el art. 8.2 RI contiene una enumeración de carácter ejemplificativo —no exhaustiva— de los derechos contemplados en el apartado 1. Esa lista ha de interpretarse, en todo caso, en virtud del sentido y fin del precepto, tal como se deduce de la *ratio* del mismo y del Informe Virgós/Schmit[332].

En esta línea, las características que deben ser tenidas en cuenta para considerar incluido en el precepto un derecho son la inmediatez de la relación entre el sujeto y el bien, y el carácter absoluto o *erga omnes* del derecho de su titular[333]. Concretamente, ello supone que su titular pueda interponer una acción reivindicatoria en supuestos de enajenación a terceros; o tercerías de dominio o de mejor derecho frente a ejecuciones individuales y en procedimientos de insolvencia colectiva, en los que podrá gozar de un derecho de enajenación separada o privilegios o preferencias. Por tanto, el art. 8 RI no solo supone una excepción a la aplicación de la *lex concursus*, sino una excepción misma al principio de universalidad que preside los procedimientos colectivos de insolvencia contra un mismo deudor. Lo que comporta, como consecuencia, excluir de la masa de

---

331 El apartado tercero, por su parte, extiende ese tratamiento a los derechos inscritos en un registro público y oponibles frente a terceros, que permitan obtener un derecho real en el sentido del apartado primero.

332 *Informe Virgós/Schmit, op. cit.*, núm. 101-103.

333 *Ibid.*, esp. núm. 103.

la quiebra los bienes afectados por tales derechos, si se dan las condiciones en él establecidas. Por tanto, el acreedor, titular de los mismos, podrá realizar su garantía en las condiciones extraconcursales que le permita la ley aplicable a la constitución del derecho real y ello aunque no lo contemple así la *lex concursus*[334].

No obstante la calificación que pueda recibir o reciba el derecho en un determinado ordenamiento jurídico, su inclusión en el ámbito de aplicación material del art. 8 RI va a depender de que ese derecho posea los caracteres a los que se ha hecho referencia (relación inmediata y contenido absoluto o *erga omnes*) y no solo de la calificación que reciba en el ordenamiento jurídico del foro[335]. Por ello, con independencia de su consideración en la doctrina y la jurisprudencia españolas, las prerrogativas que se atribuyen al acreedor (derecho de ejecución separada, legitimación para interponer tercerías de dominio o de mejor derecho...), aseguran su inclusión en el ámbito de aplicación del precepto.

> En este sentido hay que tener en cuenta la sentencia del TJUE (Sala Quinta), de 26 de octubre de 2016, asunto C-195/15, *Senior Home*[336]. En el litigio principal —y conforme al artículo 4 del Reglamento 1346/2000 (art. 7 del actual RI) —, el procedimiento de insolvencia abierto con respecto a *Senior Home* estaba sujeto al

---

334 VIRGÓS SORIANO, M. y GARCIMARTÍN ALFÉREZ, F.J., *Comentario..., op. cit.*, pp. 98 y 105.

335 A una solución en dos escalones, que parte de la calificación *ex lege causae* (*lex rei sitae* como ley aplicable al derecho real), a la que se añade la "corrección material" que realiza el art. 8 RI, se refieren CALVO-CARAVACA, A.-L. y CARRASCOSA GONZÁLEZ, J., *Litigación internacional en la Unión Europea (V). Derecho concursal internacional..., op. cit.*, p. 289. A esta solución combinada hace referencia también SNOWDEN, R., en BORK, R. y VAN ZWIETEN K. (eds.), *Commentary..., op. cit.*, pp. 268-285, esp. pp. 276-278; en el mismo sentido, considerando que la *lex rei sitae* debe acomodarse a los parámetros del art. 8.2 RI se refieren VAN ZWIETEN, K., (ed.) *Goode on Principles..., op. cit.*, p. 876-878; BORK, R. y MANGANO, R., *European..., op. cit.*, p. 147.

336 ECLI: EU: C: 2016: 204.

Derecho francés. En virtud de este ordenamiento jurídico la apertura del procedimiento concursal no permite la venta forzosa de un inmueble propiedad del deudor. Sin embargo, en este caso, el inmueble objeto del litigio estaba situado en Alemania, por lo que, en aplicación del entonces artículo 5.1 (actual art. 8.1) RI, la apertura del procedimiento de insolvencia en Francia no afectaba a los derechos reales de un acreedor o de un tercero sobre el bien que se encontraba en el territorio de otro Estado miembro (Alemania). Con arreglo al Derecho alemán, los créditos exigibles en concepto de impuesto sobre bienes inmuebles constituyen gravámenes públicos sobre la propiedad inmobiliaria que son considerados derechos reales, con la consecuencia de que el propietario del inmueble gravado debe soportar la ejecución forzosa del título que declara los créditos sobre el inmueble.

No obstante, el órgano jurisdiccional remitente se preguntaba si la cuestión de la existencia o no de un derecho real a efectos de la aplicación del entonces art. 5.1 (actual art. 8.1) RI debe apreciarse sobre la base del Derecho alemán o si, por el contrario, procede interpretar el concepto de "derecho real" de manera autónoma. En principio, haciendo alarde del "universalismo atenuado" o "mitigado" al que responde el modelo normativo del RI[337] (apdo. 17 de la sentencia y apdos. 21 a 23 de las Conclusiones del Abogado General, Maciej Szpunar[338]), la sentencia señala que de la jurisprudencia del TJUE se desprende que el fundamento, la validez y el alcance de los derechos reales deben determinarse normalmente con arreglo a la ley del lugar en que se encuentre el bien objeto de tal derecho (apdo. 18), como igualmente se establecía en el entonces considerando 25 (actual considerando 68) RI[339]. Por tanto, la cuestión de la calificación como derecho real, a los efectos de la aplicación del art. 5.1 (actual art. 8.1) RI ha de examinarse a la luz del Dere-

---

337 Véase, por todos, VIRGÓS SORIANO, M., GARCIMARTÍN ALFÉREZ, F.J., *Comentario…*, *op. cit.*, p. 25.

338 Conclusiones presentadas el 26 de mayo de 2016, ECLI:EU:C:2016:369.

339 Remitiéndose a las sentencias de 5 de julio de 2012, *ERSTE Bank Hungary*, C-527/10, ECLI:EU:C:2012:417, apdos. 40 a 42; y de 16 de abril de 2015, *Lutz*, C-557/13, ECLI:EU:C:2015:227, apdo. 27.

> cho nacional, en este caso del Derecho alemán, Estado donde se encuentra el bien (apdo. 19). No obstante, como señala el Abogado General en los apdos. 43 y 44 de sus Conclusiones, para no privar de su efecto útil a la limitación del ámbito de aplicación del precepto a los derechos reales, los derechos así calificados por la legislación nacional deben cumplir determinados criterios para estar incluidos dentro del ámbito de aplicación del citado artículo (apdo. 22). El TJUE concluye que el derecho objeto del litigio principal cumple los criterios del artículo 5.2 (actual art. 8.2) RI en la medida en que, por una parte, constituye una carga que grava directa e inmediatamente el bien inmueble objeto del impuesto y, por otra, el propietario del inmueble debe soportar la ejecución forzosa sobre este. Pues, como observa el Abogado General en el apdo. 49 de sus Conclusiones, durante un procedimiento de insolvencia, la administración tributaria alemana goza de la condición de acreedor privilegiado que le reconoce el gravamen sobre la propiedad inmobiliaria (apdo. 23)[340].

Por otro lado, y a la vista del tenor literal del arts. 8. 1 RI, este tan solo permite entender incluidos en su ámbito de aplicación material los derechos reales ya existentes y respecto de los futuros, solo los que deriven de contratos perfeccionados con anterioridad a la apertura del concurso. Si los contratos se perfeccionaron después, los derechos reales derivados de los mismos no podrán beneficiarse de la regla de inmunidad. Ello es así porque el precepto hace referencia a los derechos reales sobre bienes que en el momento de apertura del procedimiento se encuentren en el territorio de otro Estado miembro distinto al de apertura

---

340 Véase, entre otros, los comentarios a la sentencia en MANKOWSKY, P., "Öffentliche Lasten als dingliche Rechte im Sinne von Art. 5 EulnsVO 2000, bzw. Art. 8 EulnsVO 2015", *RIW*, 2017, pp. 93-98; STRICKLER, P., "Insolvenzrecht: Einordnung von Grundsteuerlasten als privilegiertes dingliches Recht im Rahmen des europäischen Insolvenzverfahrens", *EuZW*, 2016, pp. 946-947; GARCIMARTÍN ALFÉREZ, F.J., "Garantías y créditos públicos extranjeros", en *https://almacendederecho.org/garantias-reales-creditos-publicos-extranjeros*

del procedimiento de insolvencia, por lo que en ese momento ya deberán estar completamente identificados[341].

El apartado 4 del art. 8 RI cierra el precepto señalando que lo establecido en el apartado primero no impide el ejercicio de las acciones de nulidad, anulación o inoponibilidad (de actos realizados en perjuicio de acreedores). Estas tienen su propio régimen y se sujetan a la *lex fori concursus*, en virtud del art. 7.2 m) RI; aunque en virtud del art. 16 RI, el art. 7.2 m) quedará desactivado cuando el que se haya beneficiado de un acto perjudicial para los intereses de los acreedores pruebe que es conforme y no puede impugnarse de acuerdo con la ley del Estado bajo cuya cobertura se realizó[342].

---

341 Véase *Informe Virgós/Schmit*, *op. cit.*, núm. 96; VIRGÓS SORIANO, M., GARCIMARTÍN ALFÉREZ, F.J., *Comentario…*, *op. cit.* p. 102; HEREDIA CERVANTES, I., "Derechos reales sobre créditos dinerarios y concurso internacional", *Revista de Derecho Concursal y Paraconcursal*, núm. 8, 2008, pp. 559-570, esp. p. 563; *id.*, "El artículo 5 del Reglamento comunitario 1346/2000 sobre procedimientos de insolvencia: cuestiones relativas a los derechos reales sobre créditos", *AEDIPr*, tomo III, 2003, pp. 223-234, esp. p. 227; BORK, R. y MANGANO, R., *European…*, *op. cit.*, pp. 150-151. La sentencia TJUE de 16 de abril de 2015, asunto c-557/13, *Lutz*, señala que la regla del art. 5.1 (actual 8.1) RI tiene por objeto permitir al acreedor invocar de manera efectiva, aun después de la apertura del procedimiento de insolvencia, un derecho real constituido antes del inicio de dicho procedimiento (apdo. 39).

342 Véase al respecto VIRGÓS SORIANO, M. y GARCIMARTÍN ALFÉREZ, F.J., *Comentario…*, *op. cit.*, p. 95 y pp. 134-137. En la jurisprudencia del TJUE, sentencia de 16 abril de 2015, asunto C-557/13, *Lutz*, núms. 39-43 (ECLI:EU:C:2015:227), comentada por PIEKENBROCK, A., "Zur paktischen Anwendung von Art. 13 EuInsVO", *IPRax*, 2016, pp. 219-230; CARBALLO PIÑEIRO, L., "Hermann Lutz v Elke Bäuerle o de la ley aplicable a las acciones revocatorias concursales", *Bitácora Millennium DIPr*, 2015, núm. 2, pp. 1-16; *ídem*, "Sentencia del Tribunal de Justicia de 16 de abril de 2015, asunto C-557/13, Hermann Lutz y Elke Bauerle, en calidad de síndico de ECZ Autohaldel GmbH", *REDI* 2015, pp. 208-212. Igualmente, STJUE de 8 de junio de 2017, asunto C-54/16, Vinyls (ECLI:EU:C:2017:433), comentada por DE MIGUEL ASENSIO, P., "Las acciones de reintegración en el Reglamento europeo de insolvencia: precisiones sobre la ley aplicable", *La Ley Unión Europea*, núm. 50, 2017, pp. 1-8.

43. En realidad, el art. 8 RI es el primero de una serie de reglas especiales que suponen excepciones a la aplicación de la *lex concursus*. Tales excepciones se fundamentan, con carácter general, en dos tipos de argumentos: uno de naturaleza sustantiva y otro de naturaleza procesal. En virtud del primero, si bien la existencia de una sola ley aplicable a todas las relaciones jurídicas del deudor facilitaría la acción colectiva, ello supondría la aplicación de la *lex fori concursus* a derechos y relaciones jurídicas configurados conforme a otra ley. Lo que constituye un riesgo de inseguridad jurídica y de aumento de costes en las relaciones nacidas al amparo de otros ordenamientos jurídicos. Para evitar la vulneración de los derechos adquiridos conforme a esas otras leyes y proteger las expectativas de sus titulares en relación al grado de resistencia de su derecho frente al concurso del deudor, el Reglamento ha establecido tales excepciones a la aplicación de la *lex concursus*[343]. En virtud del segundo argumento, de naturaleza procesal, se sostiene que los procedimientos colectivos suelen ser muy complejos y costosos desde el punto de vista de su administración, por lo que algunos privilegios pueden facilitar las cosas. Es el caso de la excepción contenida en el art. 8 RI[344].

44. Dicho precepto consagra una regla de inmunidad de alcance material, porque impide que en el procedimiento de insolvencia esos derechos de acreedores y terceros puedan quedar sometidos no solo a la *lex fori concursus principalis*, sino también a la del Estado miembro donde se encuentre el bien (*lex rei sitae*); por eso se la califica también como una regla de "no reconocimiento" del procedimien-

---

343 Véase considerando 68 RI. Igualmente, considerandos 24 y 25 del Reglamento (CE) 1346/2000 y STJUE de 26 de octubre de 2016, asunto C-195/15, *Senior Home* (ECLI: EU: C: 2016: 204), apdo. 28.

344 Véase *Informe Virgós/Schmit, op. cit.*, núm. 92; igualmente VIRGÓS SORIANO, M. y GARCIMARTÍN ALFÉREZ, F.J., *Comentario..., op. cit.*, pp. 92 y 93, especialmente en relación a los arts. 8-10, pues el segundo fundamento no ha sido el utilizado para las excepciones establecidas en los arts. 11-13, que responden solo al primero (protección de las expectativas).

to de insolvencia, o de "no afectación" del mismo a tales derechos[345]. O, dicho de otro modo, las garantías incluidas en el ámbito de aplicación del art. 8 RI no quedan afectadas por el procedimiento de insolvencia principal cuando el bien sobre el que recaen se encuentre en otro Estado miembro distinto al de apertura del procedimiento. Ello significa, además, que el acreedor, titular de la garantía, podrá realizarla al margen del concurso, si bien el remanente de la ejecución separada deberá ser reintegrado a la masa, en los términos previstos en el art. 23 RI[346]. Por su parte, el

---

345 *Informe Virgós/Schmit, op. cit.*, núm. 94-99; A esta consideración se adscribe la mayoría de la doctrina; véase, entre otros, PIEKENBROCK, A., en HESS, B., OBERHAMMER, P., PFEIFFER, T. (eds.), *European Insolvency Law..., op. cit.*, pp. 178-181, quien explica cómo esta es la opinión mayoritaria en 17 Estado miembros, en 4 Estados miembros la cuestión no ha sido resuelta aún, y en otros 4 los informes nacionales no se refieren a dicha cuestión. Sólo en Hungría se considera abiertamente que el precepto contiene una norma de conflicto que somete la cuestión a la ley del Estado miembro donde se encuentre el bien sobre el que recae el derecho real; DANIELE, L., "Legge applicabile e diritto uniforme nel regolamento comunitario relativo alle procedure di insolvenza", *RDIPP*, 2002, pp. 33-50, esp. pp. 38 y 39; VAN ZWIETEN, K (ed.)., *Goode on Principles..., op. cit.*, pp. 884-885; McCORMACK, G. y BORK, R. (eds.), *Security Rights and the European Insolvency Regulation*, Intersentia, Cambridge, 2017, pp. 27-29 y 34; BORK, R. y MANGANO, R., *European..., op. cit.*, pp. 145-146; CUNIBERTI, G., NABET, P. y RAIMON, M., *Droit européen..., op. cit.*, pp. 281-282. SNOWDEN, R. en BORK, R. y VAN ZWIETEN K., *Commentary..., op. cit.* pp. 268-285, esp. pp. 270-275; igualmente, se considera una norma material en la doctrina española, véase VIRGÓS SORIANO, M. y GARCIMARTÍN ALFÉREZ, F.J., *Comentario..., op. cit.*, pp. 105 y 106; GARCIMARTÍN ALFÉREZ, F.J., "El Reglamento...", *op. cit.*, p. 274 y 275; ESPINIELLA MENÉNDEZ, A., "Derechos reales...", *op. cit.*, p. 188; CAMPUZANO DÍAZ, B., *Aspectos internacionales..., op. cit.*, p. 161; JIMÉNEZ GÓMEZ, B.S., *Garantías reales sobre bienes inmateriales en el comercio internacional*, Aranzadi, Cizur Menor, 2020, pp. 370-371; CALVO CARAVACA, A.L-, CARRASCOSA GONZÁLEZ, *Litigación internacional en la Unión Europea (V). Derecho concursal internacional..., op. cit.*, pp. 284-286.

346 La excepción afecta a los derechos no a los bienes sobre los que recaen. *Vid.* considerando 68 (anterior 25) RI; *Informe Virgós/Schmit, op. cit.*, núm. 99; igualmente VIRGÓS SORIANO, M. y GARCIMARTÍN ALFÉREZ, F.J., *Cometario..., op. cit.*, pp. 108-109; GARCIMARTÍN ALFÉREZ, F.J., "El Reglamento de insolvencia: una aproximación

administrador concursal no podrá realizar actos perjudiciales para el titular del derecho real; si bien, podrán decidir el pago del crédito garantizado, para evitar la realización del derecho sobre el propio bien y la consiguiente pérdida de valor que pueda conllevar[347].

Esos derechos tan solo podrían quedar sometidos a un procedimiento territorial de insolvencia en el Estado miembro donde se encontrase el bien, si el deudor dispusiera allí de un establecimiento[348]; En ese caso sería aplicable la *lex fori concursus* del procedimiento territorial, que determinaría el régimen aplicable a la garantía real. La inmunidad pasaría así a ser relativa. Si no se diera dicha coincidencia, la inmunidad sería absoluta[349].

45. Por tanto, el art. 8 RI es una norma de derecho material uniforme que tiene por finalidad evitar que la declaración de apertura de un procedimiento de insolvencia impida que los derechos reales incluidos en su ámbito de aplicación material puedan realizarse al margen del concurso, en caso de impago.

Así se ha considerado en la STJUE de 10 de septiembre de 2009, asunto C-292/08, *German Graphics*[350], si

---

general", en BORRÁS RODRÍGUEZ. A. (dir.), *Cooperación jurídica internacional en materia civil. El Convenio de Bruselas, CDJ*, 2001, núm. 4, *op. cit.*, pp. 229-352, esp. pp. 278-281; CALVO CARAVACA, A.-L., CARRASCOSA GONZÁLEZ, J., *Litigación internacional en la Unión Europea (V). Derecho concursal internacional…*, *op. cit.*, p. 285; BORK, R. y VAN ZWIETEN, K., *Commentary…*, *op. cit.*, p. 275; BORK, R. y MANGANO, R., *European…*, *op. cit.*, p. 151.

347 *Informe Virgós/Schmit*, op. cit., núm. 95.

348 Art. 3.2 y considerando 23 RI. Se trata de otra manifestación del "universalismo atenuado" o "mitigado" al que responde el Reglamento; en este sentido, *vid.*, por todos, VIRGÓS SORIANO, M., GARCIMARTÍN ALFÉREZ, F.J., *Comentario…*, *op. cit.*, pp. 25 y 26; CUNIBERTI, G., NABET, P. y RAIMON, M., *Droit européen…*, *op. cit.*, pp. 279 y 282; también la STJUE de 26 de octubre de 2016, en el asunto C-195/15, *Senior Home* (ECLI: EU: C: 2016: 804), apdo. 17.

349 Véase VIRGÓS SORIANO, M. y GARCIMARTÍN ALFÉREZ, F.J., *Comentario…*, pp. 95-96, 98 y 105-106; GARCIMARTÍN ALFÉREZ, F.J., "El Reglamento de insolvencia…", *op. cit.*, p. 277.

350 ECLI:EU:C:2009:544.

bien en relación al entonces art. 7.1 (actual art.10.1) RI, que contiene la misma excepción pero en relación a la reserva de dominio. En ella se establece que "la mencionada disposición no constituye sino una norma material cuya finalidad es proteger al vendedor en lo que atañe a los bienes que se encuentran fuera del Estado miembro de apertura del procedimiento de insolvencia" (apdo. 35). Esta sentencia excluye del ámbito de aplicación del RI una acción del vendedor con reserva de dominio, contra el síndico. Dicha acción tenía por objeto solicitar la restitución del bien cuya propiedad se había reservado, por considerar que presentaba una insuficiente conexión con el procedimiento de insolvencia (apdos 30 y 31)[351]. Por lo que aquí interesa, y a la pregunta sobre si el art. 7.1 (actual art. 10.1) RI puede influir en la calificación de las acciones que estén relacionadas con un procedimiento de insolvencia, considera que "no constituye sino una norma material cuya finalidad es proteger al vendedor en lo que atañe a los bienes que se encuentren fuera del Estado miembro de apertura del procedimiento de insolvencia" (apdo. 35).

En este sentido debe interpretarse también la sentencia de 5 de julio de 2012, asunto 527/10, *ERSTE Bank Hungary*[352]. En ella se considera que los considerandos 11 y 25 (actual considerando 68) RI aclaran el alcance del art. 5 (actual art. 8) RI, en el sentido de que resulta necesaria una norma especial distinta de la Ley del Estado de apertura del procedimiento, aplicable a los derechos reales, puesto que estos son de considerable importancia para la concesión de créditos. Y se concluye que el art. 5.1 (actual art. 8.1) RI ha de entenderse como una disposición que, estableciendo una excepción a la regla de la ley del Estado de apertura,

351 En el mismo sentido y más concretamente por lo que respecta al anterior art. 5 (actual art. 8) RI, el Abogado General Maciej Szpunar, en sus Conclusiones presentadas el 26 de mayo de 2016, en el asunto C-195/15, *Senior Home*, (ECLI:EU:2016:369) ha considerado que el precepto "no es una norma de conflicto, sino una norma sustantiva 'negativa' cuya finalidad es garantizar la protección de los derechos reales adquiridos antes de la apertura del procedimiento de insolvencia" (apdo. 31).

352 ECLI:EU:C:2012:437.

> permite aplicar al derecho real de un acreedor o de un tercero, sobre algunos de los bienes pertenecientes al deudor, la ley del Estado miembro en cuyo territorio se encuentra el bien en cuestión (apdo. 42)[353].

46. Como se ha señalado, el objetivo de política legislativa del precepto es proteger la seguridad jurídica de las transacciones en los demás Estados miembros, evitando que los acreedores garantizados con bienes puedan verse sorprendidos por un procedimiento concursal extranjero que no previeron cuando constituyeron la garantía. En ese momento habrían calculado la resistencia de sus derechos, ante un eventual procedimiento de insolvencia, atendiendo a las normas del ordenamiento jurídico en virtud del cual se creó el derecho real de garantía, por lo que la aplicación de la *lex concursus* acabaría frustrando sus expectativas[354].

47. Sin embargo, teniendo en cuenta este fundamento de la norma, la opción por la inmunidad al procedimiento de insolvencia que concede el art. 8 RI a las garantías incluidas en su ámbito de aplicación material, ha sido considerada excesiva por parte de un sector de la doctrina, que la califica como regla de sobreprotección del acreedor.

---

[353] Arrêt de 5 de julio de 2012, asunto 527/10, *ERSTE Bank Hungary* Comentada, entre otros, por CHALAS, C. en *RCDIP*, 2014, núm. 1, pp. 153-159; D'AVOUT, L. en *Recueil Dalloz*, 2012, pp. 2340-2342; CARBALLO PIÑEIRO. L., en *REDI*, 2013, pp. 229-233.

[354] Véase tales argumentos en el en *Informe Virgós/Schmit*, núm. 97 y en el Considerando 68 RI. Este señala que el fundamento, la validez y el alcance de los derechos reales deben determinarse conforme al derecho del lugar de establecimiento y no deberían quedar afectados por la apertura de un procedimiento de insolvencia; y continúa diciendo que el titular de un derecho real debe poder seguir invocando su derecho a la detracción y separación del objeto de la garantía. En este mismo sentido se pronuncian la STJUE de 26 de octubre de 2016, asunto C-195/15, SCI *Senior Home* (ECLI:EU:C:2016:804), apdos. 18-19, la STJUE de 16 de abril de 2015, asunto C-557/13, *Lutz* (ECLI: EU: C: 2015: 227) apdo. 27 y la ya comentada STJUE de 5 de julio de 2012, asunto 527/10, *ERSTE Bank Hungary* (ECLI:EU:C:2012:37), apdos. 40-42.

Concretamente, algunos autores explican que ese riesgo derivado de la internacionalidad de la transacción podría haberse evitado simplemente estableciendo una regla conflictual como la introducida en los arts. 11 y siguientes RI, para diversos tipos de contratos, en virtud de los cuales esos derechos quedarían sometidos a las normas concursales de la ley aplicable al derecho real según las normas de conflicto del foro, (normalmente la *lex rei sitae* del momento de la celebración del contrato)[355]. Esa es la solución que contiene el art. 723 TRLC[356], aplicable por las autoridades españolas cuando los bienes sobre los que recaigan tales derechos se encuentren en un tercer Estado que no sea parte del RI. Esta se considera la solución más equilibrada desde el punto de vista de los intereses en presencia[357].

---

355 Esa fue la propuesta del Grupo INSOL Europe, durante la gestación de la reforma del Reglamento, pero finalmente no fue acogida, como explican McCORMACK, G. y BORK, R. (ed.), *Security Rights…, op. cit.,* p. 34 y SNOWDEN, R., en BORK, R. y VAN ZWIETEN, K., *Commentary…, op. cit,* p. 275; *vid.*, también, VIRGÓS SORIANO, M. y GARCIMARTÍN ALFÉREZ, F.J., *Comentario…, op. cit.,* p. 107; CUNIBERTI, G., NABET, P., RAIMON, M., *Droit européen…, op. cit.*, p. 280; HESS, B., OBERHAMMER, P. y PFEIFFER, T., *European Insolvecy Law, op. cit.*, p. 197; BRINKMANN, M., "The Position of Secured Creditor in Insolvency", en EIDENMÜLLER, H. y KIENINGER, E.-M. (eds.), *The future…, op. cit.*, pp., 249-272; esp. pp. 270-272; EIDENMÜLLER, H., "Secured Creditors in Insolvency Proceedings", en EIDENMÜLLER, H. y KIENINGER, E.-M., *The Future…, op. cit.* pp. 274-283, esp. pp. 282-283.

356 Art. 723. 1: "Los efectos de la declaración de concurso sobre derechos reales de un acreedor o de un tercero que recaigan en bienes o derechos de cualquier clase de la masa activa, comprendidos los conjuntos de bienes y derechos cuya composición pueda variar en el tiempo, y que en el momento de la declaración del concurso se encuentren en el territorio de otro Estado se regirán exclusivamente por la ley de este".

357 *Vid.* HEREDIA CERVANTES, I., THERY MARTÍ, A., "Artículo 723", en PEINADO GRACIA, J.I., SANJUÁN MUÑOZ, E. (dir.), *Comentarios al articulado del Texto refundido de la Ley concursal. Real Decreto Legislativo 1/2020, de 5 de mayo,* vol. IV, Sepín, Madrid, 2020, pp. 889-897. Previamente, comentando su antecesor art. 201 LC, véase, VIRGÓS SORIANO, M., GARCIMARTÍN ALFÉREZ, F.J., en ROJO, A., BELTRÁN, E. (dir.), *Comentario de la Ley Concursal,* Vol. 2, Civitas, Madrid, 2004, pp. 2887-2897.

Téngase en cuenta que el art. 723 TRLC no será aplicable en los procedimientos de reestructuración introducidos por la Ley 16/2022 de 5 de septiembre, de Reforma del Texto Refundido de la Ley Concursal, aprobado por Real Decreto Legislativo 1/2020, de 5 de mayo, para la transposición de la Directiva (UE) 2019/1023 del Parlamento Europeo y del Consejo, de 20 de junio de 2019, sobre marcos de reestructuración preventiva, exoneración de deudas e inhabilitaciones, y sobre medidas para aumentar la eficacia de los procedimientos de reestructuración, insolvencia y exoneración de deudas, y por la que se modifica la Directiva (UE) 2017/1132 del Parlamento Europeo y del Consejo, sobre determinados aspectos del Derecho de sociedades (Directiva sobre reestructuración e insolvencia)[358]. En virtud de dicha Ley, el anterior Libro III pasa a ser Libro IV ("De las normas de Derecho internacional privado") y en él, entre otras modificaciones, se introduce un Título V, que lleva por rúbrica "De las especialidades del Derecho preconcursal", cuyo art. 754 establece que no se aplicarán las excepciones contenidas en los arts. 723 a 731 TRLC a los procedimientos de comunicación de apertura de negociaciones con los acreedores y a la homologación del plan de reestructuración, salvo la prevista en el art. 726 TRLC para derechos sobre valores, sistemas de pago y mercados financieros[359]. El texto responde a una política legislativa que hace prevalecer el principio *par conditio creditorum* y la recuperación del deudor sobre los intereses de los acreedores privilegiados[360].

---

358 En vigor desde el 26 de septiembre de 2022 a excepción de las disposiciones del Libro III (Procedimientos especiales para microempresas) y la disposición relativa a los aplazamientos y fraccionamientos de deudas tributarias, que entrarán en vigor el 1 de enero de 2023 (Disposición final decimonovena). *BOE* nº 214, de 6 de septiembre de 2022.

359 El art. 754 TRLC solo será aplicable cuando no lo sea el RI, es decir, cuando tales procedimientos tengan el carácter de reservados (*vid.* considerandos 9 a 13, especialmente considerando 10, RI).

360 *Vid.*, en este sentido, con carácter general, D'AVOUT, L., "Sur les solutions…", *op. cit.*, p. 682. Específicamente referidos a la Ley española de transposición, *vid.* GARCIMARTÍN ALFÉREZ, F.J., "Sobre el nuevo régimen aplicable a los planes de reestructuración (y algunas novedades en el Libro IV)", *Revista General de Insolvencias &*

48. En realidad, tal solución obligaría al juez que conociera del procedimiento concursal a la aplicación combinada de dos ordenamientos: el Derecho concursal del Estado de apertura, con carácter general, y el Derecho concursal del Estado conforme al que se constituyó el derecho real, para determinar la posición en el concurso de su titular. Por esta razón se añade un segundo argumento para justificar la excepción del art. 8 RI: la simplificación de los procedimientos concursales transfronterizos[361]; a pesar de que, como señalan quienes sostienen la sobreprotección de sus titulares, el resto de excepciones a la aplicación de la ley de apertura del concurso obliga a la aplicación combinada de ordenamientos[362]. Para intentar superar esta polémica, se ha señalado, con carácter general, que la inmunidad va a tener lugar en muy contadas ocasiones, pues en la mayoría de los supuestos el bien se encuentra en el Estado donde el deudor tiene su COMI y será aplicable la ley de dicho Esta-

---

Reestructuraciones, nº extra 7/2022 [ejemplar dedicado a la reforma del Texto Refundido de la ley Concursal para la transposición de la Directiva (UE) 2019/1023], pp. 51-91; GÁMEZ, A., AGUILÓ, C., IBIZA, J. y MAYORAL OLMOS, P., "Comentario de urgencia a la Ley 16/2022, de 5 de septiembre, de reforma del Texto Refundido de la Ley Concursal", *Diario La Ley*, Nº 10126, Sección Tribuna, 8 de Septiembre de 2022; HEREDIA CERVANTES, I., "Insolvencia internacional y pre-concursos: tres novedades contempladas en el Proyecto de ley de reforma del Texto Refundido de la Ley Concursal", *La Ley Unión Europea*, nº 102, abril 2022, pp. 1-9, esp. p. 4; *ídem*, "Novedades en materia de insolvencia internacional en el Proyecto de Ley de Reforma del Texto Refundido de la Ley Concursal", *Revista General de Insolvencias & Reestructuraciones*, 5/2022, pp. 187-217, esp. pp. 194 y 209-210, donde se señala que la causa de la no extensión de tales excepciones a los procedimiento pre-concursales es la de evitar el fracaso de la reestructuración del deudor.

361 *Informe Virgós/Schmit*, *op. cit.*, núm. 97; VIRGÓS SORIANO, M. y GARCIMARTÍN ALFÉREZ, F.J., *Comentario…*, *op. cit.*, pp. 106-107; GARCIMARTÍN ALFÉREZ, F.J., "El Reglamento de insolvencia…", *op. cit.*, p. 280. HEREDIA CERVANTES, I., "Reserva de dominio…", *op. cit.*, p. 256.

362 CUNIBERTI, G., NABET, P. y RAIMON, M., *Droit européen…*, *op. cit.*, pp. 280-282, concluyendo que la regla del art. 8 supone la aceptación de la "incapacidad del legislador europeo" para lograr una perfecta integración en el ámbito de los procesos de insolvencia (p. 280).

do[363]. Cuando no sea así, aún queda la posibilidad de que el administrador del procedimiento principal inste la apertura de un procedimiento territorial en el Estado miembro de situación del bien, siempre que el deudor tenga allí un establecimiento, por lo que su posición en el concurso quedará sometida, en ese caso, a la ley de dicho Estado.

49. Ello significa que los derechos reales sobre los bienes materiales que pueden ser objeto de la masa correrán distinta suerte, dependiendo del lugar donde se encuentren tales bienes. Así, por el hecho de que el bien se localice en España o en otro Estado, en el momento de apertura del procedimiento concursal, la respuesta del RI será distinta: si el bien se encuentra en España en dicho momento, el derecho del acreedor quedará sometido a la legislación concursal española. El bien acabará en manos de los acreedores (ordinarios) del comprador en la fase de liquidación y el vendedor terminará perdiéndolo. Mientras que, si el bien se encuentra en otro Estado parte del Reglamento, gozará de inmunidad en virtud del art. 8, en los términos analizados. Por su parte, el art. 723 TRLC establece que los efectos de la declaración del concurso sobre los derechos reales de un acreedor o un tercero que recaigan sobre bienes o derechos de cualquier clase de la masa activa, comprendidos los conjuntos de bienes y derechos cuya composición puedan varias a lo largo del tiempo, y que en el momento de la declaración del concurso se encuentren en el territorio de otro Estado, se regirán exclusivamente por la legislación concursal de ese otro Estado. El art. 723 TRLC será aplicable cuando, estando el COMI en España y conociendo el tribunal español del procedimiento principal —en virtud del art. 3.1 RI—, el bien sobre el que recaiga el derecho real esté situado en un tercer Estado. En definitiva, el tribunal español deberá aplicar, en el mismo

363 Recuérdese que el procedimiento de insolvencia principal en virtud del RI deberá incoarse en el Estado miembro donde se sitúen los intereses principales del deudor (art. 3 RI), siendo aplicable a dicho procedimiento y a sus efectos la ley de ese Estado (art. 7 RI).

procedimiento, el art. 8 RI a los derechos reales sobre bienes situados en otro Estado parte del Reglamento, el art. 723 TRLC a los localizados en terceros Estados y la legislación concursal española a los que se encuentren en España. Por tanto, el derecho del fiduciario sobre los primeros queda a salvo, en virtud de la regla de inmunidad del art. 8 RI; sobre los segundos, regido por el Derecho concursal del tercer Estado donde se encuentren situados; quedando sometido a la ley española (*lex fori concursus,* en virtud del art. 7.1 RI) el derecho del fiduciario sobre los bienes situados en España[364], corriendo el riesgo de que no pueda producir efectos[365].

---

364 *Vid.* HEREDIA CERVANTES, I., "Algunos apuntes sobre la regulación conflictual de los derechos reales", en FERNÁNDEZ ROZAS, J.C. *et al.*, *Pacis Artes. Obra homenaje al profesor Julio D. González Campos,* Edifer, Madrid, 2005, pp. 1645-1661, esp. pp. 1651 y 1657: el autor señala que la solución más respetuosa con las expectativas del titular del derecho real es la dada por el art. 723 TRLC, sin bien ni los arts. 8 y 10 RI, ni el art. 723 TRLC son soluciones ideales, sino males menores, pues tienen que elegir entre el objetivo material de la certeza y la consiguiente previsibilidad de las soluciones —por el que opta el art. 723 TRLC— y el de la simplicidad del procedimiento —por el que se decantan los arts. 8 y 10 RI—; por ello aboga, *de lege ferenda,* por hacer coincidir la ley aplicable a las cuestiones reales con la *lex concursus.* Para ello se toma como ejemplo el art. 4 del Convenio de UNCITRAL sobre cesión de créditos, cuyos arts. 22, 23 y 30 remiten las cuestiones relativas a la prioridad sobre el crédito cedido a la ley del Estado de situación del cedente, que en la mayoría de los casos será también la *lex concursus.*

365 La cuestión se planteó en la sentencia de la AP de Burgos (Secc. 3ª) de 8 de febrero de 2011 (AC/2011/389) en relación con la eficacia de una reserva de dominio constituida en Suecia sobre distintos bienes del deudor situados en España y Suecia, respectivamente, en el momento de apertura del procedimiento de insolvencia. Aplicando la ley española a los primeros, en virtud del entonces vigente art. 4.1 (actual art. 7.1) RI y la ley sueca en virtud del entonces art. 7.1 (actual art. 10.1) RI. En el primer caso, como la reserva de dominio no había sido inscrita en el RBM, rechazó considerarla como crédito con privilegio especial del art. 90.1. 4º LC (art. 270 4º TRLC), al entender que no se cumplía el requisito del art. 90.2 LC (art. 271.1 TRLC): que la respectiva garantía debía estar constituida con los requisitos y formalidades previstos en su legislación específica para su oponibilidad a terceros. Interpretó que, en ese caso, tales requi-

Por tanto y para concluir: si el bien sobre el que recae la garantía se encuentra en España en el momento de apertura del concurso, será aplicable el derecho concursal español a la eficacia de la fiducia constituida en el extranjero sobre ese bien. En este sentido, el art. 269.2 TRLC tan solo considera créditos privilegiados los así reconocidos en la ley[366], enumerados en el art. 270 TRLC, con la excepción de los regulados en leyes especiales, como el Real Decreto-ley 5/2005, de 11 de marzo, sobre garantías financieras. A su vez, el art. 271.1 TRLC establece que tales privilegios deben estar constituidos con los requisitos y formalidades previstos en su legislación específica (se refiere a la española) para que sean oponibles a terceros. Por lo que la *Sicherungsübereignung* y la *fiducie-sûreté*, al no cumplir los requisitos y formalidades previstos en la ley española, no podrán ser consideradas créditos privilegiados en el concurso abierto en España. Los requisitos que tales garantías no cumplen son básicamente formalidades de publicidad, problema que será abordado específicamente en el epígrafe siguiente.

---

sitos eran los contenidos en el art. 15.1 de la LVPBM, que exige la inscripción en el Registro de Venta a Plazos de Bienes Muebles (actual Registro de Bienes Muebles, RBM) para la oponibilidad frente a terceros de las reservas de dominio que se inserten en los contratos sujetos a dicha Ley. Por lo que concluyó que al vendedor solo le correspondía un mero derecho de crédito sobre los bienes situados en España, que no le permitía solicitar la recuperación de los mismos, ni una ejecución separada (para un análisis más profundo de los fundamentos jurídicos de la citada sentencia, *vid.* CARO GÁNDARA, R., *La reserva…*, *op. cit.* pp. 129-131).

366 Artículo 269. Clases de créditos. “1. Los créditos concursales se clasificarán, a efectos del concurso, en privilegiados, ordinarios y subordinados. 2. Los créditos privilegiados se clasificarán, a su vez, en créditos con privilegio especial, si afectan a determinados bienes o derechos de la masa activa, y créditos con privilegio general, si afectan a la totalidad de esa masa. En el concurso no se admitirá ningún privilegio o preferencia que no esté reconocido en la ley. 3. Se clasificarán como créditos ordinarios aquellos que en esta ley no tengan la consideración de créditos privilegiados o subordinados”.

3.6. Publicidad de las garantías ocultas

50. No existe en Derecho español un registro que permita dar publicidad a la fiducia en garantía, la *Sicherungsübereignung,* ni la la *fiducie-sûreté.* Por las razones expuestas en el capítulo primero y otras que serán analizadas en este, ninguna de ellas logrará acceder al RBM. Se trata, por tanto, de garantías "ocultas"[367], cuya eficacia frente a terceros será negada, ya que, en Derecho español, la publicidad registral constituye un requisito de oponibilidad *erga omnes,* que tiene por objeto proteger la seguridad del tráfico.

51. La situación española es similar a la de otros países de nuestro entorno, como es el caso de Austria, cuya proximidad a Alemania ha proporcionado una jurisprudencia que merece la pena destacar, principalmente por su reciente cambio de rumbo, producido en la sentencia del TS austríaco (*Oberster Gerichtshof,* en adelante *OGH*) de 23 de enero de 2019[368]. En el asunto controvertido, el recurrente alemán había concedido un préstamo personal a su hijo, propietario de un restaurante en Austria, por un montante de 18.000 euros. Paralelamente, para asegurar el préstamo, el hijo había transmitido a su padre, a título de garantía, un vehículo y una caja registradora utilizada en el citado restaurante. La transmisión fiduciaria se realizó conforme al Derecho alemán, mediante *constitutum possessorium,* es decir, sin publicidad, conforme al § 932 *BGB,* por ser Alemania el Estado donde se encontraban los bienes en el momento de la creación del derecho real (*lex rei sitae*). Pero, una vez constituida la garantía, los bienes fueron trasladados de nuevo a Austria, por lo que resultaba necesario determinar la eficacia en este país de la transmisión de propiedad en garantía pactada y válida conforme al Derecho alemán, frente a los acreedores embargantes del hijo.

---

367 *Vid.* BOUZA VIDAL, N., *Las garantías…, op. cit.,* p. 217.

368 Asunto 3 Ob 249/18 s, trascrita parcialmente y comentada por FABER, W., "La propriété cedée a titre de garantie sans publicité en Allemagne reste valable après le déplacement du bien en Autriche", *RCDIP,* janvier-mars 2021, pp. 235-245.

Como ya se ha señalado *supra*, en el capítulo segundo, en Derecho alemán es válida y oponible frente a terceros la transferencia a título de garantía sin publicidad. Sin embargo, en Austria, las rigurosas condiciones de publicidad de la prenda de los §§ 451 y 452 de su Código civil (*Allgemeines bürgerlisches Gesetzbuch,* en adelante *ABGB*) se aplican por analogía a la venta en garantía. Concretamente, para que la garantía mobiliaria sea válida y oponible frente a terceros, es necesario que exista traspaso posesorio al acreedor[369].

52. El tribunal de instancia, siguiendo la jurisprudencia anterior, había considerado que la propiedad a título de garantía sin publicidad, constituida conforme al Derecho alemán, era inoponible, una vez los bienes habían traspasado la frontera y entrado en Austria, porque no se habían respetado las condiciones de publicidad previstas por el Derecho austríaco (en el caso de los bienes muebles, su entrega al acreedor). Concretamente, según el tribunal de instancia, las condiciones de publicidad establecidas por el Derecho austríaco debían ser respetadas en virtud del apartado segundo del § 31 de la Ley austríaca de Derecho internacional privado (*Bundesgesetz über das Internationale Privatrecht*, en adelante *IPRG*).

La sentencia del *OGH* austríaco se pronuncia sobre los apartados primero y segundo del § 31 *IPRG*. En virtud del apartado primero, la adquisición y extinción de un derecho real se rige por la ley del lugar de situación del bien en el momento en que se producen los hechos o circunstancias relevantes para que tenga lugar dicha adquisición o pérdida. Por lo que, siendo la *lex rei sitae* la alemana, basta el acuerdo de transmisión o *constitutum possessorium* para la

---

369 Como ocurría en el Derecho francés antes de la introducción de la *fiducie-sûreté*, donde la jurisprudencia había rechazado la *Sicherungsübereignung* alemana por considerar que el antiguo art. 2076 *Code civil* exigía el desplazamiento posesorio como condición de validez y eficacia de la prenda; *vid.* las críticas a las rigideces del sistema francés ya derogado y su evolución jurisprudencial en D'AVOUT, L., *Sur les solutions…*, *op. cit.*, p. 681 y 685-687.

adquisición. En este sentido el *OGH* austríaco señala que, si el ordenamiento jurídico de ese Estado prevé la adquisición de la propiedad sin traspaso posesorio, es válida igualmente en el lugar de la nueva situación del bien, porque la adquisición de la propiedad es un hecho ya producido en el sentido del § 7 *IPRG*[370]. La misma solución debe aplicarse a la transferencia de propiedad a título de garantía (apdo. 7.3). En conclusión, para el *OGH* no es posible fundar sobre el § 31.1 la extinción de la propiedad válidamente cedida a título de garantía mediante *constitutum possessorium* en Alemania, por el hecho de la entrada del bien en Austria. El conflicto móvil provocado por el desplazamiento posterior del bien no tiene efecto retroactivo, pues la pérdida de ese derecho vulneraría el principio universalmente reconocido y previsto en el § 7 *IPRG* del respeto a los derechos adquiridos, que deben mantenerse igualmente bajo la ley de la nueva situación del bien, si el derecho adquirido sobre el bien no es enteramente desconocido en esta última (apdo. 7.4).

El párrafo segundo del art. 31.2 *IPRG* somete la categoría jurídica de los bienes y el contenido de los derechos reales sobre los bienes corporales a la ley del lugar de situación de los mismos en el momento de la apreciación. El *OGH* austríaco, realizando una interpretación restrictiva del mismo, considera que no cabe subsumir en él las normas que regulan los requisitos de publicidad de las garantías como condiciones de oponibilidad de las mismas, porque el § 31.2 hace referencia al contenido, no a los efectos de los derechos reales ya constituidos (apdo. 7.7); por lo que concluye que el posterior desplazamiento del bien a Austria, un Estado cuyo ordenamiento jurídico exige unas condiciones de publicidad mucho más rigurosas para la validez y la eficacia de la transmisión de los derechos reales, no debe

---

370 § 7 Statutenwechsel: "Die nachträgliche Änderung der für die Anknüpfung an eine bestimmte Rechtsordnung maßgebenden Voraussetzungen hat auf bereits vollendete Tatbestände keinen Einfluß".

afectar a la oponibilidad de la transmisión de propiedad en garantía realizada conforme al Derecho alemán.

53. No obstante, cabe aún plantearse si las normas austríacas relativas a la publicidad de las garantías pueden ser calificadas como normas de orden público o como leyes de policía. El *OGH* austríaco afirma que el hecho de que el Derecho alemán permita la transmisión de un derecho real mediante *constitutum possessorium* no puede considerarse contrario al orden público internacional austríaco, regulado en el § 6 *IPRG*, teniendo en cuenta que este concepto debe ser interpretado de manera restrictiva, en el sentido de que la excepción solo debe ser aplicada en caso de violación de los valores fundamentales sobre los que se sustenta el Derecho austríaco, violación que no se produciría en caso de transferencia de propiedad a título de garantía sin condición reforzada de publicidad, puesto que la reserva de dominio sin publicidad está admitida en Derecho austríaco (apdo. 7.5). Si las normas austríacas relativas a la publicidad de las garantías fueran consideradas leyes de policía, deberían ser respetadas cualquiera que fuera la ley aplicable al fondo del asunto en virtud de la norma de conflicto del §31 *IPRG*. La jurisprudencia austríaca califica como leyes de policía aquellas normas a través de las cuales el legislador nacional pretende preservar intereses públicos, como son los objetivos específicos de política legislativa nacional, tales como la seguridad jurídica y el justo equilibrio entre los intereses de las partes. Para una parte importante de la doctrina, partidaria de la jurisprudencia anterior del *OGH* austríaco, las formalidades o requisitos de publicidad protegen esos intereses públicos, pues otorgan seguridad a los acreedores así garantizados, fomentando la circulación del crédito, lo que en última instancia activa la economía de un país. Por el contrario, otros autores rechazan que los requisitos de publicidad deban tener la consideración de leyes de policía[371].

---

371 Sobre esta polémica, *vid.*, FABER, W., "La propriété cedée a titre de garantie..., *op. cit.*, p. 244.

A pesar de su relevancia, la sentencia del *OGH* examina solo indirectamente esa cuestión[372], cuando acoge la doctrina que sostiene que la denegación de efectos de una garantía mobiliaria constituida en otro Estado miembro, por el hecho de no cumplir los requisitos de publicidad previstos por el legislador nacional, vulnera las libertades consagradas por el Derecho de la UE: en concreto, las libertades de circulación de bienes y capitales. Como ya ha sido analizada *supra*, en este mismo capítulo, la citada doctrina sostiene que cualquier norma o práctica que impida el reconocimiento o la eficacia de una garantía válidamente constituida conforme a la ley de otro Estado miembro, constituye una restricción a la libre circulación de bienes y capitales o una "medida de efecto equivalente", prohibidas por el Derecho de la UE[373]. El *OGH* austríaco se pronuncia sobre si la citada restricción a las libertades UE estaría justificada por razones imperiosas de interés general: en concreto, por la protección del régimen de los bienes y del orden de los acreedores, del comercio jurídico y de las personas de buena fe. Concluyendo que, desde el momento en que la reserva de propiedad sin publicidad (derivada de la posesión) está admitida en Austria, nadie puede fiarse de la apariencia, pensando que un deudor sea propietario por el simple hecho de encontrarse en posesión del bien. Sobre la proporcionalidad de la medida, sostiene que la simple invocación abstracta de un abuso de derecho no es suficiente para justificar la medida restrictiva (apdos. 6.3.3 y 6.3.4)[374].

---

372 Lo que le ha valido serias críticas por parte de la doctrina austríaca; *vid.*, FABER, W., "La propriété cedée a titre de garantie…, *op. cit.*, pp. 243-245.

373 *Vid.*, entre los autores más representativos, KIENINGER, E.-M. Mobiliarsicherheiten im Europäischen Binnenmarkt; Nomos, Baden-Baden, 1996; pp. 63-121; ROTH, W.-H., "Secured credit…", *op. cit.*, pp. 46-67; WENDEHORST, Ch., "Art. 43 EGBGB", *op. cit.*, núm. 154; MARTINY, D., "Lex rei sitae…", *op.cit.*, pp. 122-125; RUTGERS, J.W., ""Secured Credit…, *op. cit.*, p. 242.

374 Algunos autores consideran que quedaría justificada, al menos, en los casos en que el bien es desplazado al extranjero a los meros efectos y con el exclusivo objeto de la constitución de la garantía conforme al Derecho de un Estado miembro que sí la contempla y

54. Todos los argumentos barajados en el caso de la sentencia del *OGH* austríaco son extrapolables a la oponibilidad de las garantías mobiliarias en España. En efecto, para que una garantía constituida conforme a un ordenamiento jurídico extranjero pueda producir sus efectos jurídicos propios en nuestro país (concretamente ser oponible frente a acreedores —individuales y colectivos— y terceros adquirentes) no es suficiente encontrar una equivalente en el foro; sino que, además, es necesario que cumpla los requisitos que el legislador español exige a la garantía típica funcionalmente equivalente. En el caso de la prenda clásica: entrega de la posesión como requisito de constitución (art. 1363 Cc) y constancia en escritura pública de la certeza de la fecha (art. 1365 Cc). Mientras que, si se trata de una prenda sin desplazamiento, se exige inscripción en un registro público español, en el caso de los bienes muebles corporales, el RBM. Sin embargo, en ocasiones eso no resulta posible porque los criterios de competencia registral territorial han sido pensados tan solo para acoger las garantías constituidas en España conforme al Derecho español, salvo que se entienda que las extranjeras pueden ser inscritas en el Registro Central[375].

55. Por ello, debería crearse un registro accesible a todos los acreedores, garantizados con garantías nacionales o extranjeras, que permitiera a estos últimos solicitar la inscripción de la garantía, antes, durante o inmediatamente después de que el bien sobre el que la misma recayera fuera introducido en territorio español. En este último caso, mediante el establecimiento de un "período de gracia",

---

le reconoce efectos *erga omnes*, para reintroducirlo inmediatamente después en el Estado UE que no reconoce tales efectos (como ocurre en el caso de autos). Sobre el citado debate, señalando la doctrina a favor y en contra de la medida, *vid.*, FABER, W., "La propriété cedée a titre de garantie…", *op. cit.*, pp. 239-242.

375 *Vid.* FERNÁNDEZ DEL POZO, L., El registro de bienes muebles. Los bienes muebles y la preferencia registral de los derechos inscritos, Marcial Pons, Madrid, 2004, p. 56; BOUZA VIDAL, N., "La armonización…", *op. cit.*, p. 258.

durante el cual los efectos (oponibilidad y prioridad) de la garantía extranjera se prolongaran hasta el momento en que la misma se hubiera "convertido" en una garantía interna. Tal solución ya se contempla en algunas legislaciones nacionales, como es el caso del art. 9.103 *UCC* de Estados Unidos y el art. 102.2 de la Ley Federal Suiza de Derecho internacional privado de 18 de diciembre de 1987[376]. Por su parte, en el ámbito regional de la UE, se está trabajando en un instrumento opcional, que regule materialmente las garantías mobiliarias y contemple un registro electrónico que, siguiendo el modelo del *UCC*, los textos uniformes de *soft law* y el Convenio de Ciudad del Cabo, analizados en el capítulo tercero, se limite a exigir la inscripción de un aviso o noticia de la garantía (*notice filling system*), lo que facilitaría la continuidad jurídica de la eficacia de las garantías mobiliarias constituidas en otro Estado parte del mismo. Se trata del modelo creado por uno de los grupos de trabajo que está elaborando un proyecto de Código Europeo de los Negocios, en el seno de la *Association Henrri Capitant*[377]. En cualquier caso, dichos instrumentos deberían delimitar su ámbito de aplicación espacial, estableciendo criterios de

---

376 *Vid.* sobre las mismas, KREUZER, K, "La propriété...", *op. cit.*, pp. 268-269; BOUZA VIDAL, N., "La armonización...", *op. cit.*, pp. 255-265, esp. p. 258; D'AVOUT, L., *Sur les solutions...*, *op. cit.*, pp. 524-525 y 688.

377 Los trabajos se iniciaron en 2016, en colaboración con la *Fondation pour le droit continental* y se encuentran en el siguiente enlace a la web de la *Association Henrri Capitant*: https://www.henricapitant.org/actions-category/code-europeen-des-affaires/ En la doctrina pueden consultarse, especialmente, los primeros comentarios de los autores participantes en los grupos de trabajo, como es el caso de Mathias Lehmann, codirector del Grupo de trabajo encargado de elaborar el Anteproyecto relativo al Derecho bancario y de los mercados financieros, cuyo comentario puede leerse en el siguiente enlace: https://www.henricapitant.org/wp-content/uploads/2022/05/avant-projet-relatif-droit-bancaire-et-des-marches-financier-23-11-2020-1-1.pdf; *Vid.* LEHMANN, M., "EU Law-Making 2.0: The Prospect of a European Business Code", *ERPL*, vol. 28, 2020, nº 1, pp. 73-103.
Especialmente, por lo que se refiere a la fiducia en garantía, *vid.* FABER, W., "La propriété cedée a titre de garantie...", *op. cit.*, p. 245.

coordinación con otros registros nacionales e internacionales ya creados o que pudieran crearse en el futuro[378].

IV. CONCLUSIONES

56. Pocas conexiones han sufrido tantas críticas como la "*lex rei sitae*", sin embargo, parece razonable concluir que, en el ámbito de los derechos reales sobre bienes corporales, la regla no está en crisis[379]. En efecto, el borrador de Propuesta de Reglamento sobre la ley aplicable a los derechos sobre los bienes corporales, elaborado por el Grupo Europeo de Derecho Internacional Privado (GEDIP), en su versión de 17 de septiembre de 2023, viene a confirmar esta afirmación y sirve como hilo conductor y banco de pruebas de unas someras conclusiones. El borrador es un texto "posibilista", que apuesta por soluciones "clásicas" de Derecho internacional privado. Partiendo de la regla *lex rei sitae* sin concreción temporal, opta por la ley de la nueva situación en los casos de bienes en tránsito y de bienes destinados a la exportación, completando así la solución ya contemplada en nuestro Derecho para los primeros y cuya extensión a los segundos, conocida en otros ordenamientos jurídicos, venía reclamando la doctrina española desde hace ya muchos años. Dicha corrección a la regla general tiene naturaleza preventiva y prospectiva, porque está pensada para evitar la ineficacia futura de garantías tales como la fiducia, en el supuesto típico de que, constituida conforme a ordenamientos jurídicos como los analizados en el capítulo segundo (alemán y francés), el bien corporal sobre el que recaiga sea desplazado a territorio español, con posterioridad a su creación, encontrándose con el panorama legislativo y jurisprudencial analizado en el capítulo primero.

---

378 BOUZA VIDAL, N., "La armonización…", *op. cit.*, p. 265.

379 Parafraseando a HEREDIA CERVANTES, I., "Algunos apuntes…", *op. cit.*, p. 1660, quien afirma y explica las razones de la crisis en relación con las transmisiones de una masa de créditos sobre una pluralidad de deudores (*factoring* y titulizaciones).

¿Cuál es la *ratio* última de la aplicación prospectiva de la tan reclamada ley de destino?: la coincidencia, en esos casos, de la seguridad jurídica del titular de la garantía y la seguridad del tráfico local, en el que se va a introducir el bien con posterioridad a la constitución del derecho real sobre el mismo. Ese es el fundamento que permitiría aplicar dicha solución a todos los supuestos en los que resultara previsible el cambio de situación del bien posterior a la constitución de la garantía. Pero, *a sensu contrario*, la imprevisibilidad de dicho cambio no debería perjudicar el derecho de su titular, si no se quiere poner en riesgo la seguridad jurídica en supuestos transfronterizos. A esta afirmación, inmediatamente, podría oponerse el principio de relatividad de los contratos: en el ámbito de los derechos reales prevalece la seguridad del tráfico. Sin embargo, no se facilitará su internacionalización si este no es seguro para todos los interesados —las partes y los terceros—. Nos topamos, pues, con la necesidad de satisfacer al máximo los intereses en presencia de una manera equilibrada.

Siguiendo con ese hilo conductor, en los supuestos de imprevisibilidad, el texto del borrador de Propuesta de Reglamento se decanta por la aplicación distributiva de la *lex rei sitae;* sin embargo, desde el punto de vista de los intereses del acreedor y, en última instancia, de la seguridad jurídica de las transacciones internacionales, no parece suficiente el reparto o distribución que hace, sometiendo la existencia del derecho a la *lex rei sitae* anterior, y la extensión, el ejercicio y la prioridad del mismo, a la posterior. Pues, a la postre y por definición, un derecho real no existe si no se pueden hacer valer sus atributos frente a terceros. Para solucionar este dilema, el texto acude a la clásica "transposición de instituciones", retomada por el legislador UE en los Reglamentos que regulan la ley aplicable a los derechos reales, hasta ahora, en los ámbitos de familia y sucesiones. En todos, para evitar el rechazo o la pérdida de eficacia de la institución extranjera "desconocida", el legislador obliga a los interesados a "convertir" la garantía en una interna, y a las autoridades competentes, a facilitar o, al menos, no obstaculizar, dicha "conversión"; pues ello podría constituir una vulneración injustificada del ejercicio de las libertades UE, en su versión de libre circulación de bienes y capitales, o una medida de efecto equivalente. Igualmente, ese sería el limite a la aplicación de las normas imperativas del foro o de la excepción de orden público, frente a la aplicación de la ley de origen de un EM, reclamada como reguladora de la existencia del derecho real; pues solo en algunos supuestos muy marginales (fórmulas extendidas de Derecho alemán que constituyen condiciones abusivas y, por tanto, atentan contra el principio de buena fe), el rechazo de las garantías fiduciarias extranjeras analizadas en esta obra, podría superar el test del interés general y del principio de proporcionalidad.

57. Por ello, si realmente se quisiera asegurar la eficacia de la garantía constituida conforme a un ordenamiento jurídico extranjero, habría que acompasar la clásica regla *lex rei sitae* y sus correctivos, con reformas "materiales" y registrales, para cuya adopción el legislador UE, en principio, no tendría competencia legislativa. Corresponde, por tanto, al legislador español una reforma que introduzca un "período de gracia", durante el que la garantía extranjera pueda producir efectos, desde la solicitud hasta su definitiva "conversión" en garantía típica española, como lo contemplan algunos legisladores internos, fuera de la UE. Ello permitiría realizar una transposición de la fiducia sin "fisuras temporales". Para ello resulta necesaria una reforma de nuestro derecho registral que posibilite efectivamente la inscripción. Los modelos analizados en el capítulo tercero, que responden al *notice filling system* del art. 9 UCC, están realmente alejados de nuestro sistema registral, basado en la calificación, el control de legalidad del registrador y el principio de tracto sucesivo, pero resultarían suficientes para asegurar la oponibilidad y prioridad de la garantía, dejando libre la vía judicial, para posibles reclamaciones.

En definitiva, si la clave de la eficacia de las garantías sobre bienes corporales en el comercio internacional está en su continuidad espacial, cuando esta última falla, desaparece la confianza, base del crédito, que es, a su vez, motor de la economía. Por ello, para asegurar dicha eficacia en España, es necesario emprender reformas de calado en normas de distinta naturaleza (conflictuales, materiales y registrales), que ponderen de forma equilibrada todos los intereses en presencia. Solo así, las garantías reales —también las basadas en la propiedad— podrán cumplir la función de afianzamiento del crédito transfronterizo en los actuales escenarios internacionales de inestabilidad económica, que vienen sucediéndose en las últimas décadas y que quizás hayan llegado para quedarse.

Bibliografía

AKKERMANNS, B. "The numerus clausus of property rights", en GRAZIADEI, M., y SMITH, L., *Comparative Property Law,* Edward Elgar, Cheltenham/Northampton, 2017, pp. 100-120.

ALBALADEJO GARCÍA, M., "El negocio fiduciario es simplemente un negocio simulado relativamente", *Actualidad Civil,* 1993/4, pp. 663-675.

ALONSO LEDESMA, C., "Artículo 271", en PEINADO GRACIA, J.I. y SANJUÁN Y MUÑOZ, E., *Comentarios al articulado del Texto Refundido de la Ley Concursal. Real Decreto Legislativo 1/2020, de 5 de mayo,* Sepín, Madrid, 2020, pp. 543-548.

ANCEL, B., *Élements d'histoire du droit international privé,* Éditions Panthéon-Assas, París, 2017.

ARANA DE LA FUENTE, I., "La reforma francesa de las garantías mobiliarias", *InDret,* 2/2012, pp. 1-58.

ARANA DE LA FUENTE, I., "Sobre la propiedad en función de garantía", en DÍEZ PICAZO, L., (coord.), *Estudios jurídicos en homenaje al profesor José María Miquel,* Aranzadi, Cizur Menor, 2014, pp. 309-352.

AUDIT., B. y D'AVOUT, L., *Droit international privé,* LGDJ, París, 2022.

AUDIT., B., *Droit international privé,* 2, Economica, París, 2010.

AYNÈS, L. y CROCQ, P., *Droitd des surêtés,* 13ª ed., LGDJ, París, 2019.

BARRIÈRE, F., *La réception du trust au travers de de fiducie,* Litec, París, 2004.

BARTIN, E., *Principles de droit international privé selon la loi et la jurisprudence françaises,* Tomo I, París, 1930 y Tomo III, París, 1935.

BARTIN, E., "La Théorie des qualifications en droit international privé", en *Études de droit international privé,* Chévalier-Maresq, 1899.

BAUR, J. y STÜRNER, R., *Sachenrecht,* Beck, Munich, 2009.

BERGER, C., "§ 930", en JAUERNICH, O., *BGB Kommentar,* 17. auflage, Beck, Munich, 2018, pp. 1495-1503.

BERTOLDI, F., *Il negozio fiduziario nel diritto romano classico,* Mucchi, Módena, 2012.

BISCARDI, A., "La lex commissoria nel sistema delle garanzie reali", en AA.VV., *Studi in honore di Emilio Betti,* vol. II, *Storia del diritto e diritto romano,* Giuffrè, Milán, 1962.

BORK, R. y MANGANO, R., *European Cross-Border Insolvency Law*, 2nd. ed., Oxford University Press, Oxford, 2022.

BORK, R. y VAN ZWIETEN, K., *Commentary on the European Insolvency Regulation*, 2nd. ed., Oxford University Press, Oxford, 2022.

BOURASSIN, M. y BRÉMOND, V., *Droit des sûrétes*, 6° ed., Sirey, París, 2018.

BOUZA VIDAL, N., "La armonización de la publicidad registral de las garantías mobiliarias: una alternativa a la *lex rei sitae*", en FORNER DELAYGUA, J.J., GONZÁLEZ BEILFUSS, C., VIÑAS FARRÉ, R. (Coord.), *Entre Bruselas y La Haya. Estudios sobre la unificación internacional y regional del Derecho internacional privado. Liber Amicorum Alegría Borrás*, Marcial Pons, Madrid, 2013, pp. 255-265.

BOUZA VIDAL, N., *Las garantías mobiliarias en el comercio internacional*, Marcial Pons, Madrid, 1991.

BOUZA VIDAL, N., *Problemas de adaptación en Derecho internacional privado e interregional*, Tecnos, Madrid, 1977.

BRAUN, A., "Trusts in the Draft Common Frame of Reference: The best solution for Europe?", *CLJ*, 70 (2), July 2011, pp. 327-352.

BREHM, W. y BERGER, C., *Sachenrecht*, Mohr Siebeck, Tubinga, 2014.

BRINKMANN, M., "The Position of Secured Creditor in Insolvency", en EIDENMÜLLER, H. y KIENINGER, E.-M. (eds.), *The Future of Secured Credit in Europe, European Company and Finantial Law Review*, vol. 5, 2008, special issue, pp. 249-272.

BROUSSOLLE, Y., "Sûretés: Les principales dispositions de l'Ordonnance du 15 septembre 2021", en https://www.actu-juridique.fr/civil/les-principales-dispositions-de-lordonnance-du-15-septembre-2021-portant-reforme-du-droit-des-suretes/

BÜLOW, P. *Recht der Kreditícherheiten*, Müller, Heidelberg, 2012.

BURDESE, A., *Lex commissoria e ius vendendi nella fiducia e nel pignus*, Giappichelli, Turín, 1949.

CABRILLAC, M., MOULY, C., CABRILLAC, S. y PÉTEL, P., *Droit des surêtés*, Lexis-Nexis, París, 2015.

CACHARD, O., *Droit international privé*, 6° ed., Bruyllant, Bruselas, 2017.

CALVO CARAVACA, A.-L. y CARRASCOSA GONZÁLEZ, J., *Litigación internacional en la Unión Europea (V). Derecho concursal internacional: Reglamento (UE) 2015/848, Texto Refundido Ley Concursal (Libro Tercero) de 2020, Directiva (UE) 2019/1023*, Aranzadi, Cizur Menor, 2021.

CÁMARA LAPUENTE, S., "La fiducia de garantía en Navarra", *Revista Jurídica de Navarra*, nº 14, 1992, pp. 163-175.

CAMPUZANO DÍAZ, B., *Aspectos internacionales del Derecho concursal*, Laborum, Murcia, 2004.

CARBALLO PIÑEIRO, L., "Hermann Lutz v Elke Bäuerle o de la ley aplicable a las acciones revocatorias concursales", *Bitácora Millennium DIPr*, 2015, núm. 2, pp. 1-16.

CARBALLO PIÑEIRO, L., "Sentencia del Tribunal de Justicia de 16 de abril de 2015, asunto C-557/13, Hermann Lutz y Elke Bauerle, en calidad de síndico de ECZ Autohaldel GmbH", *REDI* 2015, pp. 208-212.

CARBALLO PIÑEIRO. L., "Comentario a la Sentencia del Tribunal de Justicia de 5 de julio de 2012, asunto 527/10, ERSTE Bank Hungary", *REDI*, 2013, pp. 229-233.

CARO GÁNDARA, R., *La reserva de dominio en el comercio internacional. Ley aplicable y eficacia en España*, Aranzadi, Cizur Menor, 2021.

CARO GÁNDARA, R., "La protección del consumidor en el funcionamiento de los registros de morosos: un análisis del Derecho español a la luz del Derecho europeo", en ESTEBAN DE LA ROSA, F. (ed.), *La protección del consumidor en dos espacios de integración: Europa y América. Una perspectiva de Derecho internacional, europeo y comparado*, Tirant lo blanch, Valencia, 2015, pp. 959-1011.

CARO GÁNDARA, R. "En la secular búsqueda europea de un paradigma de justicia contractual: el enfoque de justicia relacional", en SÁNCHEZ LORENZO, S. (ed.), *Derecho contractual comparado. Una perspectiva europea y transnacional*, Aranzadi, Cizur Menor, 2016, pp. 55-118.

CARRASCO PERERA, A., "Comentario a la RDGRN de 30 de junio de 1987", *CCJC*, nº 381, pp. 4929-4933.

CARRASCO PERERA, A., *Los derechos de garantía en la Ley Concursal*, 3ª ed., Civitas, Madrid, 2009.

CARRASCO, A., CORDERO, E. Y MARÍN, M.J., *Tratado de los derechos de garantía*, Aranzadi, Cizur Menor, 2015, t. I y t. II.

CASTELLANOS RUÍZ, M.J., "El Registro Internacional: implementación en España del Convenio de Ciudad del Cabo sobre Garantías Internacionales y su Protocolo Aeronáutico", *CDT* (Marzo 2017), Vol. 9, Nº 1, pp. 49-81.

CERLES, A., "La fiducie, nouvelle reine des surêtés", *JCP*, ed. E, nº 36, 6 sept. 2007.

CHALAS, C., "Arrêt de la Cour de Justice du 5 juillet 2012, affaire 527/10, *ERSTE Bank Hungary*", *RCDIP*, 2014, núm. 1, pp. 153-159.

CHECA MARTÍNEZ, M., *El trust angloamericano y el Derecho español*, Madrid, McGraw-Hill, 1998.

COMISIÓN EUROPEA, *Informe por el que se evalúa si los Estados miembros han identificado debidamente y han sometido a las obligaciones establecidas en la Directiva UE 2015/849 a todos los* trusts *e instrumentos jurídicos análogos que se rigen por sus leyes*, Bruselas, 16.9.20 COM (2020) 560 final.

CROQ, P., "Las propiedades en garantía en Europa", en LAUROBA, Mª E. Y MARSAL, J., *Garantías reales mobiliarias en Europa*, Marcial Pons, Madrid, 2006, pp. 165-176.

CUNIBERTI, G., NABET, P. y RAIMON, M., *Droit européen de l'insolvabilitè*, LGDJ, París, 2017.

DAMMANN, R., *Travaux du Comité François de droit international privé*, Année 2008-2010, Pédone, París, 2011.

DANIELE, L., "Legge applicabile e diritto uniforme nel regolamento comunitario relativo alle procedure di insolvenza", *RDIPP*, 2002, pp. 33-50.

D'AVOUT, L., "Arrêt de la Cour de Justice du 5 juillet 2012, affaire 527/10, *ERSTE Bank Hungary*", *Recueil Dalloz*, 2012, pp. 2340-2342.

D'AVOUT, L., Sur les solutions *du conflit de lois en droit des biens*, Economica, París, 2006.

DE CASTRO Y BRAVO, F., *El negocio jurídico*, Instituto Nacional de Estudios Jurídicos, Madrid, 1967 (reed. facsímil, Civitas, Madrid, 1985).

DE CASTRO Y BRAVO, F., "El negocio fiduciario. Estudio crítico de la teoría del doble efecto", *AAMN*, 1972, pp. 5-39.

DE LA FUENTE NÚÑEZ DE CASTRO, M.S., *La prohibición del pacto comisorio de las garantías: sus fundamentos y excepciones en el Derecho español*, Aranzadi, Cizur Menor, 2020.

DE MIGUEL ASENSIO, P., "Las acciones de reintegración en el Reglamento europeo de insolvencia: precisiones sobre la ley aplicable", *La Ley Unión Europea*, núm. 50, 2017, pp. 1-8.

DEL POZO CARRASCOSA, P., "Los derechos reales de garantía en el Código civil de Cataluña", en MIQUEL GONZÁLEZ, J.M., *Cuestiones actuales de las garantías reales mobiliarias*, Madrid, La Ley, 2013, pp. 205-243.

DENG, P., "El panorama legislativo del derecho internacional privado chino tras la publicación de la nueva ley para la determinación de la ley aplicable a las relaciones con los extranjeros en materia civil", *RJUAM*, 20 de julio de 2016 (en https://revistas.uam.es/revistajuridica/article/view/5602).

DESCHAMPS, M., "Les régles de priorité de la Convention et du Protocole du Cap", *Uniform Law Review*, vol. 7, issue 1, enero 2022, pp. 17-46.

DESCHAMPS, M., "Conflict-of-Law Rules for Security Rights: What Should Be the Best Rules?", en EIDENMÜLLER, H. y KIENINGER, E.-M., *The Future of Secured Credit in Europe, European Company and Financial Law Review*, vol. 5, 2008 (special issue), pp.284-296.

D'ORS PÉREZ-PEIX, A., "Creditum", *AHDE*, núm. 33, 1963, pp. 345-364.

DROBNIG, U., "The Rules on Proprietary Security in Book IX DCFR", en LAUROBA LACASA, E. (dir.), *Garantías reales en escenarios de crisis: presente y prospectiva*, Marcial Pons, Madrid, 2012, pp.15-37.

DROBNIG, U., "Recognition and Adaptation of Foreign Security Rights", en DROBNIG, U., SNIJDERS, H.J. y ZIPPO, E.J., (eds.), *Divergences of property law, an Obstacle to the internal Market?*, Sellier, Munich, 2006, pp. 105-115.

DROBNIG, U., "Transfer of Property", en HARTKAMP, A., *et al.*, *Towards a European Civil Code*, Kluwer, Nimega, 4ª ed., 2010, pp. 725-740.

DUBARRY, J., *Le transfert conventionnel de la propriété. Essai sur le mécanisme traslatif à la lumière des droits français et allemand*, LGDJ, París, 2014.

DURÁN RIVACOBA, R., *La propiedad en garantía. Prohibición del pacto comisorio*, Aranzadi, Pamplona 1998.

DURÁN RIVACOVA, R., *La garantía comisoria*, Bosch, Barcelona, 2020.

EIDENMÜLLER, H., FAUST, F., GRIGOLEIT, H.C., JANSEN, N., WAGNER, G. y ZIMMERMANN, R., "El marco común de referencia para el Derecho privado europeo. Cuestiones valorativas y problemas legislativos", *ADC*, vol. 62, nº 4, 2009, pp. 1461-1522 (traducción de B. Rodríguez-Rosado).

EIDENMÜLLER, H., "Secured Creditors in Insolvency Proceedings", en EIDENMÜLLER, H. y KIENINGER, E.-M. (eds.), *The Future of Secured Credit in Europe, European Company and Finantial Law Review*, vol. 5, 2008, special issue, pp. 274-283.

EIDENMÜLLER, H. y KIENINGER, E.M., (eds.), *The Future of Secured Credit in Europe, European Company and Financial Law Review*, vol. 5, 2008 (special issue).

ESPINIELLA MENÉNDEZ, A. "El Reglamento europeo de insolvencia en España. El nuevo Reglamento europeo de insolvencia y la propuesta de texto refundido de la Ley Concursal: encuentros y desencuentros", *REDI*, vol. 70, núm. 1, 2018, pp. 245-252.

ESTIENNY-PUSTOC'H, F., *La fiducie: aspects juridiques et fiscaux. Contribution a l'étude du patrimoine fiduciaire*, Col. Doctorat & Notariat, t. 60, Defrénois, Lextenso éditions, París, 2018.

FABER, W.," La propriété cedée a titre de garantie sans publicité en Allemagne reste valable après le déplacement du bien en Autriche", *RCDIP*, janvier-mars 2021, pp. 235-245.

FABER, W., "Proprietary Security Rights in Movables-European Developments: A Spotlight to Book IX DCFR", *Juridica International*, 22/2014, pp. 27-36.

FARHI, S., *Fiducie-sûreté et droit des entrepises en difficulté*, LGDJ, París, 2016.

FAUVARQUE-COSSON, B., "Droit comparé et droit international privé: la confrontation de deux logiques a travers l'exemple des droits fondamentaux", *RIDC*, 4-2000, pp. 797-818.

FELIU REY, J., "La Ley Modelo de la CNUDMI sobre Garantías Mobiliarias", en JEREZ DELGADO, C., *Textos internacionales sobre garantías mobiliarias: reflexión y análisis*, BOE, Madrid, 2017, pp. 147-197.

FELIU REY, J., "El Derecho de garantías en contexto: una aproximación global", *La Ley Mercantil*, n° 29, Sección de Derecho Mercantil Internacional, octubre 2016, pp. 1-23.

FERNÁNDEZ ESPINAR, R. "La compraventa en el Derecho medieval español", *AHDE*, t. XXV,1955, pp. 293-419.

FERNÁNDEZ ROZAS J. C. y SÁNCHEZ LORENZO, S., *Derecho internacional privado*, decimosegunda edición, Aranzadi, Cizur Menor, 2022.

FIORENTINI, F., "Proprietary Security Rights in the Western European Countries", en BUSSANI, M. y WERRO., F. (eds.), *European Private Law: A Handbook*, vol. 1, Stämpfli, Berna, 2009, pp. 415-464.

FORNER DELAYGUA, J.J., "Garantías reales mobiliarias. Las garantías internacionales: La Ley aplicable", en LAUROBA, Mª E. y MARSAL, J. (eds.), *Garantías reales mobiliarias en Europa*, Marcial Pons, Madrid, 2006, pp. 139-164.

FREZZA, P., *Le garanzie delle obbligazioni (Corso di diritto romano),* Volume 2, *Le garanzie reali,* Cedam, Padua, 1963.

FUENTESECA DÍAZ, P., "Líneas generales de la fiducia *cum creditore,* en Derecho romano de obligaciones", en PARICIO SERRANO, F.J., (coord..), *Derecho romano de obligaciones: Homenaje al profesor José Luis Murga Gener,* Madrid, Centro de Estudios Ramón Areces, 1994, pp. 387-498.

FUENTESECA DEGENEFFE, C., El *negocio fiduciario en la Jurisprudencia del Tribunal Supremo,* Bosch, Barcelona, 1997.

GAIER, R. (re.), *Münchener Kommentar zum Bügerlischen Gestzbuch,* Band 6, *Sachenrecht,* Beck, Munich, 2013, pp. 1046-1075.

GALICIA AIZPURUA, G., *Fiducia, leasing y reserva de dominio,* Scientia Iuridica, Madrid, 2014.

GALICIA AIZPURUA, G., *Causa y garantía fiduciaria,* Tirant lo blanch, Valencia 2012.

GALINDO ARAGONCILLO, A. y NAVARRO CODERQUE, F., "El pacto comisorio en el actual marco de los derechos de garantía", *Diario La Ley,* nº 8314, de 20 de mayo de 2014, pp. 1-19.

GÁMEZ, A., AGUILÓ, C., IBIZA, J. y MAYORAL OLMOS, P., "Comentario de urgencia a la Ley 16/2022, de 5 de septiembre, de reforma del Texto Refundido de la Ley Concursal", *Diario La Ley,* Nº 10126, Sección Tribuna, 8 de septiembre de 2022.

GARAU JUANEDA, L., "La reserva de dominio en el comercio internacional", *AEDIPr,* t. VIII, 2008, pp. 275-282.

GARCÍA GARRIDO, M.J., *Derecho Privado Romano,* 21ª ed., Sanz y Torres, Madrid, 2019.

GARCIMARTÍN ALFÉREZ, F.J., "Article 14", en MAGNUS, U., & MANKOWSKY, P., *European Commentaires on Private International Law. Rome I Regulation,* Otto Schmidt, Colonia, 2017.

GARCIMARTÍN ALFÉREZ, F.J., "Sobre el nuevo régimen aplicable a los planes de reestructuración (y algunas novedades en el Libro IV)", *Revista General de Insolvencias & Reestructuraciones,* nº extra 7, 2022 [ejemplar dedicado a la reforma del Texto Refundido de la ley Concursal para la transposición de la Directiva (UE) 2019/1023], pp. 51-91.

GARCIMARTÍN ALFÉREZ, F.J., "Las garantías financieras: más baratas, más fáciles, más seguras", en MIQUEL GONZÁLEZ, J.M., (dir.), *Cuestiones actuales de las garantías reales mobiliarias,* Madrid, La Ley, 2013, pp. 69-92.

GARCIMARTÍN ALFÉREZ, F.J., "Garantías y créditos públicos extranjeros", en *https://almacendederecho.org/garantias-reales-creditos-publicos-extranjeros*

GARCIMARTÍN ALFÉREZ, F.J., "El Reglamento de insolvencia: una aproximación general", en BORRÁS RODRÍGUEZ. A. (dir.), *Cooperación jurídica internacional en materia civil. El Convenio de Bruselas, CDJ*, 2001, núm. 4, pp. 229-352.

GARRIDO, J.M., "Los efectos de las garantías financieras en el concurso", en BELTRÁN, E. y PRENDES, P., *Los problemas de la Ley Concursal*, Aranzadi, Cizur Menor, 2009, pp. 285-299.

GARRIGUES DÍAZ-CAÑABATE, J., *Negocios fiduciarios en el Derecho mercantil*, Aranzadi, Cizur Menor, 2016, p. 82 (reimpresión de la obra original publicada en 1955).

GARRO, A., "El concepto genérico, global e integrado de 'garantía mobiliaria': perspectivas comparadas", en LARROUMET, C. (ed.*), L'evolution des garanties mobilières dans les droits latino-américains*, Pánthéon-Assas, París, 2016, pp. 87-99, http://www.asadip.org/v2/wp-content/uploads/2016/07/UNCITRALGTVIInforme10Julio2016AmericaLatina49os27Junio15Julio2016.pdf

GÓMEZ BUENDÍA, M. C., "La fiducia en el Derecho romano clásico y su posterior evolución", en NASARRE AZNAR, S. y GARRIDO MELERO, M., *Los patrimonios fiduciarios y el trust*, Marcial Pons, Madrid, 2006, pp. 151-171.

GÓMEZ GÁLLIGO, F.J. y HEREDIA CERVANTES, I., "El Convenio de Ciudad del Cabo y su protocolo sobre bienes de equipo espacial", *RCDI*, nº 731, mayo 2012, pp. 1415-1449.

GONZÁLEZ BEILFUSS, C., *El trust. La institución angloamericana y el Derecho internacional privado español*, Bosch, Barcelona, 1997.

GOODE, R., *Official Commentaries on the Convention on International Interest in Mobile Equipment and Protocols Thereto*, Unidroit, 3rd. edition, 2013, disponible en http://www.unidroit.org/official-commentary

GOODE, R., "The Power to Dispose under the Cape Town Convention and Aircraft Protocol", *Cape Town Convention Journal*, 2017, Vol. 6, pp. 2-9.

GUERRERO LEBRÓN, M.J., "Algunas consideraciones sobre el Convenio de Ciudad del Cabo y el Protocolo para elementos de equipo aeronáutico", en MARTÍNEZ SANZ, F. y PETIT LAVALL, M. V., *Estudios de Derecho Aéreo: aeronave y liberalización*, Marcial Pons, Madrid, 2009, pp. 57-72.

HEREDIA CERVANTES, I., "Insolvencia internacional y pre-concursos: tres novedades contempladas en el Proyecto de ley de reforma del Texto Refundido de la Ley Concursal", *La Ley Unión Europea,* nº 102, abril 2022, pp. 1-9.

HEREDIA CERVANTES, I., "Novedades en materia de insolvencia internacional en el Proyecto de Ley de Reforma del Texto Refundido de la Ley Concursal", *Revista General de Insolvencias & Reestructuraciones,* 5/2022, pp. 187-217.

HEREDIA CERVANTES, I., "Análisis de la adhesión de España al Protocolo Aeronáutico del Convenio de Ciudad del Cabo", *La Ley Mercantil,* nº 21, Sección Derecho Mercantil Internacional, 1 de enero de 2016, pp. 1-25.

HEREDIA CERVANTES, "Reserva de dominio y concurso internacional", en CARRASCO PERERA, A. (dir.), *Tratado de la compraventa. Homenaje al Profesor Rodrigo Bercovitz,* Tomo I, Aranzadi, Cizur Menor, 2013, pp. 249-260.

HEREDIA CERVANTES, I., "Derechos reales sobre créditos dinerarios y concurso internacional", *Revista de Derecho Concursal y Paraconcursal,* núm. 8, 2008, pp. 559-570.

HEREDIA CERVANTES, I., "Algunos apuntes sobre la regulación conflictual de los derechos reales", en FERNÁNDEZ ROZAS, J.C. *et al.*, *Pacis Artes. Obra homenaje al profesor Julio D. González Campos,* Edifer, Madrid, 2005, pp. 1645-1661.

HEREDIA CERVANTES, I., "El artículo 5 del Reglamento comunitario 1346/2000 sobre procedimientos de insolvencia: cuestiones relativas a los derechos reales sobre créditos", *AEDIPr,* tomo III, 2003, pp. 223-234.

HEREDIA CERVANTES, I. y THERY MARTÍ, A., "Artículo 723", en PEINADO GRACIA, J.I., SANJUÁN MUÑOZ, E. (dirs.), *Comentarios al articulado del Texto refundido de la Ley concursal. Real Decreto Legislativo 1/2020, de 5 de mayo,* vol. IV, Sepín, Madrid, 2020, pp. 889-897.

HERNANDO AGUAYO, I., *Fiducia. Estudio de Derecho privado Romano,* Aranzadi, Cizur Menor, 2020.

HESS, B., OBERHAMMER, P., BARIATI, S., KOLLER, C., LAUKEMANN, B., REQUEJO ISIDRO, M. y VILLATA, F.C. (eds.), *The implementation of the New Insolvency Regulation. Improving Cooperation and Mutual Trust,* Nomos, Baden-Baden, 2017.

HESS, B., OBERHAMMER, P. y PFEIFFER, T., *European Insolvecy Law,* Beck, Munich, 2014.

IBARRA GARZA, R., *La protection du patrimoine fiduciaire-Trust fund*, LGDJ, París, 2014.

IGLESIA FERREIRÓS, A., *Las garantías reales en el Derecho histórico español*, vol. I, *La prenda contractual: desde sus orígenes hasta su recepción en el Derecho común*, Universidad de Santiago de Compostela, Santiago de Compostela, 1977, pp. 81-101.

JEREZ DELGADO, C., "Reflexiones sobre una reforma de las garantías mobiliarias a la luz de los textos de UNCITRAL, UNIDROIT, OEA y DCFR", en JEREZ DELGADO, C. (coord.), *Textos internacionales sobre garantías mobiliarias: reflexión y análisis*, BOE, Madrid, 2017, pp. 19-60.

JIMÉNEZ GÓMEZ, B.S., *Garantías reales sobre bienes inmateriales en el comercio internacional*, Aranzadi, Cizur Menor, 2020.

JORDANO BAREA, J.B., El *negocio fiduciario*, Bosch, Barcelona, 1959.

JUUTILAINEN, T., *Secured credit in Europe. From Conflict to Compatibility*, Hart, Oxford, 2018.

KIENINGER, E.-M., *Mobiliarsicherheiten im Europäischen Binnenmarkt*; Nomos, Baden-Baden, 1996.

KIENINGER, E.-M., "The Scope and Limits of Security Interest: Commentary", en EIDENMÜLLER, H. y KIENINGER E.-M., *The Future of Secured Credit in Europe, European Company and Financial Law Review*, vol. 5, 2008 (special issue), pp. 216-222.

KIENINGER, E.-M., *Security Rights in Movable Property in European Private Law*, Cambridge University Press, Cambridge, 2004.

KIENINGER, E.-M., "Perspektiven für ein europäischen Mobiliar Sicherungsrecht", *ZEuP*, 2016-1, p. 201.

KOZOLCHYK, B., "Estado actual de implementación de la Ley Modelo de garantías mobiliarias de la OEA en Amércia Latina", en LAUROBA LACASA, E. (dir.), *Garantías reales en escenarios de crisis: presente y prospectiva*, Marcial Pons, Madrid, 2012, pp. 62-83

KREUZER, K., "La propriété mobiliére en droit international privé", *Rec. des Cours*, T. 259, 1996, pp. 9-318.

KULMS, R., "Trusts", en BASEDOW, J., HOPT, K. J., ZIMMERMANN, R., y STIER, A., *The Max Planck Encyclopedia of European Private Law*, Vol. II, Oxford, University Press, Oxford, 2012.

LACRUZ BERDEJO, J. L., "La causa en los contratos de garantía", *RCDI*, 1981, pp. 709-755.

LACRUZ BERDEJO, J. L., *Elementos de Derecho civil*, II, vol. 2°, Bosch, Barcelona, 1987.

LAGARDE, P, "Sur la loi applicable au trasfert de propriété. Requiem critique pour une convention mort-née", en BORRÁS, A. et al (ed.), *E Pluribus Unum. Liber Amicorum Georges A. Droz*, Martinus Nijhoff, La Haya 1996, pp. 151-172.

LAVAL, S., *Les tiers et le contrat. Étude de conflit de lois,* Larcier, Bruselas, 2016.

LEHMANN, M., "EU Law-Making 2.0: The Prospect of a European Business Code", *ERPL*, vol. 28, 2020, nº 1, pp. 73-103.

LEVIN, K., «Réforme du droit des sûretés: des outils rénovés et modernisés au service du financement de l'économie», en https://www.jdsupra.com/legalnews/commentaires-de-la-reforme-du-droit-des-6920286/.

LUCAS, F.X., "Fiducie-sûreté et procedure collective", en AA.VV., *Fiducie et restructuration. Actes du colloque organicé le 25 septembre 2014 par l'Association française des fiduciaires*, LGDJ, París, 2015.

LUIG, K., "Richter secundum, praeter oder contra BGB? Das Beispiel der Sicherungsübereignung, en FALK, U. y MOHNHAUPT, H. (Her.), *Das Bürgerliche Gesetzbuch und seine Richtre. Zur Reaktion der Rechtsprechung auf die Kodification des deutschen Privatrecht* (1896-1914)", Klostermann, Frankfunt am Main, 2000, pp. 383-406.

MACÍA MORILLO, A., "Una aproximación a la transmisión en garantía en el Derecho alemán", *InDret*, 1/2013, pp. 1-46.

MANKOWSKY, P., "Öffentliche Lasten als dingliche Rechte im Sinne von Art. 5 EulnsVO 2000, bzw. Art. 8 EulnsVO 2015", *RIW*, 2017, pp. 93-98.

MARTINY, D., "*Lex rei sitae* as a connecting factor in EU Private international law", *IPRax*, 2012, Heft 2, pp. 119-133.

MAYER, P., "Les conflits de lois en matière de réserve de propriété", *JCP*, 1981, Vol. I, p. 3019.

MAYER, P., HEUZÉ, V., REMY, B., *Droit international privé*, 12° ed., LGDJ, París, 2019.

McCORMACK, G. y BORK, R. (eds.), *Security Rights and the European Insolvency Regulation*, Intersentia, Cambridge, 2017.

McCORMACK, G., "UNCITRAL Security Rights and the globalisation of the US Article 9", 2010, pp. 1-30, disponible en https://works.bepress.com/gerard_mccormack/2/; *ídem.*, *Secured Credit under English and American Law*, Cambridge University Press, Cambridge, 2004.

MIQUEL GONZÁLEZ, J. M., "Introducción", en MIQUEL GONZÁLEZ, J. M. (dir.), *Cuestiones actuales de las garantías reales mobiliarias*, La Ley, Madrid, 2013.

MIQUEL GONZÁLEZ, J.M., "La reserva de dominio", en BOSCH CAPDEVILA, E. (dir.), *Nuevas perspectivas de Derecho contractual*, Bosch, Barcelona, 2012, pp. 139-244.

MUIR WATT, H., "La fonction subversive du droit comparé", *RIDC*, 3-2000, pp. 503-527.

NACIONES UNIDAS, *Textos sobre garantías reales preparados por la CNUDMI, la Conferencia de La Haya y el UNIDROIT*, Viena, Oficina de las Naciones Unidas, 2012.

NIBOYET, J.-P., *Traité de droit international privé français*, tomo IV, Sirey, París, 1947.

NICAISE, V., "Rappels des príncipes, mise en contexte et modifications diverses apportées par la Loi du 25 décembre 2016", en DURANT, I. (dir.), *Les sûretés réelles mobilières, Anthemis*, Lieja, 2017, pp. 15-21.

OECHSLER, J., "Anhang §§ 929-936 (Sicherungseigentum-Sicherungsübereignung)", *Münchener Kommentar zum BGB*, T. 7, Beck, Munich, 2017, pp. 1105-1134.

ORKUN AKSELI, N., *International Secured Transactions Law. Facilitation of Credit and International Conventions and Instruments*, Routledge, Londres, 2011.

PANTALEÓN PRIETO, F., "De la clasificación de los créditos", en L. FERNÁNDEZ DE LA GÁNDARA, L. y SÁNCHEZ ÁLVAREZ, M.M. (coord.), *Comentarios a la Ley Concursal*, Marcial Pons, Madrid, 2004, pp. 501-540.

PAZ-ARES, I., "La ejecución de la prenda de derechos sociales. Nuevas alternativas", *RDC*, vol. IX, num. 1 (enero-marzo 2022), pp. 35-102.

PEÑA BERNALDO DE QUIRÓS, M., *Derechos reales. Derecho hipotecario*, t. II, Centro de Estudios Registrales, Madrid, 1999.

PETIT. P.H., *Equity and the Law of Trusts*, Oxford University Press, Oxford, 2012.

PICOD, Y., *Droit des sûretés*, 3e. éd., mise à jour, PUF, París, 2016.

PICOD, Y., "La reciente reforma de las garantías financieras en Derecho francés", en Miquel González, J. M., *Cuestiones actuales de las garantías reales mobiliarias*, La Ley, Madrid, 2013, pp. 193-204.

PIEKENBROCK, A., "Zur paktischen Anwendung von Art. 13 EuInsVO", *IPRax*, 2016, pp. 219-230.

PRÜTTING, H., *Sachenrecht*, 36. Auflage, Beck, Munich, 2017.

QUIÑONES ESCÁMEZ, A., "El derecho contractual francés", en SÁNCHEZ LORENZO, S. (ed.), *Derecho contractual comparado. Una perspectiva europea y transnacional*, Tomo I, 3ª edición, Aranzadi, Cizur Menor, 2016, pp. 243-284.

REDONDO TRIGO, F., "El pacto marciano, el pacto *ex intervalo* y la fiducia *cum creditore* en las garantías financieras del Real Decreto-ley 5/2005", *RCDI*, 2007, pp. 355-375.

RODRÍGUEZ DE LAS HERAS BALLELL, T., "El nuevo Protocolo de Pretoria sobre garantías internacionales en equipo minero, agrícola y de construcción: la fuerza expansiva del Convenio de Ciudad del Cabo", CDT, Vol. 12, Nº 2, octubre de 2020, pp. 660-705.

RODRÍGUEZ DE LAS HERAS BALLELL, T., "El Convenio de Ciudad del Cabo relativo a garantías internacionales sobre elementos de equipo móvil y sus protocolos", en JEREZ DELGADO, C. (coord.), *Textos internacionales sobre garantías mobiliarias: reflexión y análisis*, BOE, Madrid, 2017, pp. 61-146.

RODRÍGUEZ DE LAS HERAS BALLELL, T., "Claves para la aplicación en España del Convenio Ciudad del Cabo y su Protocolo Aeronáutico (Parte I y Parte II)", *Bitácora Millenium*, nº 3, 2016, pp. 100-114.

RODRÍGUEZ DE LAS HERAS BALLELL, T., "La adhesión de España al Protocolo Aeronáutico del Convenio de Ciudad del Cabo" (Parte I y II), *Bitácora Millenium*, nº 2, 2015, pp. 88-100.

RODRÍGUEZ DE LAS HERAS BALLELL, T., "El concepto funcional de garantía en el Convenio de Ciudad del Cabo relativo a garantías internacionales sobre elementos de equipo móvil", *ADC*, 2012, pp. 1605-1651.

RODRÍGUEZ DE LAS HERAS BALLELL, T., *Las garantías mobiliarias sobre equipo aeronáutico en el comercio internacional. El Convenio de ciudad del Cabo y su Protocolo*, Marcial Pons, 2012.

RODRÍGUEZ OLMOS, J.M., "Algunas observaciones generales sobre las garantías mobiliarias en el Derecho europeo por medio de tres ejemplos concretos", *Revist@ E-Mercatoria*, vol. 13, nº 2, julio-diciembre-2014, pp. 3-27.

RODRÍGUEZ-ROSADO, B., "Mala fe y eficacia frente a tercero de los derechos de crédito", *Anales de la Academia Matritense del Notariado*, tomo 59, 2019, pp. 433-470.

RODRÍGUEZ-ROSADO, B., "La transmisión de propiedad en garantía en Alemania y los problemas para su aceptación en Derecho español", *RDC*, vol. IV, núm. 3 (julio-septiembre), 2017, pp. 73-93.

RODRÍGUEZ-ROSADO, B., "*Ius ad rem* y condena de la mala fe – estudio de los artículos 1473, 1295.2 y 1124.4 del Código civil", *ADC*, 2009, nº 4, pp. 1687-1723.

RODRÍGUEZ-ROSADO, B., *Fiducia y pacto de retro en garantía*, Marcial Pons, Madrid, 1998.

ROJO AJURIA, L., "Las garantías mobiliarias (Fundamentos de Derecho de Garantías mobiliarias a la luz de la experiencia de los Estados Unidos de América)", *ADC*, 1989 nº 3, pp. 717-811.

ROTH, W.-H., "Secured Credit and the Internal Market: The Fundamental Freedoms and the EU Mandate for Legislation", en EIDENMÜLLER, H. y KIENINGER, E.M., (eds.), *The Future of Secured Credit in Europe, European Company and Financial Law Review*, vol. 5, 2008, special issue, pp.46-67.

RUTGERS, J.W., ""Secured Credit and the Internal Market: The Fundamental Freedoms and the EU Mandate for Legislation", en EIDENMÜLLER, H. y KIENINGER, E.M., (eds.), *The Future of Secured Credit in Europe, European Company and Financial Law Review*, vol. 5, 2008, special issue, pp. 68-82.

SÁNCHEZ LORENZO, S. *La cláusula de reserva de dominio en el derecho internacional privado (problemas de Derecho aplicable en el sistema español)*, Universidad Complutense de Madrid, Madrid, 1988.

SÁNCHEZ LORENZO, S., *Garantías reales en el comercio internacional (reserva de dominio, venta en garantía y leasing)*, Civitas, Madrid, 1993.

SCHWAB, K. H. y PRÜTTING, H., *Sachenrecht*, 32. Auflage, Beck, Munich, 2006.

SCHULTE-BRAUCKS, R. y ONGENA, S., "The LatePayment Directive —a step towards an emerging European Private Law?", *ERPL*, 2003-4, pp. 519-544.

SERICK, R., *Eigentumvorbehalt und Sicherungsübertragung*, I, II y III, Recht und Wirtschaft, Heidelberg, 1963,1965 y 1970 (respectivamente).

SERICK, R., *Garantías mobiliarias en Derecho alemán. Perfiles y principios* (traducción de A. Carrasco Perera de la obra original *Deuschen Mobiliarsicherheiten. Aufriss und Grundgedanken*), Tecnos, Madrid, 1990.

SIMLER, P. y DELEBECQUE, P., *Droit civil. Les Surêtés. La publicité foncière*, 7ª ed., Dalloz, París, 2016.

SIMÓN MORENO, H., "El negocio fiduciario en la jurisprudencia del Tribunal Supremo y sus aplicaciones prácticas", en NASARRE AZNAR, S. y GARRIDO MELERO, M., (coord.), *Los patrimonios fiduciarios y el trust*, Marcial Pons, Madrid, 2006, pp. 173-192.

STRICKLER, P., "Insolvenzrecht: Einordnung von Grundsteuerlasten als privilegiertes dingliches Recht im Rahmen des europäischen Insolvenzverfahrens", *EuZW*, 2016, pp. 946-947.

STÜRNER, R. (Her.), *Jauernig BGB Kommentar*, Beck, Munich, 16. Auflage, 2015.

TARABAL BOSCH, J., "El art. 9 UCC. Cautelas conceptuales para una lectura europea", en LAUROBA LACASA, E. (dir.), *Garantías reales en escenarios de crisis*, Marcial Pons, Madrid, 2012, pp. 85-106.

VAN ZWIETEN, K. (ed.), *Goode on Principles of Corporate Insolvency Law*, 5ª ed., Sweet & Maxwell, Londres, 2019.

VENEZIANO, A., *Le garanzie mobiliarie non possessorie. Profili di diritto comparato e di diritto del comercio internazionale*, Giuffrè, Milán, 2000.

VIDAL MARTÍNEZ, J., *La venta en garantía en el Derecho civil común español. Estudio jurisprudencial y ensayo de construcción doctrinal*, Civitas, Madrid, 1990.

VIEWEG, K. y WERNER, A., *Sachenrecht*, Vahlen, Munich, 2015.

VIRGÓS SORIANO, M., *El trust y el Derecho español*, Civitas, Madrid, 2006.

VIRGÓS SORIANO, M., GARCIMARTÍN ALFÉREZ, F.J., en ROJO, A., BELTRÁN, E. (dirs.), *Comentario de la Ley Concursal*, Vol. 2, Civitas, Madrid, 2004, pp. 2887-2897.

VIRGÓS SORIANO, M. y GARCIMARTÍN ALFÉREZ, F.J., *Comentario al Reglamento Europeo de Insolvencia*, Civitas, Madrid, 2003.

VIRGÓS SORIANO, M., *Derecho internacional privado. Parte especial*, Eurolex, Madrid, 1995.

VON BAR, C., CLIVE, E. y SCHULTE-NÖLKE, H. (ed.), *Principles, definitions and Model Rules of European Private Law. Draft Common Frame of Reference (DCFR)*, Sellier, Munich, 2009.

WENDEHORST, Ch., "Art. 43 EGBGB", en Münchener Kommentar BGB, Band 11, 7. Auflage, Beck, Munich, 2018, núm. 154.

WESTERMANN, H., WESTERMANN, H.P., GURSKY, K-H. y EICKMANN, D., *Westermann Sachenrecht*, 7. Auflage, Müller, Heidelberg, 1998, (traducción española de A. Cañizares Laso, J.M.

Miquel González, J.M. Rodríquez Tapia y B. Rodríguez-Rosado, *Derechos reales*, Fundación cultural de Notariado, Madrid, 2007).

WIEGAND, W., "Anhang zu §§929-931 Eigentum 2", en K.-H. Gursky, A. Pheifer, W. Wiegand, *J. von Staudingers Kommentar zum Bügerlischen Gestzbuch;* 2016, Sellier-De Gruyter, Berlín, pp. 252-383.

WILHEIM, J., *Sachenrecht*, De Gruyter, Berlín, 2016.

WILSON, J.M., "La nueva ley modelo interamericana sobre garantías mobiliarias", *Revista Mexicana de Derecho Internacional Privado*, 2003, p. 33-77.

WOOD, P.R., "What happened to the trust in finacial law?", *CMLJ*, Vol. 12, N° 3, 2017, pp. 322-339.

WORTHINGTON. S., "The Comercial Utility of the Trust Vehicle", en HAYTON, D., *Extending the Boundaries of Trusts and Similar Ring-Fenced Funds*, Kluwer Law International, La Haya, 2022, pp. 135-179.

ZASU, Y. y SATO, I., "Providing credibility around the world: effective devices of the Cape Town Convention", *European Journal of Law and Economics*, 2012, nº 33, pp. 577-601.

ZHANG, R., "The new role trusts play in modern financial Market: the evolution of trusts from guardian to entrepreneur and the reasons for the evolution", *Trusts & Trustees*, Vol. 23, N° 4, May 2017, pp. 453-467.

ZUNZUNEGUI, F., "Una aproximación a las garantías financieras (Comentarios al capítulo segundo del Real Decreto-ley 5/2005), en LAUROBA, Mª E., MARSAL, J. (Eds.), *Garantías reales en Europa*, Marcial Pons, Madrid, 2006, pp. 415-429.